和珅这个人

孟扬 著

内蒙古文化出版社

图书在版编目（CIP）数据

和珅这个人 / 孟扬著. —呼伦贝尔：内蒙古文化出版社，2016.10

ISBN 978-7-5521-1164-4

Ⅰ.①和… Ⅱ.①孟… Ⅲ.①和珅（1750-1799）- 传记 Ⅳ.① K827=49

中国版本图书馆 CIP 数据核字（2016）第 254606 号

和珅这个人
孟扬 著

总 策 划	丁永才　崔付建
责任编辑	丁永才
出版发行	内蒙古文化出版社 （呼伦贝尔市海拉尔区河东新春街 4 付 3 号）
印刷装订	三河市华东印刷有限公司
开　　本	710 毫米 ×1000 毫米　1/16
印　　张	16.5　字　数　252 千
版　　次	2016 年 10 月第 1 版
印　　次	2021 年 1 月第 2 次印刷
书　　号	ISBN 978-7-5521-1164-4
定　　价	32.00 元

版权所有　　翻印必究

目 录
CONTENTS

第一章　多舛之年
／ 001

第二章　小小忍者
／ 012

第三章　一鸣惊人
／ 023

第四章　青云得志
／ 035

第五章　水火相容
／ 047

第六章　建勋云南
／ 058

第七章　联姻帝王
／ 070

第八章　帝之肱股
／ 082

第九章　巧立"罪银"
／ 094

第十章　疆场失意
／ 104

第十一章　严查国泰
／ 117

第十二章　拯救"红楼"
／ 127

目录
CONTENTS

第十三章　伴驾江南
　　／ 139

第十四章　千古一筵
　　／ 152

第十五章　智断疑案
　　／ 163

第十六章　祸及深远
　　／ 173

第十七章　至高荣誉
　　／ 182

第十八章　公主大婚
　　／ 193

第十九章　智斗英使
　　／ 205

第二十章　此消彼长
　　／ 216

第二十一章　乾隆禅位
　　／ 225

第二十二章　国祸家殇
　　／ 236

第二十三章　终为刀俎
　　／ 247

第一章
多舛之年

刚刚进入冬天的北京城，还不甚冷，落尽叶子的柿子树，矗立在灰蒙蒙的天空里，有几分高处不胜寒的骄矜，偶有几颗没有掉落的柿子，悬挂在枝头，像是一盏盏火红的小灯笼，点燃孩子们腹中的饥饿，荡漾起满口腔的酸意。

坐落在西直门内的驴肉胡同，狭窄得仅容一辆马车通过，胡同两侧的房屋，多是前明遗留下来的建筑，青砖灰瓦上长着一层厚厚的苔藓，隐隐约约地散发出一股陈旧的霉味儿，唯有那涂着朱漆的门扉，印证出满洲正红旗人的显赫。不过，那些粘贴在门上的门神，经过寒暑轮回的侵蚀，不是这个缺了一只胳膊，就是那个掉了一条腿，斑驳得让人看了很揪心。

胡同东端的一所宅院里，一个年轻的女人正在金丝楠木床上翻滚、挣扎，生产产生的撕心裂肺般的疼痛使她那张原本俊俏的脸扭曲得狰狞可怖。她头上的汗水不停地向外蒸发，乃至洇透了绣着鸳鸯戏水图案的枕头。她的脸色异常的苍白，嘴唇上的肌肉也在不停地颤抖。

"夫人，您再使使劲儿，孩子马上就出来了！"接产的产婆是个满洲旗人妇女，四十多岁的年纪，长着一口黄牙，面对着她司空见惯的场景，她一如往常那样发出近乎亢奋的鼓励。

夫人是坚强的，求生的欲望和求子的本能促使她做了最后一次尝试，她闭上眼睛，把惨白的脸憋出一丝红晕，"啊——"伴随着夫人一声悠长的喊叫，血光迸射，一个弱小的生命脱离母体，托在产婆沾满鲜血的手掌中。

"夫人，又是个男的！"产婆高兴地对夫人说。夫人惨白的脸上露出浅浅的笑靥，她挣扎着起身，看了一眼那个血肉模糊的小生命，然后重重地摔倒在床上。一股鲜血从她的下体奔涌而出，瞬间染红了整个床铺，滴落到铺着青砖的地面，溅起一朵朵鲜艳的蓓蕾。

"大出血？"产婆惊呼一声，连忙放下手中的孩子，来掐夫人的合谷穴，但丝毫不起作用，任凭产婆使出浑身解数，夫人下身的血仍是流个不止。

"完了！"产婆叹息一声，手足无措地看着地上的鲜血，在场的丫鬟们"唰"地跪在产婆脚下，齐声哀求："大娘，救救我家夫人吧！"

产婆痛楚地闭上眼睛，凄凉地说："要是我能救，还用你们说么？为夫人准备后事吧！"

丫鬟们奔到夫人身边，哭喊："夫人，夫人！"

夫人稍稍睁开了眼睛，口中呢喃："善保，善保！"

一个聪明的丫鬟立刻奔出房去，很快抱着一个男孩进来，这个男孩儿只有3岁，皮肤白皙细嫩，一双水汪汪的大眼睛碧玺一般清亮透彻，在他宽阔的额头中心，还长着一粒樱桃大小的红痣，晶莹剔透鲜艳欲滴。

丫鬟把男孩送到夫人面前，呼唤道："夫人，夫人，大公子来了！"

夫人努力地睁开眼，断断续续地对男孩儿说："善……保，帮额娘……照顾……好弟……弟！"

夫人说完，头一歪，没了声息，两颗又大又圆的泪珠从她秀美的双眸中滚落出来。产婆上前用手阖上夫人没有闭上的双眼，轻声说："她去了！"

善保跪倒在血泊中，用手摇晃着母亲哭喊："额娘，额娘，善保再也不惹您生气了，您睁开眼看看善保吧！"

那个刚生下的孩子也张开没牙的嘴，哇哇大哭起来，善保兄弟二人尖利的哭声震动着整个驴肉胡同，让听者为之心灵一紧。

公元1753年冬，福建副都统钮祜禄·常保第一任夫人因难产而死，身后

第一章
多舛之年

留有二子，长子和珅，字致斋，乳名善保，年3岁，次子和琳，刚刚出生。

三年后的驴肉胡同，一切和从前一样，没有什么显著变化，唯一不同的是，和珅、和琳兄弟二人在奶娘和老仆的悉心照顾下，茁壮成长起来，他们少有其他官宦子弟的娇贵，为人聪颖机警，俨然是一副少年老成的小大人。也就是这一年，常保因先妻逝去三年，丧期已满，按满洲旗人之规，又续弦吏部尚书伍弥泰之女为妻。伍氏的到来，和珅、和琳兄弟多舛的命运再次被推到了风口浪尖。

伍氏身出名门，身上却没有一点大家闺秀的涵养，她性格乖张暴戾，又出奇的吝啬，对和珅、和琳兄弟二人横加指责，动辄打罚，甚至不给饭食，年仅6岁的和珅和年仅3岁的和琳只能忍饥挨饿，在腹鸣如鼓的黑夜里坐待黎明，多亏家中还有奶娘白氏和老仆刘贵，经常趁伍氏不注意，从厨房偷些吃的，才不致兄弟二人冻饿而死。

1759年春，9岁的和珅与6岁的和琳在其父常保的护送下进入咸安宫官学就读。咸安宫官学是当时京城最好的学校，它的招生对象全部是八旗官员子弟，这座官学的管理极为严格，负责管理的官员老师大多是翰林，即使不是翰林，也是名满天下的饱学之士。

初入官学的第一天，和珅兄弟就感觉到这里与家的不同，这里没有后娘的打罚与斥骂，没有饥饿与恐惧，这里的一切都是那么宁静与严整有序，这与兄弟二人的性格暗暗相合。他们开始喜欢这里，喜欢这满室的书香，喜欢这画梁雕栋的建筑，喜欢满院子的知了声，和从门缝吹进来的风所带来阵阵的清凉。有时他们在想，如果这里不是学校，是他们的家该有多好，他们就可以整日遨游在这里，汲取知识的同时，也收获和体验这温馨的时光。

咸安宫官学开设满蒙藏汉四种语言学科，其中以汉族的经史子集为主，和珅对这些学科，不偏不废，无论哪门功课，他都保持着认真的态度和盎然的兴趣，深究义理，又兼他有过目不忘，举一反三的本事，很快就成为学生中的佼佼者，深得老师的宠爱。

然而祸不单行，就在和珅兄弟二人在咸安宫如醉如痴般的汲取知识时，一个噩耗从祖国的南疆大地传来，他们的生父福建副都统钮祜禄·常保病死于任上。初谙世事的和珅和弟弟披麻戴孝，从军丁那里接回父亲的灵柩，葬

入坟地，接着继母就勒令和珅兄弟二人退学。

此时，在和珅幼小的心灵里，已经栽种下一棵参天大树，他要学习，将来能像咸安宫的那些老师一样，成为一个名满天下的鸿儒。因此，在继母提出让他和弟弟退学时，他的反应是非常激烈的，他第一次向这个刁蛮的女人提出抗议："不，我不退学，我要读书！和琳也要读书。"

伍氏完全没有想到，和珅会顶撞自己，恼羞成怒的她，拿起手中的烟袋锅敲到和珅头上，骂道："反了你，你阿玛才死几天，就开始不听老娘的话了？我说不许上就不许上！"

面对继母的凌辱与殴打，和珅没有屈服，他倔强地对继母吼道："不，我要上，我就上！"

和琳也不甘示弱，扬起稚嫩的小脸，对继母说："我也要上！"

伍氏看殴打已经不能奏效，便使出了她的看家本领，对下人吼叫："来人，把这两个小畜生给我送到柴房里去，饿他三天，看他还想不想上学？"

常保在世之时，下人们在和珅、和琳兄弟面前还存在几分忌惮，如今常保已死，这兄弟二人便成了无父无母的孤儿，哪个人还会在乎他们是主子的身份，当下便有两个丫鬟挟起和珅、和琳连打带骂，把他们关入柴房，并在外面上了锁。

和珅、和琳兄弟二人对关柴房这样的惩罚已不陌生，在他们父亲在世的日子里，他们已从继母那里领教过，不过那时的和珅、和琳还没有反抗意识，关便关了，饿便饿了，他们默默地忍受，等待后娘开恩把他们放出来。然而今天不同，和珅像头愤怒的小狮子，使劲地用脚踢柴房的门，愤怒地喊："放我们出去，放我们出去！"破旧的柴房门在和珅的脚下，发出稀里哗啦的声响。

终于，有块门板在和珅的猛烈撞击下，"嘎巴"一声折断，门上出现了一个破洞。和珅的脸上显出惊喜之色，他弯下腰，从破洞处向外四周张望，见左右无人，便果断地退回来，对和琳说："快，钻出去！"

和琳人小，身子也小，倏地从破洞处钻了出去，和珅也从洞里向外钻，上半身钻出来了，臀部却卡在门洞里，左右动弹不得。和珅咬了咬牙，用尽全身力气向外一挣，只听"哧啦"一声，人钻了出来，裤子却被破裂的门板划出一道长长的口子，又白又嫩的屁股露了出来。

"哥，你的裤子！"和琳指着和珅的屁股说。

和珅顾不了那么多，拉起弟弟的手，急切地说："别管它，快走！"

和珅拉着弟弟快步走出家门，来到街上，看后面并没有家人追赶，这才吐出一口气，这时和琳向和珅提出一个至关重要的问题："哥哥，我们去哪？"

是啊！去哪呢？在京城钮祜禄氏是个庞大的家族，其家族中不乏贵为皇亲国戚者，但是和珅的父亲常保却只有兄弟二人，和珅的伯父阿哈硕色早在康熙年间征伐准噶尔时阵亡，死后被追赠为一等云骑尉。阿哈硕色死时，还没有成家，也就没有留下什么后人，因此，和珅的家族只有常保这一支，或者干脆就说，和珅家族中的男丁只有和珅与和琳两个人了。

父亲这一边是没有什么指望了，和珅只能考虑母亲这边。和珅生母的父亲嘉谟曾是河道总督，掌握天下水利事宜，位高权重，其家境殷实富有。想到这里，和珅脱口而出："走，咱们找明保舅舅去！"

和珅母亲在世之时，曾带和珅回过娘家几次。母亲病故后，和珅再也未曾到过舅舅家，但凭着惊人的记忆力，和珅带领和琳穿过几条街道，在一片红墙碧瓦中硬是找到了舅舅明保的府邸。望着高耸的门楼，辛酸与悲伤一下子从和珅心底涌了上来，他的两眼湿润了，拉着和琳的手说："弟弟，到了，这里就是咱们的舅舅家！"

和琳没有见过母亲这边的亲人，兴奋之余，略显得有几分怯懦，他不无担忧地对哥哥说："舅舅会搭理我们么？"

和珅老成地说："会！民俗有云，娘亲舅大，爹亲叔大。他是母亲的兄弟，看在母亲的面子上，他怎么会不搭理我们呢？"

于是兄弟二人信心满满，走到那座高大的建筑门前，对看门的门子深鞠一躬，道："请大叔通报一声，就说外甥和珅、和琳二人前来拜访明保舅舅大人！"

看门人听这两个孩子说是姑奶奶家的少爷、主子的亲外甥，不敢怠慢，连忙跑进内堂，对正在抽水烟的明保禀报："老爷，甥少爷来了！"

明保不同于他的父亲，他的父亲嘉谟官至河道总督，为人谦恭敦厚，而

明保不学无术，吃喝嫖赌，无所不为，是个寡廉鲜耻的无赖，在他的眼里，只有钱和女人，哪有什么宗亲之念，听门人禀报，他翻了一下沉重的厚眼皮，疑惑地说："甥少爷？哪个甥少爷？"

门人了解主子的脾气，知道他早已把死去的姐姐忘了，就提醒他说："甥少爷就是小姐的孩子，老爷您的亲外甥呀！"

明保这时才明白过来，说："原来是常保的儿子，他不在家好好待着，上这来干什么？"

门人从主子的口气里听出来，主子似乎不想见这两个孩子，于是试探着问："老爷，见还是不见？"

明保不耐烦地说："进来吧！进来吧！真是，抽烟也不让人家消停！"

门人看他的主子还没糊涂透顶，显得十分高兴，连忙来到外面，对守候在那里的和珅兄弟两人说："老爷让你们进去！快进来吧！"

于是和珅兄弟二人在门人的带领下，穿过庭院，来到内堂，给还在过烟瘾的明保跪下，恭恭敬敬地道："小甥和珅、和琳给舅父大人请安！"

这要换成一个知书达礼的人，自己姐姐死了，姐夫也没了，剩下两个孤苦无依的外甥前来投奔自己，一定会放下手中的烟具，对外甥嘘寒问暖，可是这个明保不这样，他看和珅下跪时，白白的屁股从撕开的裤子中露了出来，竟然"嘿嘿"地乐了，用烟袋锅指着和珅问："你的屁股，咋弄的？"

和珅脸面一红，规规矩矩地答道："启禀舅父大人，继母不让我和弟弟上学，我们不同意，继母把我和弟弟关入柴房，这裤子是我钻柴房门刮破的，让舅父大人见笑！"

明保听后，非但没有给两个外甥足够的同情，反倒哈哈大笑道："好！好！不听后妈的就对了，后妈没有好东西，你们这点倒是挺像我的，我当年就往后妈的饭碗里撒过尿！"

和珅听自己的舅舅越说越不像话，顿时显得有几分尴尬，嗫嚅着对舅舅说："禀告舅父大人，继母勒令我和和琳弃学，小甥以为，少壮不努力，老大徒伤悲，故此前来，向舅父大人求贷，以让我和和琳完成学业。"

明保纵然不学无术，但和珅这席话他还是听得懂的，他的脸一下子由晴转阴，闷声闷气地道："借钱？说得好，你阿玛活着的时候，是福建副都统，官做得那么大，怎么会没有钱供你们上学？"

和珅说："家里有没有钱，小甥不知，但是继母勒令我和和琳退学，这是千真万确，还望舅父看在生母分上，借给小甥几两银钱，让小甥兄弟二人能够续读。"

明保看不拿出点钱来，应付这兄弟二人一下，似乎有些过意不去，就到怀中摸索，探索了半天，才掏出几块银渣，凑到一起也不到一两，不过数钱而已，放到桌上，对和珅兄弟二人说："我这里只有这些，拿去买几个烧饼吧，咱们是旗人，念不念书长大一样当官领俸禄，扯那没有用的干什么？"

和珅兄弟俩完全没有想到自己的舅舅会如此对待自己，几钱银子对普通百姓家的孩子是个不大不小的诱惑，可对于和珅这样贵族出身的官宦子弟，哪里会瞧得上眼？分明比打他一顿还难受，和珅白皙的脸一下子红到了脖子根，向明保一拱手，道："那就不麻烦舅父大人了！"说着和珅拉起和琳，二人头也不回地向门外走去。明保看着他们小小的背影，从桌上收拾起那几块银渣，在手里掂了掂，小心地放入怀内。

走出舅舅家的大门，已近中午时分，和珅腹内肠鸣如鼓。他看了一眼矮他一头的弟弟和琳，和琳正拿着无助的眼神望着自己，一股强烈的屈辱感瞬间涌上心头，他忍不住地落下两滴眼泪。看哥哥哭了，和琳也啜泣起来，和珅用袖子擦掉和琳脸上的眼泪，对和琳说："别哭，我们一定能弄到银子，一定能继续上学。"

在正午的阳光下，和珅带着和琳奔向下一个目标，他们瘦小的影子被打在地面上，孤独无助，像两条细小的虫儿，在喧嚣的尘土中艰难地爬行。

钮祜禄·常保在世时，是个正直的清廉之官，为人也甚是仗义，朝中有不少官员曾是他的朋友。每逢年节，常保从福建任上回家，必请这些朋友到家中宴饮。常保久居闽地，学会了南人烹饪技术，友人来此，他必亲自下厨，做些南方小菜佐餐，颇受友人喜爱。酒至酣处，常保偶尔也会叫出自己的爱子和珅、和琳，到席间给诸位伯伯叔叔们敬酒，以助酒兴，因此，和珅对父亲的朋友圈子并不陌生，甚至知道他们的居所以及这些人家中的情况。

从舅舅那里空手而归的和珅，此刻想到了父亲生前的朋友们，这些人昔日的豪言壮语尚镌刻在和珅那半张白纸一样的记忆深处，让他浑身热血沸腾

起来。他忍着腹中的饥饿，用近乎亢奋的口气说："走，哥带你去找个人，这个人一定会借钱给我们的！"

和珅带着和琳穿过几条街，来到永定门副将沃福寿的府前，见沃府大门紧闭，和珅便上前敲门。刚敲一下，沃府内就传来一阵狗吠声，接着门"吱呀"的一声开了，从门内探出一个裹着蓝布包头的脑袋。这个脑袋向门外张望一下，并没有看到人，刚要把门关上，和珅说话了，和珅说："已故福建副都统常保之子和珅、和琳求见沃福寿伯伯，请大伯给通报一声！"

蓝布包头低头一看，原来是两个男孩，穿的虽旧了一些，却是满身绸缎，便追问了一句："二位小爷是谁家公子？"

和珅再施一礼，道："已故福建副都统常保家的！"

蓝布包头笑了，说："原来是常老爷家的，长得可真俊呀！我家老爷正在喝茶，奴才这就进去给您通报！"

蓝布包头说着，门也未关，径直跑到屋中，向正在喝午茶的沃福寿禀报："老爷，常老爷家的两个公子求见！"

沃福寿把脸埋在茶碗里，头也未抬，问："常老爷？哪个常老爷？"

蓝布包头小心地说："福建副都统常保常老爷！"

沃福寿依旧没抬头，冷漠地说："常保不是死了吗？还哪来的老爷，出去告诉他，就说本大人不在家！"

蓝布包头磕磕巴巴地说："可是，刚、刚才，我说老爷您、您在家了！"

沃福寿一听，立即把脸从茶碗里伸了出来，瞪着一对儿铜铃大的眼珠向蓝布包头吼道："你真是蠢啊？养你还不如养条狗！"

蓝布包头一听，连忙向沃福寿施礼作揖，道："老爷，奴才明白了，老爷！"

蓝布包头来到外面，到了拴狗的地方，解开狗脖子上的锁链，向大门外一指，那头马驹大小的黄狗一路咆哮着向门外冲去。和珅听到院内狗凶狠的叫声，本能地拉着和琳就跑。那条狗在后面猛追，和琳跑掉了一只鞋，哇哇大哭，眼看狗要追上了，千钧一发之际，一个路人捡起一块石块，准确地击中了黄狗头，黄狗痛叫一声，掉头而逃。

和珅、和琳站在街上，面色惨白，浑身瑟缩，一个破了裤子，一个光着一只脚，样子要多狼狈就有多狼狈。

"哥哥，我们怎么办啊？我饿！"和琳摇晃着和珅的胳膊，哭泣着说。

和珅在这一瞬间，看透了人生浮华、世事险恶。他蹲下身来，用手背拭去弟弟脸上的泪水，微笑着说："和琳，你还记得《孟子·告子上》这篇文章么？"

和琳点点头，答应了一声："嗯！"

和珅："你给哥哥背一遍！"

和琳朗朗诵读起来："舜发于畎亩之中，傅说举于版筑之间……故天将降大任于斯人也，必先苦其心志，劳其筋骨，饿其体肤……"

和珅的目光变得沉稳而又坚毅，仿佛击穿了历史的苍穹，又穿越了未来的时空隧道，令他开始思索起自己的人生。

待和琳背诵完，和珅直起身来，对和琳说："你放心，哥一定能弄到钱，咱们要读书，要当官，当大官，让这些人将来求咱们兄弟！"

和琳问和珅："哥哥不是要当翰林，做当代的宗师大儒么？"

和珅笑了，说："那是哥哥以前的理想，从今以后，哥哥要做官，做大官，挣大钱，看还有谁敢放出狗来驱逐我们？"

和琳说："哥哥，我长大了也要当官，挣钱！"

和珅看了看和琳，拍拍和琳稚嫩的肩膀，郑重其事地说："官可以当，钱不要你挣，哥哥挣的钱给你，你要像阿玛那样，做个清正廉洁的好官，光宗耀祖。"

和琳点点头。

伍氏虽是个刁悍之妇，但毕竟是个女人，尚存一点怜悯之心，眼看外面天要黑了，便派丫鬟拿着钥匙到柴房释放和珅兄弟。丫鬟来到柴房，哪里还有和珅、和琳的影子？不由惊惧起来，连忙跑回内堂，向伍氏报告："大公子、小公子不见了！"

伍氏听了也是一惊，自她嫁到常保家以来，对和珅兄弟没少打骂，哪次他们都逆来顺受，从来没有失踪过，这次他们却失踪了，万一他们出现个一差二错，传扬出去，岂不是毁坏了自己娘家的名声！毕竟自己的父亲是当朝的一品大员，吏部尚书啊！

伍氏想到这里,立即集合府中的下人,出门去找。一行人在黄昏下的街道上,四处寻找和珅、和琳兄弟。

和珅兄弟去了哪里?原来兄弟二人在街头流浪许久,饥肠辘辘,又不敢回家,无奈之下,和珅想到了后海后面的寺庙,额娘在怀和琳的时候,曾经带他到那里进过香。和珅至今还记得大殿中那庄严的佛像和满桌的供果,在那个世界里,每个人都那么和善,彼此间充满了平等、自由与友爱。对,去那里,一定会找到可以果腹的东西。

于是,和珅用自己尚未成熟的背脊,背起身体软软的和琳,走出六七里路,才来到后海后面的寺院。这时,庙里已经过了进香时间,庙门已被关闭。和珅叩响了朱红大门,稍顷便有一位年轻的小沙弥出来,双手合十,对和珅道:"阿弥陀佛,请问小施主何事?"

和珅放下和琳,对小沙弥施以一揖,道:"师傅,我与弟弟不堪继母虐待,离家出走,已经一天没吃东西了,眼看天又黑了,无处栖身,因此来此,还望师傅给予方便!"

小沙弥说:"家师常说,佛门广开,善者进来。小施主不必客气,请小施主随小僧进来!"

和珅谢过小沙弥,背起和琳,尾随小沙弥来到禅堂,用过斋饭后,就到供香客留宿的房中休息。兄弟二人奔波一日,又困又累,头刚沾到枕头,就睡着了。

却说伍氏派出的家人,四处寻找和珅兄弟二人不见,天又黑了下来,只得回到府中向伍氏复命。伍氏既惊又怒,大骂下人无能,接着哭天抢地地大骂死去的老公常保,埋怨常保给她留下两个赘物,倒是家中老奴刘贵的儿子刘全聪明,对伍氏说:"夫人别担心,我猜想大公子、二公子不会出事,他们一定到哪个地方去了!"

刘贵是常保家的包衣奴才,其祖上跟随常保的祖上入关,已经数代了。如今刘贵已老,刘贵的儿子刘全刚满16岁,就接替父亲到了常保家为奴,到今日还不足十天。这个刘全个子不高,长着一对儿斗鸡眼儿,说话上嘴唇不沾下嘴唇,吐字却是爆豆般的清脆。

"你说他们能去哪儿?"伍氏问刘全。

第一章
多舛之年

刘全说:"奶奶别怪奴才说话不中听。如今老爷仙逝,少主子想去哪里也是无人待见,能收留他们的只有一个地方,不是和尚庙就是尼姑庵。"

伍氏听后,觉得心下稍宽,对下人们说:"只要这两个小畜生别出什么意外,我就对得起他们死去的阿玛了,你们折腾半下午,也累了,都回去歇着吧!明天都给我早点起来,天一亮就上庙里给我找!"

其他下人都下去了,唯有刘全没走,刘全对着伍氏深施一揖道:"奶奶,奴才等不到明早,还是让奴才现在就去找吧!奴才看了,少主子不回来,奶奶也睡不好今晚的觉。"

伍氏听刘全说得在理,就打发刘全去了。刘全打着灯笼,向离家最近的后海后面的庙走去。

和珅在庙里睡了一会儿,忽听耳边有人在叽叽咕咕地说话,醒了过来,看到家人刘全和一个满面胡须的光头老僧站在地上,你一句我一句地说话。

"大师,您说的可是真的?"刘全问老僧。

老僧拈着胡须,对刘全说:"出家人不打诳语,回去告诉你家夫人,这两个孩子面带富贵之相,他日必将成为人中龙凤,国之栋梁,须好好抚养才是,万不可虐待,恐遭天谴。"

刘全连连称是,心想:从今以后,我一定好好侍奉这两位主子,等他们飞黄腾达那一天,我刘全也会跟着沾光。于是上前轻声叫醒和珅,背起和琳,向家而去。

第二章
小小忍者

老僧的这一席话改变了和珅兄弟二人的命运。

刘全带着和珅兄弟归来的当晚,便把老僧对自己说的话一字不落地说给了伍氏。其时,满洲八旗子民都同他们的君主一样,信奉佛教,老僧的话不亚于一壶醍醐,让伍氏重新审视起自己与这两个继子的关系。

自己自从嫁给常保,腹中平静如镜,一直没有反应,如今常保已死,自己没有子嗣,将来自己老了,还得依靠这两个孩子养老,如果自己对他们过于苛刻,他们一定会记仇,那自己的晚景一定会凄凉无比,所幸常保死后,还留下这份家业,咸安宫官学花费也不甚多,还是让他们继续上学吧!这样一来,和珅、和琳兄弟二人才因祸得福,在咸安宫官学又度过了四个春秋。

因为有了这次经历,和珅的人生坐标产生了重大转变,他放弃了想做一代儒学宗师的理想,把目标定位在当官与发财上。他迫切地想改变家境,让自己与弟弟过上优裕的生活。因此,他们兄弟比别人更加懂得珍惜这来之不易的学习机会,在学校里手不释卷,目不窥园,学业日益精进,武艺日益精湛。

学校亦是社会的一个缩影,在咸安宫官学,所有的学生都来自满洲八旗贵族,这些人没有和珅兄弟的经历,当然不会有和珅兄弟的思想,他们在课堂上，不认真听讲，甚至胡作非为，调侃师傅，和珅、和琳成为老师们夸奖的对象，却成为他们打击报复和珅兄弟的理由。

一次，一个叫阿尔泰的学生作了一首谩骂老师的诗，写上和珅的名字，交给了他们的老师。老师看后，勃然大怒，拿起戒尺来到和珅面前，不问青红皂白，就把戒尺打向和珅的手与屁股，和珅刚开始还辩驳几句："诗不是我写的，不信咱们验验笔迹。"但是当他看到老师被怒火烧红的眼睛，他在一瞬间明白了，阿尔泰的阿玛是当朝的户部侍郎，掌管着天下钱粮，老师得罪不起人家，才把自己当成了替罪的羔羊，为人师表的老师尚且如此，何况外面的世界呢？想到这里，和珅咬了咬牙，挺住了，任凭老师把戒尺抢得虎虎生风，像刀片一样切割着他小小的身体。

当然，咸安宫官学中老师并非个个都像这位老师那样，带有几分病态心理对待和珅兄弟。和珅兄弟的勤奋好学、博古通今还是赢得了一些老师的赏识与喜爱，其中吴省兰、吴省钦兄弟对和珅兄弟就青眼有加。吴氏兄弟少年时期即天下扬名，后入咸安宫官学任教，他们从和珅兄弟身上看到自己少年时期的影子，所以在学习与生活中给予了和珅兄弟格外照顾，并把和珅兄弟介绍给名满天下的大儒袁枚。袁枚赋诗称赞和珅兄弟云：少小闻诗礼，通侯即冠军。弯弓朱雁落，健笔李摩云。

和珅13岁这一年，蹉跎的命运再次降临到他们兄弟头上。这些年，和珅兄弟之所以能在咸安宫官学读书，其经济来源完全得益于父亲钮祜禄·常保生前给他们留下的十五顷地。这十五顷地坐落在保定境内，是常保为官时的官封地，常保把地交给一个叫作赖五的部下管理，年年向常保交些地租。常保死后，赖五交的地租钱越来越少，后来索性不给了，迫于当时家庭的窘境，和珅的继母伍氏再次向和珅兄弟提出让他们中断学业。

伍氏此次没有像上次那样，采用暴力手段逼迫，而是采取怀柔的办法，一把鼻涕一把泪地对和珅兄弟说："不是二娘不想让你们哥俩上学，实在是那赖五欺侮我们孤儿寡母，不肯交租，家中真的没钱再供你们读书了，你们别怪二娘心狠，要怪就怪那赖五……"

和珅听到这里，不由怒从心起，一股强烈的男子汉担当感油然而生。他毕恭毕敬地对伍氏说："二娘，不要悲伤，量那赖五纵然无理，也不过是咱

家的一个奴才,我这就和刘全前去保定,向他讨要!"

伍氏闻之,拭了一把眼泪,道:"你小小年纪,若赖五欺凌你怎么办?"

和珅说:"不怕,若赖五给租便罢,不给我便到保定府告他霸占官田,让他吃不了兜着走。"

伍氏看和珅说得头头是道,便说:"如此你就和刘全去吧!要回钱来,你们兄弟俩依旧上学,要不回钱来,二娘我也没有办法了!"

次日黎明,东方刚刚泛起鱼肚白,和珅和刘全俩人就赶着家中唯一的一辆旧马车出了京城,直奔保定府而去。这一路颠簸自是不说,且说到了保定地界,向人打听赖五的居所,有人告诉和珅,庄头那家门庭高大者便是。和珅带着刘全来到赖五家,未进院门,便被这座气派的宅院惊得倒吸一口凉气。

只见赖五的庄院长约半里,宽约几十丈,院墙青砖压底,红琉璃瓦盖顶,门楼上斗拱飞檐,正中间雕着四个斗大的镏金大字"耕读世家"。朱漆大门,铆着拳头大小的铜钉,在阳光下金光闪闪,门口立着两个硕大的石狮,显得威风凛凛,霸气十足。

和珅在这一瞬间明白了,这个赖五不是交不起自家的地租,而是压根儿就不想给,否则,就凭这座阔气的宅院,掰下一个小小的角来也够十年的租子。和珅此时已经预感到,今天的账不会那么好要,他向刘全扬了扬下巴,刘全会意,上前用脚踹了大门两下,大喊:"开门,我家少爷收租来了!"

守门的门人打开门,看一辆旧马车边上站着两个人。一个面如脂粉,俊俏非常,另一个长着一对斗鸡眼儿,两耳尖尖,料不是本地人物,便入内向赖五通报。赖五打着哈欠说:"先把他们带到客厅,我睡一会儿就过去!"

门人把和珅、刘全二人带至客厅,和珅坐到椅子里,刘全站到和珅身后。等了半天,既看不到有人来给倒茶,更无人接待,和珅等得有些急了,在地上走了两个来回,又向刘全扬了扬下巴。刘全用一双斗鸡眼儿在室内搜寻了一通,忽然看到桌子上有个茶碗,他把茶碗抓在手里,向地面猛劲一掼,大声骂道:"姓赖的,你家人死光了?来人,来人!"

赖五在内室听到响声,端着鼻烟壶从内室走进客厅,一边打着喷嚏,一边说:"谁这么大的胆子啊?敢到本爷府上撒野?"

第二章 小小忍者

刘全看此人尖头尖脑，下巴上缀着一绺山羊胡须，必是赖五本人，便指着和珅，大声呵斥赖五道："大胆赖五，睁开你的狗眼看看他是谁？敢在他老人家面前称爷？"

赖五明知来人是谁，故意装作不知，他用一双鼠眼在和珅脸上瞧了瞧，阴阳怪气地说："哟！他是谁呀？长得可真俊，不会是哪位王公贝勒的娈童吧？"

赖五的嚣张深深地刺伤了和珅的自尊，他白皙的脸上一红，想要发作，但转念一想："这是赖五的庄院，自己和刘全就俩人，万一惹怒赖五，动起手来，后果不堪设想，还是以柔克刚，要来租子才是上上策。"想到这里，和珅向赖五做了一揖，道："赖叔叔，小可乃是已故福建副都统钮祜禄·常保之子，名叫和珅。"

赖五故作醒悟状，道："原来是常保兄的公子，怠慢！怠慢！我只听门人说，有人来要账，我赖五平生从没欠过别人的钱，怎么会有人要账呢？"赖五说着，又向外面喊。"来人，给和珅贤侄上茶！"

仆人端茶上来，递到和珅面前，和珅呷了一口，放下茶盏，道："赖叔叔，小可父亲仙逝，家母派小可前来向叔叔问问今年的地租，不知赖叔叔手里是否方便？"

赖五拿出一副苦相，说："贤侄有所不知，这几年保定府连年大旱，庄稼只有三四成的收成，佃户们的租子收不上来，我该如何向你交租呢？"

和珅看赖五果然开始耍赖，便拿出事先准备好的话来对付赖五道："赖叔此话当真？小侄来庄时，见沿途地里的庄稼茬子密而茁壮，不是受灾之状，难道是他人家的庄稼丰产，独您家庄稼受灾，这保定府天上有二日不成？"

赖五被和珅的话噎得一哽，便彻底耍起赖来，道："别人家的地我不管，反正我家的地是受灾了，要钱没有，要命拿去。"

刘全在一旁骂道："岂有此理？今天我给你点颜色瞧瞧！"刘全说着就要动手，和珅喝住了刘全，转身对赖五说："既是如此，我们就走了，我想这朗朗乾坤之下，必定会有说理的地方，告辞！"

和珅和刘全走出赖五家，刘全没了主意，问和珅："大少爷，这回咱们

去哪？"

和珅说："先找几家赖五的佃户，取得证据后，明早就到保定府衙门告他赖五！"

刘全一伸大拇指，赞叹："少爷，您这招高！"

在刘全的陪同下，和珅这一下午走了几家赖五的佃户，佃户们都向和珅反映，这几年保定府连年丰收，他赖五年年加租，根本就没有拖欠地租的现象，而且佃户们还向和珅反映，赖五能有今天的富贵，完全得益于常保常将军这十五顷的官地。和珅把佃户们所说的全部记在纸上，让佃户们画了押，又写了一张状子，把赖五告上了保定府衙。

保定知府早就收了赖五的贿赂，对和珅递上的状子看也没看，便大声呵斥和珅道："你这娃儿太不晓事，不在京城好好读书，到我保定告甚状子？分明是穷急迫赖，想讹诈他人钱财。"

和珅辩解："大人容禀，此间有赖五家佃户王六、赵七证词，非是学生讹诈，实是赖五欠账不还。"

知府哪里会听一个13岁的孩子辩解，一拍惊堂木，喝道："大胆娃娃，还敢狡辩，本官命你速速回京，不要在此间胡闹，如再胡闹，本官可要对你用刑！"

和珅差点气炸了肺，在心中骂道："这个昏官，小爷今天记住你的名字长相，等将来我发迹那天，一定让你得到应有下场！"

和珅想到这里，蹭地在地上直起身来，对保定知府道："学生这就回京，日后有缘再见！"

和珅眼里含着委屈的泪水，和刘全气咻咻地走出保定府衙。来到外面，但见一轮红日煌煌，普照着大地，和珅在心里呐喊："太阳啊！太阳，你是何等的尊贵荣耀，高高在上，可你的眼睛在哪？怎么会容许如此不公的事情出现？"

太阳依旧煌煌，一阵凉风袭来，和珅不由得打了个寒噤。他的思想被拉回现实之中，如果就这么两手空空地回去，等待自己与和琳的只有辍学，那么他与弟弟这些年在咸安宫的打拼，就等于付诸东流，功亏一篑。

"不，不能那样。司马迁曾说，忍人所不能忍，方能为人所不能为，我要当大官,挣大钱,只有这样,才能一雪明保、沃福寿、赖五、保定知府等人带给自己的耻辱!"和珅想到这里,咬了咬牙,回身对刘全说,"走,回去再找赖五。"

刘全以为和珅被气糊涂了,问和珅:"少爷,昨天咱们刚被赖五那个王八蛋赶出来,今日再去,恐怕……?"

和珅痛苦地闭了一下眼睛,从齿缝中蹦出两个字:"卖地!"

刘全一听,连忙道:"不可,那十五顷的官地是老爷留下来的唯一家产,一家上下全靠它来养活,如果把它卖掉,那以后一家人拿什么过活?夫人不会同意,尚请少爷三思。"

和珅面沉似水,坚持自己的主见:"卖地!"

刘全不再说什么,却在心里暗暗钦佩和珅的胆量,一个13岁的孩子,竟然有这么大的底气,敢卖十五顷地?要知道,这十五顷地得值多少银两啊?就是那些地主老财们作出这样的决定也得在自家的炕上折腾个三天两夜的,才能下这样的决心,而自己这个少主子,眼皮都没眨一下,就作出这么大的一个决定。看来真如庙上的那位老僧所言,他不是一般人,是大富大贵的苗子,也只有这样的人,才有如此恢宏的气度与不同凡响的举动,从今以后,我要更加用心地服侍他。

主仆二人乘马车返回到赖五庄上,赖五此时更为嚣张,竟把和珅、刘全二人拒之门外。和珅眉头一皱,计上心来,吩咐刘全召来赖五的那些佃户,声称以半价把土地卖给佃户们。佃户们眼看这是块肥肉,可是谁又拿得出这么多的银两?倒是赖五闻得此信,主动跳出来,以半价收购了和珅家仅有的十五顷官封地。

怀里抱着出卖父亲基业换来的几百两银子,和珅心中有着一股说不出的滋味。有了这几百两银子,他与和琳的学业是不用发愁了,可是一家人以后的生活该怎么过?仅凭朝廷供给八旗子弟的禄米,是不够用的,何况自家的地远远不止值这几个钱,如果按当今的市价,这十五顷地可以卖六七百两。赖五忘恩负义,落井下石,狠狠地宰了他一刀。还有那个保定知府,与赖五沆瀣一气,接了状子连当事人都没提审,就直接把自己轰了出来,简直目无法纪。自己和和琳一定要好好读书,待将来有出人头地之日,一定要找

保定知府和赖五算账，让他们加倍奉还。

从保定到京城，和珅一路上没有说一句话，到了家中，把银两往伍氏面前一放。伍氏十分高兴，叫着和珅小名说："善保，你还真有两下子，把租子收回来了？"

和珅"扑通"给伍氏跪下，说："启禀二娘，善保自作主张，把地卖给赖五，请二娘责罚。"

伍氏一听，气愤异常，骂道："小王八羔子，谁给你那么大的权利，你就把地卖了？你把地卖了，以后这一家人喝西北风去？再说了，那是十五顷的好地，咋就卖这点钱回来？你真是个十足的败家子！"

和珅看了一眼刘全，刘全也给伍氏跪下了。刘全说："奶奶有所不知，我和少爷到赖五家讨要地租，赖五以地歉收为名，拒不付租。少爷把赖五告到了保定府，那保定知府问也未问，就把少爷赶出大堂，还要上刑。少爷被逼无奈，才把土地廉价卖给了赖五，好歹卖回些银子，要是少爷不够机灵老练，恐怕连这些银子也拿不回，全被那赖五霸占去了！"

伍氏悲从心起，拍着大腿号哭："常保啊！常保！你生时喜欢交朋结友，看你交的都是些什么人？你才死了几日，他们就如此欺负我们孤儿寡母，如今又没了土地，今后的日子让我们娘几个怎么过呀？"

伍氏的话也引起了和珅的悲伤，他双眼垂泪，跪在地上啜泣道："二娘不要悲伤，儿今年13岁了，再过7年20岁时即可承袭祖先留下的三等轻车都尉世职，届时有了俸禄，一定好好侍奉娘亲，让二娘过上衣食无忧的好日子。"

伍氏闻听，心下凄凉稍解，对和珅说："有你这番话，二娘也就放心了，从今以后，家中诸事就交给你全权处理吧！二娘再怎么强，终究是个女流之辈，家中没有个顶事的男人不行！"

从此，年仅13岁的和珅就成了一家之主。白天，他和和琳一如既往地到咸安宫读书，晚上就和下人刘全在家扎些蝈蝈笼子一类的小玩意，让刘全拿到市场上去卖，换些零钱儿，以补贴家用。为了能让家业早日兴旺起来，和珅兄弟二人非常节俭，一张纸不用到最后一个字不扔，一块墨不使尽最后一滴不换，就连饮食上，每餐也只吃个五六分饱，几乎到了量米下锅，按人

第二章 小小忍者

分饭的地步。

和珅的一举一动，都没有逃挥一个人的眼睛，这个人就是当朝一品大员、刑部尚书兼直隶总督冯英廉。

冯英廉缘何会关注和珅呢？这还得从冯英廉的家世说起。

冯英廉的祖上名叫冯铨，在明朝做过尚书，曾投到大宦官魏忠贤门下，认魏忠贤做干爹。后来大明皇帝崇祯吊死煤山，李自成进京做了皇帝，冯铨投降李自成，做了李自成手下的官员。再后来多尔衮率清军攻下北京城，冯铨又投降了多尔衮。当时有人讽刺他，说他多次投降，并在李自成手下做过"伪职"，冯铨非但未感觉到羞愧，反倒为自己辩解说："当年魏征也跟唐太宗对抗过。"多尔衮闻听此事后骂他："你自比魏征就算了，竟把闯贼比作唐太宗，真是无耻之极！"

冯铨死后，按照满清八旗规矩，他家的后人成为内务府的汉军旗人，这种身份在八旗中算是低下的。等到了冯英廉这一辈，他凭着自己的聪明和努力，于雍正十年（1732年）中举，由内务府笔帖式做起，开始了漫长的从政之路。在长期的从政过程中，冯英廉看到满洲人才是这个国家的真正主宰者，其他民族只能以奴才的身份仰视满洲人。尤其是乾隆七年（1742年），乾隆皇帝为了解决八旗子弟生计问题，提出让汉族旗人出旗，腾出的名额让满洲人填补，这个政策更加大大地刺激了冯英廉。他在寻找机会，要把自家的血统由卑贱的汉民族变成高贵的满洲血统，这样他的后人就会承享八旗子弟的福荫，不再有出旗之忧。

冯英廉儿子儿媳早逝，死前只留下一个叫作霁雯的女孩儿，也就是冯英廉的孙女。为了能给自己的孙女找到一个有前途的丈夫，冯英廉经常出入咸安宫官学，希望从这些贵胄子弟之中发现自己的目标。

一来二去，冯英廉在人群中发现了和珅，在他惊讶于和珅俊美的外表同时，也深深为这个少年的学识与意志所折服。多年主持官吏考核的他，早已练就了一双火眼金睛，认定这个俊美的少年日后必非池中之物。于是，就在和珅一家沦为破落贵族无人问津的时光里，他及时地抛出手中的橄榄枝。

这是一个夏日的午后，毒花花的太阳晒得咸安宫顶的瓦片发出爆粟子般的脆响，院内树上的知了发出焦躁的鸣叫。咸安宫所有的门窗都已打开，但

满屋的闷热仍散之不尽。

负责教授学生汉文课的教师吴省兰从外面匆匆进来,对正在默写《庄子·逍遥篇》的和珅耳语了几句,然后带领和珅走出教室,再穿过炙人脚板的石板路,事到了平素只有老师才能进入的"褒光斋"。

"先生又给和珅开小灶了!"吴省兰带领和珅刚一离开,教室内就有人窃窃私语。

"没准先生带和珅吃冰镇西瓜去了!"有人猜测。

"是啊!天这么热,人家都不学习,我们还学什么?"一个学生终于按捺不住,发出兴奋的喊叫声。

"走,我们玩去!"不知谁提议了一声,满教室的学生开始骚动,大家一起涌向户外,有的到树上抓知了,有的则到廊檐下敞开衣襟扇风纳凉。

和珅尾随吴省兰进入褒光斋,见屋内的黄花梨木椅子上端坐着一位老者,此人五六十岁的年纪,脸若铜盆,须发黑白参半,双目赤金一般发着亮光,他穿着一袭白色的绸衫,更显得神采奕奕。

"冯大人,小生把钮祜禄·和珅带到!"吴省兰对着老者一揖,然后又对和珅说,"这位是当朝吏部尚书,直隶总督冯英廉冯大人!"

和珅心想,我一直想做大官,却苦于朝中无人提拔。今天有人送上门来了,万不可错过这个机会,连忙跪倒在地,道:"学生见过冯大人!"

冯英廉用温和的目光看着和珅,亲切地说:"莫要多礼,快起来,快起来!"

和珅从地上爬起身,垂着双手毕恭毕敬地站在地中央,一副彬彬有礼的乖模样。

"和珅,本大人问你,令尊何人?家住何处?"冯英廉早已掌握了和珅一家的底细,他这么问的目的无非是为了给以后的路做铺垫。如果他直接对和珅说,你父亲死后,你家生活得怎么样?那么就会让和珅产生逆反的心理,觉得你想和我联姻了,这才想到我的生活,以后他还会对他自己感恩戴德?还会对他的孙女好么?由此可见冯英廉的老奸巨猾了。

和珅对答如流:"家父钮祜禄·常保,生前任职福建副都统,如今已故三年零三个月二十一天,眼下,晚生随继母、弟弟居于西直门内的驴肉胡

第二章 小小忍者

同之内。"

冯英廉手捋须髯，故作沉思状，稍顷颔首道："原来你是常保的儿子，难怪如此聪明伶俐，老夫与你父有过数面之缘，说起来还是十多年前，我在吏部考核官吏，令尊曾找过我。唉！人生无常，想不到你父亲那么年轻就撒手人寰，这些年，你们兄弟俩过得一定很苦吧？"

这要是换成一般人，当朝的一品大员这么关心自己，一定会涕泪交流，向人家诉起苦来，可是和珅不这样，他对冯英廉又施一揖，道："谢大人关爱，学生以为，所谓苦，无非是衣食匮乏些而已，即苦了皮囊，而学生追随师尊，日读圣贤之书，夜思王化之道，精神上无比充盈，可谓身苦而心不苦。"

和珅这几句更让冯英廉感到由衷的赞叹，一个13岁的娃儿，能悟得如此深刻的道理，其前程必是无可限量。想到这里，冯英廉道："吾家有一孙女，同你一样，幼年即丧双亲，老夫欲将其许配给公子为妻，何如？"

和珅闻之大喜过望，但面部没有表现出来，他跪倒在地，对冯英廉叩头道："学生感谢大人垂青，以孙女相配，学生父母虽亡，然尚有继母大人在世，因此学生不敢私自做主，当禀明继母大人才是。"

冯英廉看和珅如此知书达礼，愈发高兴，道："既如此，老夫明日听你回音，你继母同意便罢，不同意老夫亲自登门拜访。"

冯英廉说完，起身离开，和珅躬身相送。站在一边的吴省兰向和珅祝贺道："和珅，这回你可行了，与冯大人联姻，从今以后在学堂里再没人敢欺侮你了！"

和珅早已心花怒放，但在老师面前，他还是没有表示出过多的惊喜，他甚至有些鄙夷老师说的话，在心里呼喊："小小咸安宫官学算个什么？我和珅要让天下人都不敢欺侮我！"

当晚，和珅回到家中，把冯英廉许婚的事一说，伍氏十分高兴，对和珅说："想来这是你的造化，二娘哪有不同意的道理，明日二娘当备些薄礼，亲自去尚书府上定亲！"

第二日，伍氏收拾打扮一番，备了一份礼物，带领和珅亲自到冯府答谢。冯英廉的孙女冯霁雯昨夜听爷爷把自己许配给一个叫和珅的人，心里

正在揣测，这个人长相如何？学问咋样？这时丫鬟如意进来向她禀报："小姐，小姐，你许配的那个人来了。"

冯小姐一听，马上向如意打听："他长得什么样？"

如意是冯小姐的贴身丫鬟，年长冯小姐两岁，心眼自然比冯小姐多些，见小姐如此问自己，知道小姐一定是担心她的未来夫婿太丑，便打趣道："他长得小眼睛，塌鼻子，模样要多难看有多难看。"

冯小姐听后，眼圈立刻红了，低声啜泣起来。

看小姐真的伤心了，如意这才说："我逗你玩呢！我跟你说，这个人长得可俊俏了，高鼻梁，大眼睛，皮肤比女孩还白，脑门还长着一颗红痣，就像故意点上去的一样，与小姐你可真是天生一对，地设一双。"

冯小姐尚怀疑虑："你说的可是真的？没有骗我？"

如意说："当然是真的，不信我带你去看看，此刻他正在正堂，和老爷聊你们的亲事呢！"

那冯小姐乃是个温柔贤淑之人，怎肯在这时候去见和珅？便对如意说："我不去，一切全凭爷爷做主便是。"

和珅与继母伍氏在冯府逗留了很久，又在冯府用过午餐。午餐后，冯英廉让管家封了五百两白银，交给和珅，让和珅与和琳安心读书，日后不足，随时来取。自此，和珅、和琳兄弟二人方才脱离苦厄，过上衣食无忧的生活。

第三章
一鸣惊人

1767年，虚岁18岁的和珅与弟弟和琳在冯英廉的资助下，顺利完成咸安宫官学的学业。同年，对和珅抱有殷勤希望的冯英廉又把自己的孙女冯霁雯嫁到了驴肉胡同，成为和珅家庭中的重要成员。

新婚之夜，红烛高烧，俟前来贺喜的亲人散尽，和珅用一柄冯家陪嫁来的玉如意挑去了新娘头上的盖头。烛光下的冯霁雯明眸皓齿，脉脉含情，让血气方刚的和珅不禁心旌摇曳，但是，理智战胜了他内心中的冲动，他撩开马褂，郑重地跪在了妻子面前。

"夫君，你这是为何？"冯霁雯不明就里，有些惊慌失措。

和珅拉过冯霁雯的手，像宝贝一样攥在自己手心里，用淳厚的男中音深情地说："夫人莫惊，和珅蒙受爷爷恩宠，才得以完成学业，今日又和夫人成婚，冯家的恩德我定永生不忘。在这红烛之下，我和珅向神灵发誓，此生若负了夫人，必受天谴！"

冯霁雯感动得差点流下了眼泪，她从地上拉起和珅，温柔地说："夫君不要如此，霁雯虽出身宰辅之门，但也不是格格郡主、金枝玉叶，既为君妇，便要恪守妇德，服侍好夫君，为君鼎持家业，延续香火。"

冯氏的话让和珅很开心，他从地上站起身来，把娇妻揽入自己宽厚的怀

中，说："夫人真是贤淑，我和珅能有幸娶你为妻，乃是天赐的造化！"然后和冯氏宽衣解带，上床恩爱。

娶了妻子的和珅并没有倚仗妻子娘家的显赫而骄奢放纵，在生活上他依旧勤俭节约，每餐绝不食两个菜，偶尔为妻子、继母改善一下伙食，他与和琳也不会夹盘中的肉吃。至于衣着，居家只是一袭青衣，只有外出，他才肯换上绸缎。平日里，他与和琳足不出户，除了读书赋诗，便是骑马射箭，以备科考。

转眼间，两年已过，乾隆三十五年（1769年），20岁的和珅以文生员身份承袭祖宗留下的三等轻车都尉世职，岁俸银160两，米180石。

和珅祖上世居辽东，住在一个叫作"英额峪"的地方（今在辽宁省清原满族自治县境内），其九世祖噶哈察鸾在后金建国初期，就归顺了清太祖努尔哈赤，成了八旗军的一员战将。其后，噶哈察鸾的子孙都曾统兵，等到和珅五世祖尼雅哈纳时，从龙入关北京，后在征伐山东河间府的战役中，尼雅哈纳作战勇敢，率先登上河间府城墙，给后续的清军扫清了障碍，因军功赐"巴图鲁"称号，并被授予三等轻车都尉世职。尼雅哈纳死后，由其子鄂锡礼袭职，鄂死传其弟，其弟死传其子武勒，武勒传其侄长生，长生传阿哈硕色，阿哈硕色是和珅的亲伯父，他死于征伐准噶尔的战事中，死后传其弟常保，常保传和珅。可以说，和珅的祖上世代为将，根正苗红。

同年，和珅与其弟和琳一同参加科考，遗憾的是，由于兄弟二人平时以学以致用为目标，不肯死读四书五经而双双落榜。

落榜给了和珅很大打击，回想起这些年的求学之路，不可谓不艰难曲折，是自己用功不够？学识不足？还是自己命当如此？和珅一连数日足不出户，羞于见人，连爱妻冯霁雯的劝慰也无法令他走出内心的困扰。相比之下，和琳倒是豁达许多，因为和琳自入咸安宫官学以来，一直侧重于武学，在文科考场名落孙山本是意料之中。

这日黄昏，和珅又在房中闭门思过，刘全进来报称："爷翁大人到府探访！"和珅闻之一振，连衣服都没换，连忙来到正堂。

年逾七旬的冯英廉此时已是须发皆白，但面色红润，精神矍铄，见和珅走过屏风，乃哈哈大笑云："恭喜孙婿，贺喜孙婿！"

第三章 一鸣惊人

和珅面上一红，连忙跪倒在地，道："爷爷大驾光临，有失远迎，请爷爷恕罪。"

冯英廉爽朗地道："自家人无须多礼，快快起来，快快起来！"

和珅起身，垂手立于冯英廉面前，道："孙婿科场失意，有负爷爷多年栽培，惶恐之至，惭愧之至！"

冯英廉指指身边的椅子，道："坐下，坐下，容爷爷道与你听。"

和珅小心地坐在冯英廉身边的椅子上，冯英廉问和珅："秋闱考的是什么题目？"

和珅答道："孟公绰一节。"

冯英廉接着问："你可记得你的文章？"

和珅忙说："记得！"

和珅说着，就把自己科考的文章从头至尾向冯英廉背诵了一遍，冯英廉本是科举出身，又兼过多年的主考，听后叹道："凭你的文章足可考中，考官不取，实是不该！"

和珅疑问："爷爷此话当真？"

冯英廉正色道："当真！"

和珅又问："难道其中会有什么玄机？"

冯英廉道："此正是老夫要和你说的，科举自隋兴起，历代皆有弊端。唐朝考场纪律松懈，捉刀者甚众；宋朝法纪逐渐健全，其夹带者亦是在所难免；至明清两朝，考场纪律虽紧，可考场舞弊者比比皆是。顺治爷十四年的丁酉科场舞弊案和康熙爷五十年的辛卯科场舞弊案，便足以说明一切，贤孙婿此番不中，定是有人从中作梗。"

和珅蹙眉道："孙婿未入官场，没有得罪过什么人啊？"

冯英廉点拨："你是一身清白，然爷爷久居官场，难免不树政敌！"

和珅顿有所悟，又问冯英廉："依爷爷之见，下次秋闱，孙婿考也不考？"

冯英廉反问："贤孙婿以为呢？"

和珅抬头看看冯英廉，见冯英廉正拿着期盼的眼神望着自己，便把内心中的真实想法抖落出来，道："孙婿想，我本旗人，又世袭三等轻车都尉，

早晚都是朝堂上的人,何苦再深究那枯燥的四书五经,与天下士子争风,莫不如潜下心来,做些真正的功课,以备后用!"

冯英廉竖起拇指,赞道:"孺子可教,这正是爷爷向你道贺的原因,四书五经虽谓经典,不过是些伦常,用它可以立世、致仕,却不可以经国,贤孙婿欲成为国之栋梁,居一人之下万人之上,还得用这个!"

冯英廉说着,用手指指自己的脑袋,和珅道:"爷爷的意思是教我触类旁通,随机应变?"

冯英廉道:"然也,从古至今,能成大事者必头脑敏锐,精干练达,做到知己知彼,方能受到重用!"

和珅明白了冯英廉的意思,乃倾身下拜道:"多谢爷爷指点,孙婿我知道怎么做了。"从此之后,和珅不再谋求科举,而专门搜集当今皇帝书画文章,悉心研读,他仿佛看到,自己离皇帝的身边已经越来越近了。

这一天说到就到,乾隆三十七年(1772年),乾隆颁布谕旨,在满洲八旗子弟中挑选十名銮仪侍卫,填补皇家仪仗队。年方22岁的和珅因相貌俊美,又兼弓马娴熟被选中,授予三等侍卫,上虞备用处之职。和珅与其他九名被选中的侍卫一起被送到内务府,学习各种皇家仪仗礼仪,谙熟之后,即被送到仪仗队中,开始了他非比寻常的仕途生涯。

和珅初次见到乾隆皇帝,是在这年元旦的郊祭大典上。那是个寒冷的清晨,天空还飘着细雪,和珅等仪仗队员早早地候在乾清宫外。等了不到半个时辰,和珅看到身着盛装的乾隆在几名太监的拥护下,走下乾清宫大殿前的台阶,随着他的影像越来越清晰,和珅感觉自己的头一点点地向外探出。

这就是当今圣上?自己朝思暮想着靠近的圣上?他长得太像一个人了,他们都长着同样一张瘦削的脸,细长的眼睛,高高隆起的鼻梁和尖尖的下巴。难道是他死而复生?还是他根本就没有死,进紫禁城当了皇帝?和珅在这一瞬间,神思有些恍惚眼睛都湿润了,他差点跪在地上,抱住乾隆帝的大腿,叫一声:"阿玛!你还活着?"

和珅不知是怎么参加完郊祭活动的,晚上走进家门时,他的神情还有些恍惚。妻子问他:"你怎么了?夫君,怎么魂不守舍的?"

和珅如在梦中,呢喃:"像,太像了!"

第三章 一鸣惊人

冯氏不明就里,追问和珅:"你说什么呀?谁和谁太像了?"

和珅以手指指天,又指指地,说:"当今圣上,和我阿玛,太像了!"

冯氏笑了,温存地对和珅说:"你呀,是想阿玛想的!"然后帮和珅解开官衣,挂到柜子里,又说,"别想了,快去吃饭吧!"

和珅坚持道:"不是想,真的太像了!"

冯氏顺水推舟道:"像,像还不行吗?快去吃饭!你们满洲男人啊!除了你个个长得都差不多!"

事后,和珅对这件事还有几分后怕,万一当时自己控制不住情绪,上前叫声阿玛,那还了得?不诛九族也得脑袋搬家。所以和珅在以后见到乾隆的日子里,都极力地克制着自己的恋父情结,一心一意地做好侍卫的本职工作。

俗话说得好,机会总是留给那些有准备的人。1775年春天某日,乾隆皇帝乘銮驾从畅春园返回紫禁城,行至途中,一个侍卫匆匆赶来向乾隆奏报:"云南急奏,缅甸要犯从狱中逃脱!"乾隆闻之大怒,喝问:"虎兕出于柙,龟玉毁于椟中,谁之过也?"

众侍卫见天威震怒,皆噤若寒蝉,不敢出声,独有和珅来到乾隆驾前,双膝跪地,朗声道:"是典守者不能辞其责!"

乾隆见此人侍卫装束,便疑惑地问:"汝知论语?"

和珅答:"奴才曾是咸安宫官学的学生。"

乾隆已有三分喜色,又问:"汝可知季氏将伐颛臾的意思?"

和珅慷慨道:"重教化,修文德以怀人,不然则邦分崩离析,祸起萧墙,此乃圣人之见也。然,世易时移,如今之世,远方多顽固不化之人,若仅以教化化之,不示之以威势,则反易生妄心。如此,于国于都,应首重教化,修文德以服人,使远者来之,来者安之,且加之以威力,防微杜渐,不然,就真正是虎兕出于柙,龟玉毁于椟中矣!"

和珅这一番话,甚合乾隆心意,乾隆令他:"抬起头来见朕!"

和珅慢慢地抬起头来,映入乾隆眼帘的是一张标准的国字型脸,这张脸白皙细嫩,鼻隆口端,真可谓是潘安再世、宋玉重生,对美学有独特欣赏目光的乾隆在心底发出一声惊叹:"好个标致的后生,堪称满洲第一俊男!"便

把刚才的不快抛诸脑后,高兴地对和珅说:"你既有学识,在上虞备用处挑杆太委屈你了,不妨到朕跟前,做个御前侍卫如何?"

和珅早就盼望着有这么一天,当下磕头拜谢:"谢皇上恩典,吾皇万岁,万岁,万万岁!"

从畅春园回到养心殿,乾隆在龙榻上小憩一会儿,然后起身批阅当日的奏折,批着批着,天色不知不觉地暗淡下来,有太监点上宫灯,送到乾隆面前。乾隆合上奏折,长长地叹了口气,一股莫名的孤独感从心底油然而生。在中国历朝历代的君主中,乾隆是最富有才情的皇帝,他文武兼修,成就空前,乃至他自己都认为是中国历史皇帝中的王者,自诩为"十全老人"。但是,这种绝高的天赋注定他会拥有多愁善感的性格,至高无上的地位又注定他要经受高处不胜寒的寂寞。他拥有满朝的文武百官,可又有谁会懂他?他拥有后宫的三千佳丽,又有谁会懂他的琴棋书画及鹤唳九霄的志向?他有二十几个子女,哪个能够承欢膝下,让他乐享天伦?所有的所有,一切的一切,都让乾隆这个64岁的老人在心底产生一种强烈的渴望,他渴望自己的身边有个人,像朋友一样地懂他,像儿子一样地孝敬他,遗憾的是满朝的文武大臣中没有这样的人,后宫的三千佳丽中也没有这样的人,以致乾隆心里常常产生这样的悲观情绪,偌大个天朝,竟没有我用起来得心应手之人。

乾隆背着双手,在养心殿内徘徊,走了几步,他的脑海里不知怎么的就闪现出和珅的影子。这小子长得标致,又机敏伶俐,说不定他是个可就之才,于是乾隆对身边的太监说:"宣和珅速来见朕!"

太监答应一声,跑到门外,开始这个太监有些发懵,"和珅是谁呀?怎么从来没有听说过这个人?"不过他还是十分聪明的,一到门外就扯起脖子猛喊:"皇上有旨,宣和珅速来见驾!"太监话音刚落,就听到殿外的侍卫中传来一个浑厚的男中音:"嗻!"

和珅三步并作两步,进了养心殿,给正在徘徊的乾隆跪下,道:"奴才和珅拜见皇上,吾皇万岁,万岁,万万岁!"

乾隆看了一眼和珅,说:"平身吧!"

和珅从地上直起身来,毕恭毕敬地问乾隆:"不知陛下召见奴才何事?"

乾隆绕着和珅走了两圈,突然问和珅:"你出身咸安宫官学,可曾下过

第三章 一鸣惊人

试场？"

和珅回答："下过，乾隆三十五年秋闱，奴才与弟弟和琳都曾应试，不想双双落榜。"

乾隆捻须道："如果朕没有记错，那次秋闱的题目应是孟公绰第一节！"

和珅马上道："陛下好记忆力，正是孟公绰第一节。"

乾隆问："可曾记得你的文章？"

和珅："记得！"

乾隆："说来与朕听听！"

和珅站在乾隆面前，将六年前自己参加科考的文章背诵给乾隆，乾隆一边听，一边颔首，直到和珅将文章背诵完，乾隆暗在心里叫了一声好，然后对和珅说："凭你这篇文章，完全可以考中进士。"

和珅马上给乾隆跪下，道："谢谢皇上夸奖。"

乾隆用欣赏的目光看着和珅，又说："和珅你能把六年前的科考文章流利地背诵下来，可见你是个有心之人啊！"

和珅："陛下过奖，奴才无甚所长，只有这记忆力尚可。"

乾隆点点头，叹息一声，说："自我满人入关，已经一百多年了，一百多年来，汉人里人才辈出，占我大清官员半数以上，可我们的八旗军民却是日益骄奢淫逸，文废武弛，长此以往，我们大清的江山社稷堪忧啊！"

和珅道："皇上所言甚是，请恕奴才直言，陛下当整八旗旗务，重振八旗雄风。"

乾隆转过身来，面对和珅，道："和珅听封！"

和珅："嗻。"

乾隆："朕封你为正蓝旗副都统，兼职御前侍卫，望你不负朕望，整顿正蓝旗旗务！"

和珅再次磕头谢恩："谢皇上恩典，奴才一定好好为皇上办差，鞠躬尽瘁，死而后已。"

从皇帝那里出来，和珅简直心里乐开了花，心想："今天到底是啥日子，竟然让自己两次受到皇上的封赏，难道是我祖上显灵了？"但是他马上又否定了自己："和珅，你是不是太没有出息了？一个小小的御前侍卫、正

蓝旗副都统就把你美成这样，你还能有大的造就么？你要当大官，让那些过去看不起你的人都来巴结你、敬畏你，这才是你的最终抱负。"

想到这里，和珅躁动的心情很快恢复了平静。这时，他忽然想起，早上离家时，他的妻子冯霁雯还呕吐来着，也不知怎么样了？于是他匆匆走出紫禁城，准备回家。

和珅刚出城门，就看见自己家的管家刘全打着灯笼站在那里，心不由得"咯噔"一下，心想："妻子不会出什么事吧？"

刘全也看到了和珅，连忙迎上来，手提灯笼给和珅跪下，道："恭喜老爷，贺喜老爷！"

和珅以为自己升官的事被家人知道了，他谨慎地向四周看了看，见附近只有几个守门的士兵，这才放下心来，用几分责备的口气责怪刘全："你呀！能不能沉稳点？不就是个正蓝旗副都统么？有什么可以恭喜的？要是让人家看见，还以为你家老爷我太没有成色了。"

刘全被和珅训斥得有几分发懵，说："老爷，什么正蓝旗副都统啊？奴才不懂，奴才是想告诉老爷，夫人有喜了！"

和珅似乎没有听清，追问刘全："夫人怎么了？你再说一遍！"

刘全大声说："夫人有喜了！"

和珅一听，乐得他差点没从地上蹿到天上去。自从他与冯氏结婚，八年来，他天天想，夜夜盼，希望自己有个子嗣，以继承他家香火，可是冯氏的肚皮始终没有什么反应。为此，冯氏曾怀疑自己的生育能力，数次提出给和珅纳妾，都被和珅拒绝，如今妻子终于怀孕，怎不令他欣喜若狂？

"刘全。"和珅把手伸到自己怀里。

"什么事？老爷。"刘全问。

和珅从怀里掏出两块银子，大的三四两重，小的只有几钱重，和珅把小的放到刘全手上，说："这个给你，你的赏钱！"

刘全入和珅府上这么多年，跑前跑后，没少费心费力，从没有收到过和珅给的赏钱，今见老爷打赏了，不由笑逐颜开，连连说："谢老爷！谢老爷！"

和珅又把大块的银子交给刘全，说："拿这个去给夫人买几只鸡，好好给夫人补补身子。"

刘全高兴地说："得嘞！奴才这就去办！"

刘全把灯笼交给和珅，自己乐滋滋地走了，没走出几步，和珅喊："剩钱别忘给我拿回来！"

刘全回答："是，老爷！"

和珅这回是真的乐了，都说人生有四大喜，久旱逢甘霖，他乡遇故知，洞房花烛夜，金榜题名时，相对和珅今天来说，这些都不算什么，我和珅的喜才叫真正的喜。和珅越想越美，对着天上一轮皎洁的明月，不由诗兴大发，情不自禁地吟咏起来。

此时和珅家中，已是热闹非常，和珅的爷丈冯英廉闻得孙女怀孕，不顾高龄，过府前来探望。和珅继母伍氏，也一改过去吝啬的作风，拿出自己的私房钱，备了两桌酒菜，一桌留给全家，另桌赏给仆人，现在酒菜已准备停当，只等和珅归来开席。

和珅在路上吟咏了一会儿，猛然想起乾隆叮嘱他的话："望你不负朕望，整顿正蓝旗旗务。"乾隆为何要和珅整顿正蓝旗旗务呢？这还得从满洲实行的八旗制度说起。

万历十年（1582年），清太祖努尔哈赤以其父留下的13副盔甲起兵，率众讨伐尼堪外兰，并从此开始了统一女真各部的战争，经过20余年的征伐，最后统一了女真各部，创立下八旗制度。这是一种兵民合一的制度，每300人为一"牛录"，五个牛录为一"甲喇"，五个甲喇为一"固山"。"固山"就是汉语"旗"的意思。努尔哈赤当时把手下的兵民编为八个旗，即正黄旗、镶黄旗、正白旗、镶白旗、正红旗、镶红旗、正蓝旗、镶蓝旗，其中正黄旗、镶黄旗、正白旗由王公贝勒亲任旗主，谓上三旗，其他各旗谓下五旗。但不管上三旗还是下五旗，所有在旗之人都由朝廷供养，岁发禄米，参军则加饷银。

众所周知，中国古代是农业社会，人口就是生产力，为了增加人口，康熙时期宣布"盛世里滋生人，永不加赋"，雍正时期又推行"摊丁入亩""耗羡归公"，使天下人口得到休养，迅速增长。乾隆五年清查，天下人口1.4亿，到了乾隆二十七年，人口已经超过2亿。其中八旗人口总数也是成倍递

增，成为朝廷的巨大负担。早在乾隆初年，为了缓解朝廷压力，乾隆曾实行让汉军出旗等政策，在当时起到了一定作用，如今几十年过去，叠加的八旗人口再次成为乾隆头疼的问题。乾隆在此时让和珅整顿正蓝旗旗务，其意图十分明显，就是考验和珅，能否拿出个切实可行的办法，把正蓝旗作为改革试验区，削减八旗在京人口，从而减轻与日俱增的财政压力。

和珅十分清楚这是乾隆在考验自己，同时他也明白这是个棘手的问题。何谓整顿？整顿就意味着整人，整人就要有人为此付出代价，付出代价的人谁能甘心被整？自然会掉过头来整你。我和珅刚刚就任正蓝旗副都统，还没等上任就开始整人，会不会为此树立政敌？弄不好再被人排挤下了台，那颜面何在？

和珅想着想着，不知不觉来到自家门前，闻室内人声鼎沸，便知晓家人一定是为妻子怀孕的事庆祝。他故装作什么也不知道的样子，慢慢地走进内堂，进屋便说："什么事啊？大家这么高兴？"

早有一个叫小红的婢女，向和珅报告："老爷，是夫人有喜了。"

这时和珅看到自己的爷丈冯英廉坐于座上，忙趋步上前，跪倒在地，用惊喜的口吻说："唉呀呀！原来是爷爷大人也来了，孙婿有所不知，请爷爷恕怠慢之罪。"

冯英廉一看和珅身上所穿的官衣，已非昔日上虞备用处的褂子，顿时明白和珅升迁了，乃哈哈大笑道："看来老夫今日来对了，不仅孙女得喜，而且孙女婿已经升为御前侍卫，真是可喜可贺！"

听说和珅升迁，家人们纷纷过来向和珅道谢请赏，和珅眉头一皱，面上显出不高兴的神色，倒是冯英廉舍得花钱，从怀里掏出一锭五两重的银子，放在桌上，对众家仆说："你们老爷刚刚升迁，还没挣回钱，这些我替他赏给你们，你们要尽心尽力服侍好你们的主子。"

众家仆领了赏银，纷纷道谢："谢谢太爷！"

家仆们退下，和珅把冯英廉搀扶到酒席主位上坐好，和琳、冯氏、伍氏也都坐了，和珅这才说："这身衣服是圣上早上封的，刚才又封我兼正蓝旗副都统。"

冯英廉一听，惊得差点把手中的筷子掉在地上，要知道，自己二十多

第三章 一鸣惊人

岁中举,在官场打拼一辈子,直到垂暮之年,才做到吏部尚书、直隶总督,和珅才入官场几年,就做了正蓝旗副都统,那可是从二品的职位,一旗副旗主,不是皇帝特别宠信之人,是不会把这样一个重要位置给他的。

"如此更要恭喜孙婿,一日三喜,真乃洪福齐天啊!"冯英廉举起酒杯,冯霁雯已端起了杯子,和珅连忙把冯霁雯的杯子抢在自己手里,对冯英廉说:"爷爷,霁雯有孕在身,这杯酒小婿代饮,爷爷勿要见怪!"

冯英廉连忙说:"不怪,不怪!"和珅把杯中酒一饮而尽,冯英廉也喝了一口。和珅凑近冯英廉,说:"爷爷,刚才圣上封孙婿做这个正蓝旗副都统时,对孙婿说,让孙婿整顿正蓝旗旗务,孙婿初入官场,资历尚浅,尚请爷爷指教一二。"

冯英廉依旧是老打法,问和珅:"孙婿以为如何?"

和珅说:"刚才我在路上想好了,这旗务不难整顿,圣上不就是嫌八旗子弟在京的人口多么?负担重么?给他们一些钱,把他们打发到黑龙江去屯垦,就什么事都解决了,不过这样一来,必定会得罪很多人,我怕初涉官场,会给自己将来造成障碍。"

冯英廉赞许道:"贤孙婿果然有过人见识,这样做既能减轻八旗人口在京师压力,同时也能抵御罗刹人的入侵,至于谁来建立这项功勋,老夫建议还是把它留给当今圣上。"

和珅心想:"姜还是老的辣,对呀!把这个想法告诉皇上,让皇上去实施落实这件事,功劳就是皇上一个人的了,那样自己既讨好了皇上,又不会得罪八旗子弟,岂不是两全其美?"想到这儿,和珅再次举起酒杯,面对冯英廉,由衷地说:"谢谢爷爷指教,孙婿资历尚浅,今后尚请爷爷多加教诲。"

冯英廉把杯中酒喝尽,拉过和珅的手说:"贤孙婿,爷爷老了,在世的日子不多了,爷爷在这个世上,只有你和霁雯这两个亲人,爷爷当了一辈子官,经历了许多事,几经沉浮,终究是没出什么大乱子,靠的是什么呢?靠的就是讨好皇上!你把皇上侍候好了,要风得风,要雨得雨,你要是得罪了他,他会变着法地整你,让你求生不得,求死不能。"

和珅听了,连连点头,说:"孙婿一定把爷爷的话当成此生的座右铭铭

记于心，为钮祜禄家族和冯氏家族争光。"

次日，未待黎明，和珅就来到了内务府，领取了正蓝旗副都统的顶戴后，来到午门，跟随文武大臣上殿面君。

这是和珅有生以来第一次走入金銮殿，它的辉煌与庄严几乎超出了和珅的想象，当他和众大臣跪地拜见皇帝时，还刻意地用眼睛盯了一下地面的砖，看它到底是不是金的，等掌朝的太监喊平身时，他才将目光恋恋不舍地从地面移开。

"各位爱卿，有本启奏，无事退朝！"乾隆说话时，颔下的山羊胡须随抖动着。

堂下无人答话，一日的早朝就这样结束，由于身兼御前侍卫，和珅是不能走的，他尾随乾隆皇帝的銮驾，入内当值。

"和珅，朕让你整顿正蓝旗旗务，这段时间你就到正蓝旗都统府去当值吧！朕有事再去叫你。"乾隆对和珅说。

"启禀圣上，奴才正想向您禀报关于整顿旗务之事。奴才以为八旗子弟在京太多，游手好闲，寻衅滋事，大大扰乱京师秩序，奴才以为与其让其在京厮混，不如给他们一些钱粮种子，让他们回到龙兴之地，屯田戍边，为国立功！"和珅口齿伶俐，吐字清晰，浑厚的男中音让人听了甚感熨帖。

"依你之见，什么人该去，什么人不该去呢？"乾隆对这个建议很感兴趣，手捋胡须问。

和珅流利地回答："目无纲纪、违犯国法者当去，忠君爱国、维守律例者不当去；忤逆父母、不孝不悌者当去，孝顺爹娘、仁义友爱者不当去；纨绔浮华、不务正业者当去，勤勉守业、规矩做人者不当去……"和珅一口气说出十几个当去不当去，令乾隆真实地感受到，面前这个年轻人不仅拥有俊秀的面容，他的内心里确实是装着国家社稷，是个可用的人才，于是乾隆下旨，谕令满洲八旗各选五百人到黑龙江屯垦戍边。一时间，京城中提笼架鸟、无所事事的恶少少了许多。

第四章
青云得志

秋风乍起,满山的枫叶被一场秋霜染红,迸发出火一般的热烈。在弥漫着成熟庄稼香味的风中,古老的驴肉胡同即将迎接一个崭新的生命。

和珅的妻子整整怀胎十个月了,在这十个月里,冯霁雯的肚子成了全家上下关注的一个焦点,大家都在猜测那里面包藏的是一个男孩还是女孩,其中也包括和珅。和珅当然希望妻子怀的是一个男孩,那样他和珅就后继有人了,但是经历过母亲难产而死的和珅,他更担心的是妻子的安危。

"但愿母亲的灾难不要降临到自己妻子的头上!"对妻子关怀备至的和珅经常向苍天发出这样的祷告,并且每隔个三天五日,总要把京城最好的郎中请到家里来,为冯霁雯切脉。郎中每次都告诉他:"令夫人胎位正常,大人无须担忧!"可是和珅依旧放心不下,每日早朝前,他都要来到自家佛堂,跪在宗喀巴大师圣像前,为妻子祈福。

好容易熬到了夫人的产期,一直陪伴在乾隆身边的和珅不得不向乾隆告假,说自己妻子的产期已到,要求回家侍候妻子生产。乾隆是个开明的君主,一向甚懂怜香惜玉,他对和珅的做法深表赞同,认为一个连自己老婆都不爱惜的人,如何会爱江山社稷,更不会爱他的君主,于是乾隆愉快地准了和珅的假,着令他回家侍候妻子生产,待产后再入朝侍君。

和珅回到家中，半步不离冯霁雯，就连端茶倒水这类的日常小事，也不让丫鬟仆人去做，而是亲自动手，把茶水吹凉，再递到妻子嘴边，一匙一匙地喂给妻子。

冯霁雯生产这日，和珅派刘全早早地找来产婆和郎中，自己留在外间。听着冯霁雯一声接一声地号叫，和珅的心比刀子剜了还难受，不停地垂泪，几次想进产房安慰看望妻子，都被陪在一边的和琳拦住。和琳此时业已成婚，并且早于和珅当了父亲。

"兄长，再等一等，既然郎中已经诊断嫂嫂胎位正常，定会无事！"和琳劝慰。

和珅掩涕道："每想到额娘生你而死，余心总是不能释怀，总怕此类事降临到你嫂子头上。"

和琳道："额娘生我，阿玛不在身边，今嫂嫂生产，兄长与郎中俱在，定不会出现什么差池，兄长还是放心吧，少顷便会有喜讯传来！"

和琳话音刚落，就听到儿啼声从产房内传来，紧接着又听到产婆的欢叫："恭喜夫人，是个男的！"和珅的心虽欢喜，还是没有完全放下，等产婆在屋内包好孩子，向和珅报喜道："恭喜大人，母子平安！"时，和珅"扑通"跪倒，两手加额，道："谢苍天庇佑，我和珅终于有儿子了！"然后从怀中掏出一锭五两重的银子，交给产婆，道，"微薄小礼，不成敬意，让大娘您费心了。"

产婆接过银子，笑逐颜开，对和珅说："令公子高鼻大眼，长大后一定和大人一样，是个美男子呢！"

和珅心中愈发高兴，便叫刘全带产婆到厅中用餐，自己去房中看望冯霁雯母子。

一进产房，和珅看到被汗水沤透衣裳的冯霁雯，顿时流出了眼泪，一手拉着冯霁雯，一手指着襁褓中的孩子，佯怒道："你个小东西，看你把你额娘折腾成啥样子？再不出来，阿玛就不认你了！"

冯霁雯对和珅说："行了，别装模作样了，快抱起你的儿子看看吧！"

和珅："怎么是我一个人的儿子？他是咱们共同的儿子。"说着抱起孩子站在眼前仔细端详，只见这孩子长得天庭饱满，地阁方圆，就像从自己脸上扒下来的一样，愈加喜欢得不得了，说，"儿子啊！快快长，长大了娶个格格，阿玛给你攒钱！"

妻子生产完第二天，和珅便回到了乾隆身边侍驾。乾隆问他："和珅，你内人生产完了？"

和珅跪下，道："托陛下的福，贱内已于昨日卯时生下一子，母子平安。"

乾隆道："如此甚好，令郎可曾取名字？"

和珅一听，就明白了，皇帝这是要给自己的儿子赐名啊！忙说："犬子刚刚出生，还未曾取得名字。"

乾隆思考了一下，说："你的儿子就叫丰绅殷德吧！富贵、长久是人人都想得到的！"

和珅大喜过望，复顿首叩拜乾隆："谢皇帝对犬子赐名，奴才荣幸之至，犬子荣幸之至！"

从此，和珅的儿子便有了一个响亮的名字：丰绅殷德。和琳的儿子也随和珅的儿子改名为丰绅宜绵。

乾隆四十年（1776年）正月，和珅及其家族迎来了政治上的又一个春天，他和都统和隆武、左都御史阿思哈同获加恩，全族由满洲正红旗抬入满洲正黄旗，太岳父冯英廉署理户部尚书事务，协办满洲大学士，冯英廉原职由福康安转补，福康安原户部右侍郎缺，由和珅补授。

接下来的几个月，和珅更是鸿运当头，连连升迁。三月在军机大臣行走，四月授总管内务府大臣，八月调镶蓝旗满洲副都统，十一月任国史院副总裁，赏戴一品朝冠，十二月总管内务府三旗官兵事务，赐紫禁城骑马。至此，和珅进了大清朝的政治中心，真正地成为了乾隆身边的宠臣。

和珅为何如此受到乾隆的青睐？以火箭般的速度升迁，史书并无记载，有人认为和珅在乾隆面前奴颜婢膝，尽行谄媚奉迎之能事，其实不然，和珅之所以有今日，不仅因为他会办事，能办事，另外重要的一个原因是他有真才实学。有例为证。

一日，乾隆在圆明园的水榭读书，和珅随侍在侧。不知不觉中，天色暗淡了下来，乾隆看不清手中的《孟子》上朱熹的注解了，于是乾隆就对和珅

说:"和珅,去拿灯来,这行字,看不清了。"

和珅躬身上前问:"不知陛下看的是哪一句?"

乾隆说:"是之有道也,饱食暖衣,逸居而无教,则近于禽兽。圣人有忧之,使契为司徒,教以人伦。"

和珅不假思索,朗声背道:"吉水土平,然后得以教稼穑;衣食足,然后得以施教化。后稷,树,亦种也。艺,殖也。契,音薛,亦舜臣名也。司徒,官名也。人之有道,言其皆有秉彝之性也,然无教,则亦放逸怠情而失之。故圣人设官而教以人伦,亦因其固有者而道之耳。"和珅一口气把朱熹的注解背诵下来,连饱才博学的乾隆都不免为其发出一声这样的赞叹:"想不到卿家有如此深的造诣!"

和珅的记忆力是惊人的,他能把自己署理的各个衙门事务无论大小,都打理得井井有条,自然也难以忘怀他少年时期被赖五所迫卖地一事。这日早朝完毕,一向忙于宫廷事务极少回家的和珅回到家中,叫身边的丫头唤来刘全,说:"刘全啊!你在咱这个家中觉得怎么样啊?"

刘全觉得和珅话里有话,但没有听出什么意思,就说:"好啊!老爷、太太对小人都很好,小人没齿难忘。"

和珅拍了刘全脑袋一下,阴恻恻地说:"现在日子过好了,把以前的事都忘到脑袋后面去了吧?"

刘全是何等聪明之人,他一听就明白和珅心中所想,他转转眼珠子,说:"老爷说的小人这些年一刻也未曾忘,那该死的赖五和那该死的保定知府,奴才一想起来就牙根直痒痒,恨不得剥他们的皮、抽他们的筋。"

和珅看到刘全明白了自己的意图,便说:"剥皮、抽筋倒不必,但是当年他怎么从咱们手里抢走的东西,必须怎么给我拿回来,包括这些年的利息。"

刘全躬身道:"是,老爷,奴才这就去保定府走一趟。"

刘全不敢怠慢,从仆人中叫了一名小厮,二人骑快马,直奔保定府。

且说赖五利用不光彩的手段从和珅手里夺取了15顷的官地,日子过得顺风顺水,家资越来越大,他认为自己这辈子也是知足了。当年他在街头乞讨,日子实在混不下去了,他选择了投军,由于他善于伪装自己,把自己扮

第四章 青云得志

成一副忠厚老实的模样，得到副都统常保的信任。后来常保把自己的官封地交给他经营，他的日子很快风生水起，不仅娶妻生子，还娶了妾。等他完全把常保的地控制到自己的名下时，他的感觉更是步入了天堂，再也不用给主人拿租上赋了。谁知这样的好景也就是十多年，还没等他的春秋大梦做完，从京城方面传来了一个消息，彻底把他惊醒，常保的儿子和珅如今当了大官，成为天子身边的红人。听到这个消息，赖五整个人仿佛被雷电击中一样，一下子从太师椅上滑落到地面，手中的水烟袋跌得粉碎。

赖五此时已是七十来岁的老人了，凭他一生的阅历，他料想和珅一定不会饶过自己，不由心生悔恨，常保将军对己不薄，自己当年为何要如此利欲熏心，做出这等不是人的勾当？如今自己子孙满堂，要是和珅此时追究起来，恐全家人难避其祸，不如自我了断干净。赖五把脑袋都钻进了绳套里，转念一想，就算自己死了，和珅就会饶过他的家属么？不会，还不如自己活着，好歹对和珅还能有个解释。

赖五自此生活在心惊肉跳之中，每日都有一种大祸临门的预感。灾难说到就到，这日黄昏，赖五在自家的佛堂里拜佛，祈求菩萨能保佑他度过难关，这时，管家进来向他报告，说："老爷，京城来人了，要见您！"

赖五仿佛被鞭子抽了一样，浑身哆嗦一下，颤抖着声音问："他是谁？长得什么样？"

管家说："来人自称是内务府总管大臣和珅的管家，名叫刘全，长着一对斗鸡眼儿。"

赖五一听，心想："真是越怕啥越来啥。"但是此时怕也不顶用了，只能硬着头皮，来到正堂，见刘全便拜，道："老奴不知刘管家大驾光临，有失远迎，望乞恕罪！"

刘全拿起手中的马鞭，抬起赖五的下巴，用一双斗鸡眼儿盯着赖五满是皱纹的老脸，阴阳怪气地说："狗奴才，今天你终于知道自己是奴才了？你从前的威风哪里去了？"

赖五磕头道："老奴一时糊涂，当年得罪了少爷和管家大人，望少爷和管家大人念老奴年迈体衰，行将就木，饶过老朽一家吧！"

刘全阴恻恻地一笑，骂道："饶你就是对天下人的犯罪，你不就是趁两

个糟钱么？大爷我今天打死你！"

刘全说着，挥起马鞭，不分头脸，向赖五一顿猛抽，抽得赖五满地打滚，哀声连连，赖五的妻妾子孙尽皆跪伏于堂下，何刘全磕头求饶。刘全仍是不停手，赖五受刑不过，这才对刘全说："刘老爷饶了老奴吧！当年奴才强占常老爷土地，实在是受保定知府指使。"

刘全要的就是这句话，停下鞭子，问赖五："此话当真？"

赖五连忙道："当真！"

刘全又追问："可有凭证？"

赖五："此间有保定知府强行从我手中买地的地契。"

刘全想："我火也撒了，气也出了，万一将这老朽打死，就等于失去了收拾保定知府的把柄，还是见好就收，从他手里榨取点钱财为妙。"

想到这里，刘全发出狠话："既如此，今天我暂饶过你这狗奴才。等我回京，禀明我家老爷，让我家老爷参那保定知府，状告你们强霸官田，定你们个满门抄斩。"

赖五吓得面无人色，磕头如捣蒜，说："刘管家，刘老爷，万万不可呀！您看在老朽的薄面上，在和老爷面前多多美言，就说我赖五知错了！"

赖五说着，从怀中掏出一千两的银票，递给刘全。刘全拿过银票，一看，嚯，一千两，真不是个小数目，自己长这么大还没见过这么多银子呢！于是他问赖五："这是包赔老爷的？"

赖五说："不是，是孝敬大管家您的！"

刘全做梦也没有想到，赖五会用这么大的手笔来贿赂自己，为了掩饰内心的喜悦以及不忘对和珅的忠诚，他又问赖五："老爷那份呢？"

赖五说："只要老爷能饶我不死，这所宅院及我所有的土地全部都归老爷，我们一家老小，也愿世代为奴。"

刘全转转眼珠子，心想："这所宅院可不小，再加上赖五的土地、家人怎么也得值个几万两。"于是对赖五说："我替老爷暂时答应你，至于老爷答不答应，等我回京请老爷定夺。"

看到刘全答应下来，赖五如释重负地从地上爬了起来，安排家人马上置办酒席，款待刘全二人。酒席上，赖五又让自己的孙女过来给刘全倒酒，刘全一看赖五的孙女颇有几分姿色，那对斗鸡眼儿就停在那女孩的一双俏脸上不动了。别有用心的赖五对刘全说："这是我唯一的孙女，名唤碧珠，今年15岁了，尚未婚配，如果刘老爷不嫌弃，就把她许配给老爷您，做妻做妾，悉听尊便！"

话说刘全自16岁入和珅府上为奴，一直跟和珅过着清苦的日子，后来和珅得到冯英廉资助，不久又做了官，但和珅仍然很节俭，对待下人更是严苛，平时不给他们肉食，衣服也是粗布缝制。刘全身为管家，条件略比他人好些，总算能穿绸缎来装点和珅的门面，私下里，却也是过得很紧巴，年过三十了，连房老婆也讨不起。如今见赖五主动把孙女许给自己，不由大喜过望，忘记了刚才是怎么折磨赖五来着，忙双膝跪地，对赖五说："如此多谢爷丈大人，您家的事就包在了孙婿身上。"

当晚，刘全就和赖五的孙女圆了房。第二日，赖五派了一辆马车，把孙女送到刘全家，刘全自去和珅那里回话。

"老爷，奴才回来了！"刘全一见和珅，立刻跪到地面上，摆出一副可怜兮兮的奴才相。

"怎么了？刘全，此行不够顺利？"和珅一边哄着自己的儿子，一边问刘全。

刘全说："托老爷的福，很顺利。"

和珅说："既然很顺利，跪着干嘛？站起来说话。"

刘全："奴才不敢。"

这时，和珅的妻子冯霁雯由内室里出来，从和珅手里接过丰绅殷德，责怪刘全说："老爷一直把你当成自家兄弟，就是你做错了什么事，老爷也不会责怪你，你还跪着干什么？"

刘全拿眼睛看看和珅，和珅摆摆手说："起来，起来，咋办得咋说，我不责怪你便是。"

刘全便把自己此行的经过向和珅叙述了一遍，当然他隐瞒了赖五给他一千两银子的情节，末了刘全说："此事责任不全怪赖五，保定知府才是霸占咱家田产的重要主谋。"

和珅的脸色阴沉沉的，刘全有几分恐慌，嗫嚅着说："老爷，如果您不

满意，明天我就把赖五的孙女送回保定。"

和珅突然笑了，说："刘全啊！你跟了我这么多年，我早就想给你娶房媳妇，可是我公务繁忙，一直也没有这个机会，这回你自己娶到了，我怎么会不高兴呢？至于赖五拿房屋田产抵债的事，容我和夫人商议后再通知你，你下去吧！"

刘全这才放下心中大石："谢老爷！"

刘全下去，和珅问妻子："贤妻认为此事如何？"

冯氏说："他强取的咱田产，咱要回便是，何必再要人家庄园？"

和珅说："他那庄园，亦是凭借咱家田产而得。"

冯氏道："如此请夫君定夺便是。"

和珅拉起丰绅殷德的小手，逗了儿子两声，丰绅殷德咯咯地笑了，模样非常可爱。和珅对冯氏说："这份田产是阿玛留给我和和琳的，当年穷得实在没办法，被迫卖掉，如今我要把它收回来，留给咱的儿子，你从小生在封疆大吏之家，没受过穷，不知道那种日子是何滋味？我经历过，我绝不会让我的儿孙重蹈覆辙，再过那种非人的生活。"

第二日，和珅告诉刘全，除了过府为奴的条件，其余一律按赖五说的办，并让赖五出具供词，他要在皇帝面前弹劾保定知府。

保定知府听说和珅处置了赖五，内心十分惶恐，忙带着十万两的银票和自己的女儿长二姑赶赴京城，通过和珅的朋友福长安找到和珅，准备把十万两银票和长二姑都送给和珅，以保性命。

和珅自为官以来，还没收受过别人一两银子，更没有收过别人送的女人，乍听福长安一说，他顿时羞红了脸，对福长安说："既然他找到老兄说情，那便把当年侵吞我家的土地偿还便是，如何再收人家银子、女儿？不当人子，不当人子。"

福长安乃是保和殿大学士军机大臣傅恒之子，乾隆皇帝的妻侄，他的大哥福隆安是乾隆额驸，二哥福康安是当今的户部右侍郎，一家人均为皇亲国戚，贵不可言。他少和珅十岁，现任正红旗满洲副都统。他见和珅显羞赧之态，便取笑和珅说："枉你头上顶着一品顶戴，又在军机大臣处行走，如今天下官员，哪个没有三妻四妾，几十万两白银？难道你真想做个一贫如洗的清官，一辈子就住在驴肉胡同里？"

和珅说："银子哪个不爱？但君子爱财取之有道。"

福长安马上说："对呀！长知府以前霸占您家的地，今天他拿钱和女儿来偿还，这不是天经地义么？如果您在皇上面前参他侵占官田，他必将小命难保，拿钱买命，理所应当。"

和珅拗不过福长安劝解，只好说："这样，这些银子我拿一万，算是对我的补偿，至于余下的钱和他的女儿，我定不收！"

福长安见劝不动和珅，又使出一招儿，他眯起一双绿豆眼，故作神秘地对和珅说："那个女孩你也不想见见？"

和珅坚定地说："不见！"

福长安故意叹息一声，说："你以后会后悔的！"

和珅不屑一顾地道："一个知府的女儿，不见又有何可值得后悔？"

福长安把一张鲶鱼大的嘴巴凑到和珅耳边，小声说："那个小妞长得贼俊俏不说，琴棋书画更是无一不通。这些还不算什么，她最大的优点就是善于经商理财，听长知府讲，他家所有的生意都由这个小妞打点，每年都能给长知府挣得万贯家财，是个名副其实的财神奶奶。"

和珅听说，立即对这个话题产生了兴趣，心想："天下还有这样的奇女子么？若果真有，自己娶来似乎也不错，一来可以帮助自己振兴家业，二来可以帮自己出谋划策，作为自己政坛上的帮手。"

福长安见和珅陷入了沉思，知晓和珅已经动心，便激将道："兄台要不要？不要老弟便纳她为妾！"

和珅说："老弟勿急，咱们还是见了人再说。"

福长安笑道："人就在这里，你老兄想见即可见到！"言毕，一拍手，那保定知府带着女儿走进屋来，双双给和珅跪下，拜道："奴才拜见和大人。"和珅见到保定知府，当年被他羞辱的往事不禁涌向心头，顿时面色一沉，厉声喝道："保定知府，你可知罪？"

长知府叩首："下官罪该万死，尚请和大人恕罪。"

和珅又道："本官本想把你参到皇上那里，取你项上狗头，是福长安福大人再三为你说情，本官才看在福大人的面子上，不再追究于你。"

长知府急忙叩谢："谢和大人，谢福大人！"

福长安从旁说："长知府，和大人说饶过你了，这页就算翻过去了，从今以后，你切勿忘却和大人的恩德，逢年过节，须孝敬和大人才是。"

长知府："这是自然，这是自然。"

福长安又转何长二姑："长二姑，你抬起头来，让和大人看看。"

跪在长知府身后的长二姑抬起头来，和珅一看，这女子生得柳眉凤目，面若桃李，当真是俏丽无比，当下心中便有几分喜欢，为了验证她的才学，和珅取《庄子内篇》考她，曰："北冥有鱼，其名为鲲。"

长二姑接道："鲲之大，不知其几千里也，化而为鸟，其名为鹏。鹏之背，不知几千里也，怒而飞，其翼若垂天之云，是鸟也，海运则将徙于南冥，南冥者，天池也！"

和珅又考之以论语，曰："君子泰而不骄。"

长二姑答："小人骄而不泰。"

和珅："以直报怨。"

长二姑："以德报德。"

和珅再试以诗词："过雨看松色，随山到水源。"

长二姑："溪花与禅意，相对不忘言。"

长二姑对答如流，和珅不由抚掌叫好，道："姑娘饱学多才，堪称女秀才也！"

福长安嘻笑问和珅："若何？"

和珅小声对福长安说："我无甚说，当回家禀明你嫂子，方可定夺。"

福长安大笑，以手指和珅道："惧内！惧内！如果你不好向嫂子启齿，明日由我过府撮合？"

和珅："这倒不必，你嫂子早有给我纳妾之意，是我没有答应。"

当晚和珅回到家中，向妻子说明自己欲娶保定知府之女为妾。冯霁雯初感诧异，问道："夫君不欲治保定知府霸占田产之罪么？为何又要娶其女为妾？"

和珅说："夫人有所不知，那保定知府闻听我欲弹劾他，十分惊恐，于今日进京，托福长安为其说情，许给我十万两银子和他的女儿。我听说那女子善于管家理财，又懂经商之道，所以才答应下来。"

冯霁雯思考一下，说："老爷忙于国事，为妻也不懂经营，家中确实需要一个靠己的人打理，既然老爷相中，凭你的眼光也不会错，那就选个吉日良辰，把她娶进门来吧！"

和珅见妻子答应，十分欢喜，连忙谢道："谢夫人成全！"

夫人这关过来了，按理说和珅可以放心大胆地把长二姑迎娶进门，可是和珅偏不这样做，他还要取得另一个人的同意，这样他才能心安理得地做新郎官。

这日早朝过后，和珅陪乾隆皇帝在养心殿内论政，乾隆顺口问了和珅几件琐事，和珅回答都已办好，然后和珅跪下，对乾隆说："皇上，奴才有一件家事要奏，请皇上定夺。"

乾隆一生好大喜功，平素最爱卖弄才情，如今听和珅说有家事请他定夺，不由虚荣心起，道："请予朕道来，朕给你把把脉。"

和珅道："奴才欲娶一妾。"

乾隆对此颇感兴趣，问："此女才貌如何？"

和珅坦言："才貌俱佳！"

乾隆又问："你内人不同意？"

和珅回答："同意！"

乾隆甚感疑惑，说："既如此，爱卿何必要朕定夺？"

和珅躬身道："奴才自幼父母双亡，一概事皆由奴才自行做主，内心常感惶恐，今到陛下身边，凡事皆有所依，娶妾虽是寻常小事，但奴才依赖皇上惯了，所以劳烦皇上费心，为小臣拿拿主意。"

和珅这一席话说得乾隆内心无比舒坦，这说明啥？说明和珅尊敬自己，把自己当成他的父亲了，这对于六十多岁的乾隆来说，无异于在寒冷的冬天里找到一点温情，于是这位圣明的君主变得有点婆婆妈妈，说："古人说得好，不孝有三，无后为大，男人纳妾为的是繁衍子孙后代，壮大亲族，才情可有可无，惟能生善养才是至关紧要……"

和珅孩子一样地侧耳聆听，并不住地点头称是，一双漂亮的大眼睛里写满了恭顺与乖巧，让乾隆感觉有如儿子般的亲切。乾隆说着说着，一口痰从

喉咙里涌了上来，和珅急忙端起地上的痰盂，送到乾隆面前。乾隆把痰吐到了痰盂里，不晓留神胡子上粘了痰迹，和珅连忙把痰盂放下，从怀中掏出一块香帕开始为乾隆拭痰。

三日后，和珅隆重地娶长二姑进门，保定知府将那十万两白银作为嫁资，随同女儿一起抬入和珅府内，朝中各部官员也纷纷前来祝贺，和珅在他的人生仕途上，捞取了第一桶金。

第五章
水火相容

新婚之夜，和珅没有急于和长二姑圆房，而是坐在冯霁雯房中，夫妻二人守着那几大箱子的银子默默无言。

冯霁雯虽出身宰辅之家，但作为一介女流，她也没有见过如此大宗的银子。和珅总管内务府府库，虽见过大量的金银，但那毕竟是公家的，与自己一点儿关系也没有，陡然收获这么一大笔钱，夫妻二人在惊喜之余，不免生出几分惊愕。

"夫君，这许多钱，恐咱一辈子也花不完呢？"冯霁雯两眼盯着银子，手托香腮，口气中似乎有些忧虑。

和珅启发她："咱们这辈子花不完，可以留给儿子呀！到时候儿子又有了儿子。"

冯霁雯说："似你这般说，你一辈子也挣不够。"

和珅道："那就能挣多少是多少，总之我不能再让我的子孙后代们过我少年时的穷困日子。"

冯霁雯忽然想起一事："夫君，我和你说个事，这回咱家有钱了，你不能再像从前那样抠门了，该吃得吃点，该穿得穿点，对待下人也不能像以前那样，一日三餐总给棒子面粥喝，万一传扬出去，对你脸上无光。"

和珅说:"好,打今儿个起,我要对自己好些,对大家都好些,咱家不穷了,得过几天富贵人家的日子。"

夫妻二人你一言我一语,聊了小半夜,冯霁雯猛然想起,今天是和珅大喜的日子,忙对和珅说:"时候不早了,你都忘了入洞房了,快去,别让人家新人等急了。"

和珅撒娇似的说:"今天我不过去了,就在你房中,随她去吧!"

冯霁雯责怪:"那怎么成?以后大家都是一家人了,要在一起过日子的,不可生疏了她!"

和珅道:"夫人真乃贤明之妻,我这就过去便是。"

和珅从冯霁雯处出来,心中甚是感激妻子的开明,来到长二姑房前,想到自己即将又和另外一个美人同床共枕,浑身不禁燥热起来。他急步走进长二姑的屋子,掀开长二姑的盖头,把长二姑压到了身下。

一夜激情,直到日上三竿,和珅才从睡梦中醒来,问长二姑:"什么时辰了?"

长二姑说:"禀老爷,此时是早上九点一刻。"

和珅不解,对长二姑说:"什么九点一刻?我问你如今是什么时辰?"

长二姑从桌上拿起一块马蹄状的东西,指着上面的指针说:"现在是九点一刻。"

和珅觉得这玩意挺奇怪,好像是从哪里见过?他蹙眉思考一下,猛然想起是在乾隆宫中,外番进贡此物,名曰"钟",不过宫中的那些都较此物大,这个是宫中的浓缩版本。

"你从哪里淘弄来的?"和珅感兴趣地问长二姑。

长二姑说:"这是妾身父亲送给妾身的陪嫁,提醒妾身按时按点侍候好大人。"

和珅心中疑惑:"这样新奇的物件只应皇宫里有?长二姑的父亲不过是个小小的保定知府,他怎么会有这件东西?岂不是越制乎?"想到这里,和珅问长二姑:"令尊是从何而得?"

长二姑笑了,笑中含有几分讥诮,说:"大人亏得在朝中办事,连这个都不知道?这东西是西洋所产,但运到我中华,无非也就是几百两银子的

第五章
水火相容

事,有何稀罕?"

和珅被长二姑说得脸皮一红,心想:"拿几百两银子买这么个烂东西,不太值得。"这时长二姑又说话了,长二姑说:"未嫁大人之前,妾身想大人官居当朝一品,家里该是何等的富丽堂皇!及至今辰,妾身才看到堂堂一品大员家府竟不如妾身父亲一个六品知府,想必大人是个清官,才肯屈居于这陋巷之内!"

长二姑的话深深刺伤了和珅的自尊,自从自己就任侍卫以来,官位不断升高,俸禄也在与日俱增,较起童年时所过的艰苦日子,他已经感到非常满足了,怎么会连一个小小的知府都不如?这让自尊心极强的他,感觉颜面扫地,他难以相信地问长二姑:"你说的都是真的?"

长二姑说:"妾身所言句句属实,妾身入君家,妾身父亲陪嫁十万,看似巨大,实不足家产十分之一。"

和珅顿时瞠目结舌,问:"汝父之钱从何而得?"

长二姑说:"大人居庙堂之上,竟不通来钱之路,实在可惜,似妾身父亲为一府知府,可收各县孝敬银若干,家有千顷土地,可收租金若干,妾身家中还有钱庄、当铺等,收入若干,每年的入账,白银总不下十万两。"

和珅乃不语,沉吟片刻,和珅对长二姑说:"若咱家要发迹,当从何做起?"

闻得和珅此语,长二姑顿时像打了鸡血一样,双目放光,兴致勃勃,道:"以大人之官位,想要发迹,岂不易如反掌?那些外放的总督、巡抚、藩台、臬台,哪个不家资百万,富得流油?大人勿说弹劾他们,就是向他们透露一点皇帝的意图,他们必将千恩万谢!一人孝敬您一点儿,那就是个不小的数额,再者,大人居于京畿重地,繁华之都,各地商贾云集,大人凭借名望,可经营产业,从中渔利,更是不菲收入。"

长二姑的话无异于在和珅心中点亮了一盏明灯,让他看到自己的前途不仅贵,而且富了起来。他围起被子坐在床上,闭着眼睛思考长二姑的话,笑容慢慢地爬上脸来,他对长二姑说:"我的小心肝,你的鬼点子真多!不过这第一条我不能用,我刚入朝堂,寸功未立,若广结朝臣,拉帮结派,必会引起陛下不满,至于开办经营产业,就由你全权操办,越快越好!"

049

长二姑见启发了和珅，甚感得意，道："大人可叫心腹家人帮我打点外面生意。"

和珅思考道："刘全？刘全不行，他得侍候我上朝，那就叫呼什图跟你干吧！这小子虽没有刘全机灵，可打点生意这点小事还办得来的！"

和珅为何叫呼什图跟长二姑打理生意呢？原来和珅有自己的小心眼儿，这呼什图本是个小太监，在宫中打架，因为乾隆皇帝宠惯和珅，就把他赏给和珅为奴。和珅不敢小看皇帝赏给自己的人，让他做了府上的副管家，地位仅在刘全之下。和珅叫他与长二姑打点生意，是怕别人跟长二姑久了会日久生情，呼什图没这个能力，把他放在这风情万种的长二姑身边他一百个放心。

这长二姑是个急性子，无论做什么事都说干就干，结婚刚满三天，她就和呼什图走出家门，在东华门外寻了一间店铺，取名为恒升当，做起了典当生意。长二姑自任大掌柜，雇了几名伙计在铺中跑腿。

俗话说得好，"立起阎王殿，就有鬼来投"，恒升当开张当日，就有一张姓商人入店来典当一件宋代的钧瓷。长二姑自小跟随在父亲身边，阅过书画古瓷无数，一看就看出这是一件珍品，极富典当经验的长二姑从对方的肤色、穿着上看出，这个商人已经落魄到了极点，急需用钱，这笔生意必定是个死当，便把价格压得低得不能再低。

"纹银五十两！"长二姑板着脸，摆出一副轻描淡写的模样，麻痹对方。

"啥？五十两？你看好了，这可是宋代的钧瓷，没有五百两我是不当的！"商人把钧瓷牢牢地抱在自己怀里，生怕被他人抢去似的。

"你这件东西是钧瓷不假，但它不是宋代的钧瓷，而是前朝仿的，年代并不久，距今不过二百年。"长二姑说。

商人不相信地看了自己的宝贝一眼，说："怎么会？它是我的老祖宗给留下的。"

长二姑"扑哧"地笑了，说："祖宗？我跟你说，你被你的祖宗欺骗了，真正的钧瓷都是金丝铁线，开片呈鱼鳞状，你看这东西上的开片，鸡毛似的，还宋代钧瓷？我这是刚开张，图个吉利，给你五十两银子，若是老店，连十两银子都不值！"

第五章 水火相容

商人竟真的信了长二姑的话，开始怀疑自己的祖宗来，他问长二姑："这真是个赝品？"

长二姑说："确切地说它是个仿品，不过，从前朝到现在也有个一百多年的时间了，还有点收藏价值，否则它分文不值。"

商人失望地说："那就给五十两吧！我还以为它是个真的呢！走了几家当铺，都和你说的一样。"

长二姑叫伙计做了典当手续，然后拿出五十两银子给了商人。晚上回家，长二姑把白天收的这件钧瓷往和珅面前一放，说："老爷，今天我捡了个大漏。"

和珅这时对瓷器古玩什么的还没有研究，所以也就没什么兴趣，不以为然地说："一个破瓶子，能值多少银子？"

长二姑考起和珅："老爷您看能值多少？"

和珅竖起一根手指，说："一两银子，十个。"

长二姑听了哈哈大笑，道："老爷，您是真不懂还是假不懂？这可是宋代的钧瓷哇！一两银子，还十个，我给你拿三千两银子，你能给我买回来一个，我就再赔你三千两银子。"

和珅目瞪口呆，拿起那件瓷器，说："就这么个破东西，值三千两？"

长二姑确定地点点头，和珅唏嘘不已："孤陋寡闻，孤陋寡闻哉，这么个不起眼的一个东西，竟能抵上本官的十年俸禄？想象不出！想象不出啊！"

长二姑又说："老爷不想听听我花多少钱收的？"

和珅连连点头，说："想听，想听！"

长二姑伸出五根手指，和珅问："五百两？"

长二姑说："多了，是五十两！"

和珅听了欣喜若狂，道："这么说，今天你这一下子就挣了两千九百五十两？"

长二姑点点头，和珅忍不住抱起长二姑，说："宝贝儿，咱家有你，我再也不用担心过苦日子了。"

长二姑搂着和珅的脖子，说："你呀！我真得好好教你，从今以后，说

不定那些官员会送你一些古玩呀、字画呀啥的，你不懂得鉴赏怎么行？"

和珅笑道："以后的事以后再说，今天老爷我要好好地鉴赏鉴赏你！"

冯霁雯见和珅娶得长二姑后，天天往长二姑房中跑，心中不免产生一股妒意，以为和珅喜新厌旧，见异思迁，就对着儿子丰绅殷德数落和珅的不是。丰绅殷德此时刚咿呀学语，自然不懂得母亲说的是啥？倒是冯霁雯从娘家带来的婢女如意懂得自己主子的心意，对冯霁雯说："小姐，你要是不放心姑爷儿，今晚就到那骚狐狸屋中，羞臊她和姑爷几句，让他们长长记性！"

冯霁雯是位大家闺秀，这样的事岂能做得出来？如意知晓她的主子不愿这么做，就继续鼓捣她说："如果小姐不愿和她斗嘴，就只当看看，一样会让老爷有所收敛。"

冯霁雯觉得如意说得在理，就在晚饭过后去了长二姑的房中。出乎意料的是，长二姑和和珅并没有像她想象的那样，缱绻在一起，他们坐在灯前，正在有滋有味地读着一本书。见冯霁雯进来，长二姑连忙起身，向冯霁雯道了个万福，说："妹妹给姐姐请安！"冯霁雯豁达地说："都是自家姐妹，无须多礼。"

"夫人，你怎么来了？"和珅起身问。

冯霁雯说："自从妹妹过府，为妻一次也没来看望过，有失礼节，今趁老爷在此，特此过来探望。"

长二姑是何等聪明之人，见大夫人言语中似有责怪之意，忙道："妹妹早想到您房中拜望姐姐的，只是自进门来，便一直忙生意，当真把姐姐忘了，请姐姐勿要见怪！"

冯霁雯早从和珅那里听说长二姑善于经营，没想到这几天就把买卖开办了起来，不由暗自佩服长二姑的能力。她顺手把和珅与长二姑看的那本书拿到手里，一看，却是本线装的《古瓷词话》，便有些疑惑问和珅："老爷莫非想卖古瓷？"

长二姑笑道："姐姐，这是妹妹让老爷看的，咱家老爷贵为当朝一品大员，整日陪伴在皇帝左右，日后呢，难免会有人送给老爷一些古玩呀！玉器呀！您说咱们老爷不懂得鉴赏怎么行？所以妹妹这些日子就陪老爷读读这方

第五章 水火相容

面的书，让老爷多掌握一门学问。"

冯霁雯在心底愈发欣赏这长二姑的见识，就对和珅说："让妹妹搬到我院中去吧！我们共同侍奉老爷，这样老爷不在家时，我和妹妹都有个伴，不致寂寞。"

和珅没有想到，冯霁雯会如此通情达理，他原以来冯霁雯温柔贤淑，是个如水般的女子，断不会喜欢性如烈火的长二姑，谁想到这水火竟能相融，真乃是我和珅的造化也！于是和珅对长二姑说："还不谢过夫人，这可是夫人的恩赐呀！"长二姑马上向冯霁雯又施了下万福，说："谢谢姐姐！"

在长二姑的操持下，和珅家的生意日益兴隆，长二姑看准时机，继续扩大经营规模，增加经营项目，一刹时，京城中标有"和记"的各种商铺犹如雨后春笋遍及四门。但是自小经历过贫穷的和珅并不快乐，童年的孤寂与凄苦犹如一条丑陋的虫子，盘踞在他的心灵深处，时刻啃啮着他，让他动辄从梦中惊醒，浑身大汗淋漓。

每次从梦中醒来，和珅都要点燃蜡烛，坐在烛光下，打量着整间屋子。不知是梦是醒，此刻，他的心灵总会产生强烈的恐惧感，他怕失去父母，怕失去金钱、地位，尤其是在父母的问题上，已经无所挽回，所以他把大他四十岁的乾隆当成了自己父亲一样侍奉，有乾隆在他身边，他就时刻充满了强烈的安全感和幸福感。

和珅同样会把这份爱心，也可以说成孝心传递给乾隆的亲人们，乾隆的母亲崇庆太后年事已高，出门必须乘舆，每至此时，他必身先士卒，亲自抬着皇太后游园赏景，以致大汗淋漓。乾隆目睹此景，甚是感激和珅，谓和珅言："卿家此是代朕尽孝！"

乾隆四十二年正月二十三（1777年3月2日），崇庆太后走完自己83岁的人生道路，驾鹤西去。67岁的乾隆皇帝悲痛欲绝，当即剪发，穿上孝服，跪于太后灵前，三日不起。朝中许多大臣担心乾隆身体吃不消，前来劝乾隆节哀，唯有和珅甚是理解乾隆皇帝此刻的心情，乖乖地跪在乾隆身后，一言不发，乾隆哭他也跟着啜泣。三日后，乾隆被人扶起，和珅却一个跟头栽倒在地，他白皙的脸上此刻变得蜡黄，人也瘦了整整一圈。

崇庆太后被安葬后，朝中照例开展了两年一次的官吏考察，和珅以京

察勤慎称职，交部议叙。后，乾隆派和珅与袁守侗共同负责编纂《大清统一志》，与彭元瑞共同负责编纂《明纪纲目》，与梁国治共同负责编纂《通鉴辑览》《热河志》，与冯英廉、程景伊、梁国治、刘墉共同修改《明史》中蒙古人名、地名音译之误。

在这些合作者中，冯英廉是和珅的太岳父，自然与和珅情投意合，毫无嫌隙。其他人诸如袁守侗、彭元瑞、梁国治、刘墉之流，都是科举进士出身，自谓是才高八斗、学富五车，不免对和珅这位荫袭祖宗功名出身的青年才俊心存歧视。

话说这一日，和珅与刘墉等人正在四库全书馆中编纂书籍，时间一久，大家都觉得累了，就到院中的石凳上坐下小憩。春天里的阳光十分充足，照在大家身上暖洋洋的，惬意极了。这时，不知从什么地方跑进来一只狗，这只狗遍体青灰色，竖着一条蓬松的尾巴，站在众人面前，鼻子嗅来嗅去。刘墉看了，灵光一闪，想在众人面前显摆一下自己，顺便试探试探皇帝身边的新贵和珅。于是，他用手扯扯和珅的衣襟，指着那条狗问和珅："是狼是狗？"

刘墉这招确实挺阴损，因为当时和珅正任户部侍郎，他一语双关，明里像是向和珅讨教，问他："这是一只狼还是一只狗？"暗地里却是骂他，"侍郎是狗！"

刘墉的话犹如给现场的官员们打了一针兴奋剂，他们平时看和珅刚刚27岁就当上了户部左侍郎，又总陪伴在皇帝身边，心中充满嫉妒。今天终于有人敢出口骂他，都觉得刘墉给他们出了一口气，其中有一位尚书还忍不住地笑出了声来。

刘墉祖籍江苏徐州砀山县，与大汉朝的开国皇帝刘邦同根同源，后来刘墉祖上举家迁至山东诸城，以耕读传家，人才辈出。刘墉的祖父刘棨官至四川布政使，父亲刘统勋更是官至东阁大学士、军机大臣。刘墉本人于1751年考中进士，一直外放做官，后因查办徐述夔反诗案有功，刚刚被乾隆帝由陕西按察使任上调回京师，担任内阁学士兼四库全书馆副总裁。正是因其家世显赫，又兼有刚正不阿的性格，所以他才敢出言奚落和珅。

和珅没有直接回答刘墉的话，而是抬脸转向了刚才发笑的那位尚书，指着狗尾巴说:"依在下看,这畜生尾巴向上,上竖(尚书)是狼。""尚书"看火烧到了自己身上,立即止住了笑声,讪讪地退到一边。和珅又把目光转向刘墉,慢条斯理地说:"不过这畜生东嗅西嗅,分明是看哪里有屎可吃,察屎(按察使)是狗!"

刘墉当时脸就红了,心想:"自己刚才骂了和珅一人,却被人反过来骂了一对儿,看来这个年轻人确实非同一般,难怪当今圣上会如此青睐于他,以后还是躲避点他,别和他发生什么冲突,明哲保身为妙!"

和珅正是凭借自己过人的才智和旺盛充沛的精力受到乾隆的赏识和重用,是年六月,和珅转任户部左侍郎,并署理吏部右侍郎事务,弟弟和琳以工部笔帖式补用。

当晚,和珅的朋友福长安在京城最大的酒店鸿客楼摆宴,为和珅庆祝。福长安还带来一个人,此人他他拉氏,名苏凌阿,满洲正白旗人,为乾隆六年翻译举人,现任吏部员外郎。福长安介绍苏凌阿给和珅说:"和珅兄,你即将署理吏部,吏部是一潭深水,其间诟病甚多,为了让你快速进入角色,不致吃亏,所以老弟给你找来一位在吏部工作多年的朋友。"

和珅连忙称谢,道:"如此多谢,想得太周到了,兄弟正不知到吏部从何做起,今有朋友相助,如鱼得水矣。"

苏凌阿躬身作揖:"下官愿为和大人牵马执镫,誓死效忠和大人!"

和珅谦恭地说:"勿要称什么大人,俗话说一个篱笆三个桩,一个好汉三个帮,我和珅虽非什么好汉,但是愿交天下朋友,以后以兄弟相称便是。"

福长安也说:"大家都是旗人,又同朝为官,以后有事互相帮衬着,对大家都有好处。"

说着,福长安拉着和珅入内,尚未落座,苏凌阿从身边拿过一个蓝色的包袱,双手举过头顶,对和珅说:"下官初次见到和大人,无物以奉,今以此奉上,望和大人勿要推却。"

和珅顿时一窘,以目视福长安说:"这,这都是自家兄弟了,还拿礼物做甚?"

福长安笑道:"和珅兄,你在官场多少年了?怎么还这么不成熟?慢说苏凌阿给你的不是银子,就是银子那又怎样?下属孝敬上级,相当于我辈孝

敬皇上，理所应当，不要客气了。"

和珅这才迟疑地用手接过包袱，感觉里面沉甸甸的，心想："这是什么东西呢？是书？苏凌阿他没事送我书做甚？"

福长安或许早已知道了包袱里面系何物，见和珅收下了，亢奋地对外面喊："店小二，拿酒来，爷今天要一醉方休。"

和珅和福长安、苏凌阿三人喝了不少酒，回到家中，把苏凌阿给他的包袱往案头一放，躺到床上就睡着了。次日凌晨，和珅起来早朝，也没顾及那个包袱，及至晌午回家，他才打开包袱，一看究竟。

包袱内是一沓纸，足有枕头那么厚，纸质已是发黄，不少地方还有虫蛀的蚀口，但字迹隽永，清晰可见。和珅一看封面，顿时脑袋"嗡"地一声，只见封面上写着大大的三个字"石头记"，暗道："这可是一本禁书，若让当今圣上知道，那可是杀头之罪，今苏凌阿将它奉献予我，难道是想谋害于我不成？"恰巧这时长二姑端着一壶茶进来，长二姑此时已怀有五个月的身孕，肚皮稍稍隆起，见和珅拿着一叠纸发愣，忙过来看，不料长二姑看后，竟从中发出一声惊喜："老爷，你从何处寻得此物？"

和珅讷讷地说："是苏凌阿给的，赶紧烧了吧！不可让当今圣上知道。"

长二姑惊讶地说："老爷，这可是曹雪芹原稿，一字千金，岂可焚烧？"

和珅听说这东西值钱，顿时来了兴致，说："曹雪芹我知道，他的东西当真那么值钱？"

长二姑忙说："当然，老爷，你身在朝中，只知政务，不晓外间之事。那曹雪芹乃是原江宁织造曹寅之孙，自幼即有才名，后来被雍正爷给抄了家，家道自此破落，曹雪芹只能住茅屋、栖草棚，以卖字为生，其据其家变故所著一书，名曰《石头记》，在民间广泛传抄。今老爷得到其原稿，若找人抄录，刊行于世，必将获得巨利，非咱家钱庄生意比也。"

和珅听后非常惊喜，很快他又忧虑起来，说："此乃禁书，当今圣上最憎恶那些文人士子，若圣上不同意，此书岂能刊行？"

长二姑道："这就要看老爷的本事了，老爷常伴当今圣上读书，只要老爷抓住时机，便不是没有可能。"

和珅点点头，说："这样，我先看看这书写得如何？再决定是否呈递给当今圣上。"

八月，和珅奉乾隆之命，与大学士阿桂、于敏中等负责《满洲源流考》编纂事宜。十一月，和珅又兼任步军统领。同月，和珅二夫人长氏生长女，无名，史称钮祜禄氏。

第六章
建勋云南

乾隆四十五年（1780年）正月，云南粮储道兼贵州按察使海宁借转任之机，向乾隆皇帝面奏云贵总督李侍尧勒索属下，贪赃枉法。乾隆平生最恨手下臣子贪墨，自1735年继位以来，一直对腐败分子采取高压态势，先后处理鄂善收贿案等数十几大案要案，处决人犯不下百人。其中包括宠妃高佳氏的弟弟和侄子。今闻李侍尧贪赃，不由勃然大怒，说他对李侍尧在云南贪污早有察觉，当即命和珅赴云南查清李侍尧案。

李侍尧，别名李钦斋，努尔哈赤额驸李永芳四世孙，汉军正蓝旗人，乾隆元年始为荫生，八年得补印务章京，十四年破格擢为副都统，二十二年代理两广总督，三十八年后晋升为武英殿大学士，总督云贵两省。其人生得短小精悍，机敏过人，凡是经他所阅过的案籍，能终生不忘，是乾隆一朝的干才，颇受乾隆倚重。

正月28日，和珅带着家人刘全、偕刑部左侍郎喀凝阿出京城，轻车简从，直奔云南。

这是和珅有生以来第一次远行，乍见祖国大好河山，不由诗兴大发，吟咏道：

> 四山云气带烟生，旋听松声和雨声。
> 添得半溪春涨急，睡来一枕夜凉轻。
> 阶前小草抽新绿，天外群峰竞晓晴。
> 明日登临多快意，涧花岩树倍欣荣。

至贵州，见群山环绕，千峰竞秀，薄雾如纱，溪澈如镜，又赋得长诗一首，云：

> 黔州自古千岩抱，谁遣六丁开此道。
> 绝磴层峦一线通，嶙峋怪石天成造。
> 而我忽传空谷音，行行更觉入山深。
> 此中大有逍遥趣，减却匆忙于役心。
> 探奇览胜恣游骋，况闻前有神仙境。
> 迟迴玉勒缓丝鞭，马蹄踏碎松杉影。
> 忽见奇峰拔地生，喷流溅沫响泉声。
> 飞云洞口疑云起，恍若苍龙挟雨行。
> 清风终古难吹去，下有僧人未觉曙。
> 雾气朝朝郁不开，何年古佛锡飞来。
> 灵根幻出黄金相，贝叶封成碧玉苔。
> 危亭杰阁悬岩半，望之缥缈烟霞灿。
> 仿佛如同羽化升，归来翻恐红尘绊。

……

至三月中，和珅一行方才到达云南境内，再赋长诗一首，以明其志。诗云：

> 奉使来滇境，山川此地雄。
> 有云皆作雨，无岭不凌空。
> 鞭影千盘上，人声绝壑中。

傍岩开石磴，隔涧亘飞虹。
苗妇足双赤，僮民首尽蓬。
水田分上下，火耨各西东。
问俗停藤轿，观耕驻玉骢。
历看黎庶苦，定卜稷禾丰。
省治于焉至，舆情到处通。
深居宁爱寂，早起在先公。
莫谓矜尊贵，惟图慎始终。
今朝清宿弊，片语折群衷。
万里驰缄奏，三吴达帝聪。
……

和珅行前，乾隆担心朝中有人向李侍尧泄密，接连下达密旨，先令兵部侍郎颜希琛驰往贵州对李侍尧暗中监视，继而令军机大臣派人稽察沿途驿站，再令与贵州毗邻的湖南巡抚派遣干练人员把守关口，如遇私骑驿马由北向南者，立即拿获，严讯具奏。因此李侍尧对朝中有人参劾他一事，毫不知情，直到和珅落马换轿，到达总督府衙门，这才听到手下奏报："朝中派钦差大人到了。"忙出来迎接。

和珅小李侍尧很多岁，闻听过李侍尧的名声，但从没有见过李侍尧，更与李侍尧无甚瓜葛，今有皇命在身，和珅也没客套，上堂便宣读圣旨，剥去李侍尧爵位，摘下李侍尧的顶戴花翎，下狱候审。

其实和珅行走一途，并非只顾游山玩水、吟咏赋诗，聪明绝顶的他早已看出乾隆的意图，当今天下吏治腐败，贪污盛行，若不拿住几个位高权重的角色，杀一儆百，长此以往，则有祸国之危。但是他也清楚，李侍尧在云南经营多年，位高权重，亲信党羽众多，盘根错节，若要取得他的贪污证据，不啻于虎口拔牙。

"即便是虎口拔牙，我也要把你这颗大清朝的腐牙拔掉，否则对不起皇上的重托！"和珅铁下心来，一定要拔掉李侍尧，并且已经想好了如何对付李侍尧的方案。

第六章
建勋云南

把李侍尧下狱后,和珅并没有急于审讯李侍尧,而是和喀凝阿住进了驿站,一番洗浴之后,和珅问馆驿:"云南有什么好玩的地方?"

馆驿操着方言回答:"云南这地方好玩的可多了,这昆明城里就有大明湖、半塔寺等好多的去处!"

和珅说:"好!我们下午即出去游游大明湖,再逛逛半塔寺。"

喀凝阿不无疑惑地问和珅:"和大人,我们是来办案的,怎么不提审李侍尧,反倒玩起来了?"

和珅笑道:"案子自然要办!不过不要急么,我们先去游玩,领略一下云南的风土人情,于办案也是有利的!"

喀凝阿不知和珅葫芦里卖的什么药,心想:"自己此次来是担任和珅的副手,什么事都有他扛着,自己何必操心费力?他说游玩便去游玩罢!"当下两人在驿馆用过中餐,下午二人在馆驿的陪同下,来到大明湖游玩。

三月的大明湖,湖边木槿花开,绿柳成行,湖内水光潋滟,水鸟翻飞,不时有一两条锦鲤跃出水面,像是欢迎北方来的客人。和珅与喀凝阿搭上一条游船,直奔湖中心,和珅兴致起处,亲自挥起船桨,边划边歌,馆驿赞道:"大人真有一副好嗓子!"

游毕大明湖,和珅又提出去半塔寺看看,馆驿说此地离半塔寺甚远,去了恐今夜不能返回,喀凝阿便不想去,和珅说着拉着喀凝阿说:"喀大少,你我同从京师而来,一路相伴,至此怎忍相离?还是随我去吧!若不能归,今夜就留宿半塔寺内,听梵呗之音,伴佛祖而睡。"

喀凝阿拗不过和珅,便随和珅与馆驿前往半塔寺。

且说和珅家人刘全与和珅等人一入云南境内,便按照和珅的意图与众人分道扬镳,一个人独自进了昆明城,自己找了家旅馆居住下,然后化妆成北京来的客商,要在这里收购黄铜,运回北京卖给宫廷造办处。

云南是大清朝铜的主产地,铜矿一直由政府经营管辖,严禁私人开采贩卖,但是主管铜矿的官员们靠山吃山,经常私自把矿上的铜偷出贩卖,官商勾结,从中牟取暴利。

刘全是和珅府上最得力的下人,虽然他相貌丑陋,还长着一对斗鸡眼儿,可是他脑子聪明,装龙像龙,装虎像虎。他住店的当天晚上,把店小二

喊到了房里，给了店小二一块五两重的银锭，操着一口纯正的京腔问小二："这昆明城里谁是最有钱的人？"

小二看左右无人，低声说："那还用说，当然是总督李侍尧李大人了！"

刘全转转眼珠子，说："做官的不算，我问的是一般的士绅人家！"

小二说："那我可就不知道了，大爷您是第一次来昆明吧？我跟您说，昆明城里的水深，别蹚进去拔不出脚来淹死。"

刘全"咯咯"地乐了，说："昆明的水有多深？能有北京城里的水深？实话跟你说，大爷我宫中有人，我到这来，就是来收禁货的！"

刘全说着，从兜里掏出一沓银票，拍在桌上，小二看了吓得一吐舌头，说："看出来了，您是京城里来的大贵人，您老有什么地方用得着我，尽管盼咐！"

刘全见小二着了道，这才对小二说："你给我想个办法，帮我联系点黄铜，如果联系成了，我给你五十两银子。"

那时，清政府一个县令一年的俸银才四十五两银子，可见这五十两银子对一个店小二来说诱惑力该有多么的大，店小二想了想，对刘全说："大爷，我是没这个路子，不过我认识总督府的一个下人，名叫张永受，此人在昆明手眼通天，也许他有办法帮上你。"

刘全要的就是这个，作为和珅管家的他知道，要想从其他官员手中拿到扳倒李侍尧的证据并不容易，因为有受贿就必须有行贿的，行贿与受贿都同样有罪，谁会轻易地把自己行贿的事说出去呢？而这些下人就不同了，他们平日吃在府里，住在府里，谁都会知道点自己主人的隐私，只要不把自己的身份泄露出去，给他们点好处，他们就会把自己知道的出卖给你。这就是奴才与主子的不同，主子们顾及身份面子，奴才的眼中只有利益。

刘全看小二满脸的期盼，又从怀中掏出一个十两重的银锭，交给店小二说："如此便麻烦您把这位张爷找来，爷要和他面谈此事。"店二小接过银子出来，店老板向店小二呵斥："小二，你不好好干话？跑客人房间里做甚？"小二掂着手中的银子，反呵斥起他的老板来："你管得着，老子有钱了，从现在起，老子不侍候你了！"刘全在屋里听到，扑哧一笑，自言自语地说："银子啊银子，你到底是个什么东西？能把人变成这样儿！"

第六章 建勋云南

店小二走后，刘全叫老板给他炒了四个菜，烫了一壶酒，摆在房中，大模大样地自斟自饮。大约有一个时辰，店二小从外面带进来一个人，此人四十多岁，红脸膛、糟鼻子，一看就是个北方人。

"爷，这位就是您要找的张爷，我把他给您请来了！"店二小看看刘全，两只手相互搓着，刘全心里想："小子居然比我还爱钱！"便又从怀里掏出一锭十两重的银子，给了店小二。店小二知趣地说："爷，你们谈！"然后手拿银子乐颠颠地走了。刘全向张永受一拱手，说："敝人刘三，来自京城，敢问兄台高姓大名。"

张永受也拱拱手，说："张永受！"

刘全仅从"张永受"这三个字里，便听出了面前这个人也是京城出来的，至少在京城住过，便感兴趣地问："兄台的家也在京城？"

张永受拱拳道："当年随总督李侍尧大人住在京城。"

刘全眨巴眨巴眼睛，心想："真是要啥来啥，听此人的口气，他追随李侍尧不是一年两年，按李侍尧出京的年头算，此人跟李侍尧至少得有二十年了。"于是笑道，"如此说来我们还是同乡，敢问大人京城里还有什么人？"

张永受道："发妻与长子。"

刘全指一指桌边的椅子，说："大人请坐，咱们小酌几杯，叙叙乡情！"

张永受看看桌上的酒和菜肴，喉头不由蠕动一下，但口里却说："不了，府里事务繁忙，有啥事兄台快说，说完我就走！"

刘全劝道："小弟不远万里来到南疆，有幸遇到乡亲，岂有不喝两杯的道理？坐下，坐下，小弟要做的是一桩大生意，要与兄台长谈才是。"

张永受不再推辞，坐到客位上，刘全给张永受斟上一杯酒，道："古人说有四大喜，久旱逢甘霖、他乡遇故知、洞房花烛夜、金榜题名时，小弟乍到云南，未想到在此与兄台不期而遇，实乃天大造化，来，干了此杯，希望兄台多多关照。"

张永受说："那是自然！"

二人干了杯中酒，刘全给张永受挟菜，张永受问刘全："敢问贤弟家住京城何处？"

刘全知道张永受这是探他的底细，便信口说："阜成门内。"

张永受又问:"如此说来,贤弟也是旗人?"

刘全看出张永受也是个京油子,就说:"镶红旗,汉军。"

张永受不禁疑惑,再问:"既是旗人,贤弟安享朝廷俸禄便是,为何不辞劳苦,来此偏僻之地经商?"

刘全故意叹了口气,说:"兄台有所不知,我虽是旗人,但属汉军旗,前些年险些出旗,再加上我的眼睛,根本入不了伍,当不了兵,每年只有几十石的禄米,如何养得了一大家人?幸亏内务府宫廷造办处有个亲属关照着,前些年我从景德镇往京城贩运瓷器,攒下几个糟钱,这回造办处要仿一批明宣德炉,需要上等的黄铜,所以我把这个生意揽了下来。"

张永受见刘全说得头头是道,便也不再怀疑,问刘全:"敢问贤弟需要多少?"

刘全说:"不多,只万把千斤即可!"

张永受点点头,说:"不难,明天我带一个人过来,具体事宜你们商谈,我在其中只管穿针引线。"

刘全端起酒杯,说:"这个兄弟明白,只要兄台把此事联系成,好处一定不会少了您的,干杯!"

张永受把酒干了,刘全又将酒满上,骨碌着一对斗鸡眼儿问张永受:"兄台家在京城,人在这蛮荒之地,可曾思念家乡?"

张永受听了,狠狠地把杯中酒一口干掉,然后把空杯往桌上一顿,骂道:"想能咋办?端人家碗,归人家管,本是当老爷的命,却在这里当奴才,没辙!"

刘全一听,有门儿,忙顺着张永受的话茬,笑嘻嘻地问张永受:"如此说来,兄台在京城还有产业?"

张永受不无炫耀地说:"不多!也只是十几处房子,几十顷地而已!"

刘全心想:"你一个总督府的小奴才,在京城就有这么多产业,可见你的主子得攒多少银子?够了,只这一条就能把你的主子扳倒!"

和珅与喀凝阿、馆驿步行前往半塔寺,至寺时已是日暮时分。半轮红日隐在山梁之下,余下的半轮迸射着夺目的光辉,把天边的一抹云霞染得一片血红。建在半山腰上的半塔寺背倚峭壁,面临深渊,屋顶金碧辉煌,脚下白云袅袅，真如人间仙境。

和珅亲自叩响寺门，在一名僧人的引领下，来到大雄宝殿。和珅跪倒在蒲团之上，对着座上的释迦牟尼佛祖叩首百下，早有僧人告知方丈，云："当朝户部侍郎、御前行走大臣和珅和大人入寺进香。"方丈不敢怠慢，来到大雄宝殿，见和珅正在礼佛，不便打扰，就站在和珅身后，低声默念佛号。候和珅一百个长头磕完，方丈这才道："贫僧不知和大人光临敝寺，有失远迎，万勿见怪。"

和珅对方丈施以一揖，说："下官奉旨来此办差，听驿馆的馆驿说此处有半塔寺乃是昆明胜境，特来参拜，冒昧唐突之至，请大师见谅。"

方丈笑道："和大人日理万机，能来小寺参佛，实是在小寺的造化，荣幸之至，如今天色已晚，和大人就请留宿一夜，待明日下山不迟。"

和珅说："下官也有此意，如此便叨扰方丈了！"

当夜，和珅留居于半塔寺内，与方丈谈论禅机，甚是投缘。次日下山，方丈送和珅至山门之外，和珅当即赋诗一首，以赠方丈与半塔寺。诗云：

久闻半塔寺，今始到瑶宫。
楼阁连云汉，丹青夺化工。
山僧迎客屦，仙梵落松风。
古碣埋苍藓，宸章焕碧峰。
静中千树雨，寂处一声钟。
顿觉超尘外，夷然物我空。

方丈亦作一偈，送与和珅。偈云：

寺谓半塔寺，人有万年庚。
若被红尘累，白龙了一生。

和珅不解，问方丈何意？方丈笑而不答，和珅再问方丈："是否劝我出家？"方丈道："此乃天机，大人无须揣度，日后定当灵验。"

和珅怀着一份迟疑的心下山，刚至馆驿，便见到刘全在屋内走来走去，一副急不可耐的样子，便问刘全："可曾寻得证据？"

刘全说："奴才打听到李侍尧家奴张永受在京城有房产十余处、土地数十顷，另外在原籍尚有产业。"

和珅赞道："办得好，速将姓张的这小子带来，我要亲自审问。"

少顷，张永受被两名侍卫押了上来，跪在和珅面前。和珅斜睨了张永受一眼，说："张永受，本官乃是当今圣上派来的钦差，来查李侍尧贪腐案，你要老老实实地回答本官的提问，否则，就把你送到京城，全家问斩。"

张永受吓得遍体筛糠，结结巴巴地说："钦差大人饶命，奴才一定好好回答，好好回答。"

和珅道："好，那我问你，可知李侍尧贪污之事？"

张永受回答："奴才只是李大人府中的一名下人，委实不知大人贪污之事。"

和珅大喝一声："大胆刁民，竟敢在本大人面前诡辩，你不知李侍尧贪污！你家那么多的房产从何而得？量你一个奴才，若不狗仗人势，一辈子也置不起一所房子，给我掌嘴！"

左右侍卫上来，狠狠地扇了张永受一顿嘴巴，把张永受打得头昏耳鸣、口鼻流血。张永受说："奴才不敢欺瞒大人，小人在京的房产皆是小人给李大人当管家时，收受门包而得。后来李大人到了云南，看小人不中用了，就换成了赵一恒当管家，大人若要问李大人贪污之事，可差人叫来赵一恒，他当知晓内情。"

和珅见张永受说得有理，便没有再难为他，令人把他收监派专人看守，然后派出人马，前去搜捕赵一恒。

赵一恒本是云南昭通的一名落第的秀才，李侍尧入滇时，因不谙当地少数民族语言和风土人情，遂发榜招揽幕宾，赵一恒以幕宾入李侍尧府，后来李侍尧见赵一恒为人忠诚，又颇有心计，便换掉了原来的管家张永受，会赵一恒做了自己的管家。

李侍尧被钦差削去官职，押入监狱候审，在李家及云南政界引起一片恐慌，街头巷尾，都充斥着各种版本的流言。身为李府管家的赵一恒没有理由

第六章
建勋云南

不担心自己主子的安危,他派出家人四处打听钦差的行踪。当他得知昨日下午钦差大臣和珅游了大明湖、夜宿半塔寺时,一颗紧张的心才有所缓解,他以为这个钦差大臣不过是来做做样子,也许过了几日,查不出李大人的什么把柄,就会把李大人放了。

这天早晨,赵一恒把家中所有下人都叫到一个屋子里,给他们训话:"如今大人身陷囹圄,遭受不白之冤,你们都规规矩矩给我待在府内,谁也不许上街生事,谁胆敢违反,我就剥谁的皮。"

下人们吓得都不敢出声,这时有人嘀咕:"张永受不见了!"

赵一恒闻知,身上立刻打了个激灵,忙到张永受屋中去找,结果不见张永受,心道:"坏了,张永受是不是被钦差抓起来了?如果那样,自己身为李府的大总管,一定在劫难逃,与其被抓,还不如偷偷溜掉的好,这样自己不仅不遭罪,还可以保全李大人。"想到这,赵一恒回到自己屋中,收拾一些金银细软,换上一身衣服,偷偷地溜出了总督府的内宅,从后门逃跑。

赵一恒前脚刚出总督府后门,后脚就被和珅派出的侍卫盯上了。这些侍卫都是来自大内的武林高手,抓捕一个赵一恒这样的文弱书生当然不在话下,只一个腿绊就把赵一恒扔倒在地,套上一条又脏又臭的麻袋,把赵一恒扛回了驿馆。

驿馆内,已经按和珅的安排把这里变成了一座公堂,墙上挂着皮鞭,地上摆着老虎凳和夹棍。赵一恒刚被押进来,和珅就给他来了个下马威,叫手下的侍卫不分青红皂白,先抡了赵一恒一顿皮鞭,赵一恒不服,叫喊:"我究竟犯了什么罪?"

和珅冷笑一声,道:"你犯的什么罪自己心里清楚,今日如果不从实招来,本官就让你血溅公堂!"

赵一恒大叫:"我没罪!"

和珅早就想好了,今天不拿下赵一恒的口供,就无法提审李侍尧。那样就等于辜负了乾隆的重托,白来了云南一趟,于是他命令手下:"给我大刑伺候!"

赵一恒被绑上了老虎凳,别看他是一介书生,心中倒真是有股狠劲,任凭侍卫如何往他脚跟上垫砖,他就是咬着牙齿,不吭一声,和珅心想:"我

看你能熬过几时？"

令和珅没有想到，赵一恒真把这关熬了下来，侍卫们把赵一恒脚下垫满了砖头，眼看着赵一恒的脑袋快挨上腿了，赵一恒仍是忍着，一声不吭，和珅咬咬牙齿，道："换刑具！"

侍卫们搬下老虎凳，给赵一恒换上了夹棍，赵一恒疼得眦眦欲裂，仍是喊叫："我没罪，为何为我用刑？"

和珅一看，这小子是个滚刀肉，用刑是拿他没办法了，拿什么能打动他呢？官位？恐怕不行，这小子对其主子忠心耿耿，不会为之所动。那该怎么办呢？释放他，再找别的证据？更是不行，那样就等于放虎归山。硬的不行，软的也不行，干脆就给他来损的。和珅想到满人老祖宗熬鹰的办法，让刘全带领几名侍卫，轮番审讯赵一恒，不让他睡觉，赵一恒刚一打瞌睡，立即就给他一鞭子。这一招果然奏效，不出三日，赵一恒实在熬不住了，乖乖地向和珅供述，李侍尧曾经指使他卖过两颗珍珠，一颗卖给昆明知县，索银三千两，另一颗卖给了一个同知，索银两千两，还有其他索贿行为若干。

有了证据，和珅心里就有了底，他向云南管辖的各州县发出文书，要求所有受过李侍尧勒索的官员们到总督府来，当面指证李侍尧。那些被李侍尧勒索过的官员本来心中就不平衡，如今见有钦差大臣给他们做主，纷纷赶往昆明，前来作证。

和珅看证据已经基本齐全，就在总督府大堂提审李侍尧。李侍尧不知外面情形已经发生了重大转变，开始还和和珅争辩，等到赵一恒被押到堂上，面对面地和李侍尧对质时，李侍尧这才如实招供：曾收受迤南道庄肇奎银二千两，收受索尔方阿银三千两，收受按察使汪圻银五千两，收受临安知府德起银五千两，收受署东川知府张珑银四千两等等，总计数量达35000两。

和珅把李侍尧供状写成奏折，呈报给正在江南巡视的乾隆皇帝。乾隆皇帝下达谕旨，命将李侍尧押解回京师议罪。

李侍尧主政两广期间，甚是勤勉，政绩颇多，由此才受乾隆重视，封为武英殿大学士，及至主政云南，便开始贪污腐化，大兴土木，积弊甚多。慑于他的淫威，下属多敢怒而不敢言，今见李侍尧大势已去，各州县府道纷纷向前来办案的钦差大臣和珅陈述各种弊政。和珅对自己能处理的问题，一一

第六章 建勋云南

进行了处理，自己不能处理须由皇帝定夺的事，都开列在纸上，准备回京师后向皇帝奏报。

离开昆明那一天，昆明的天空格外晴朗，各州、县、府、道的官员和一些受过李侍尧压迫的百姓都来为和珅送行，和珅向众人三鞠躬后上马，押着关有李侍尧的囚车驶向京师。

和珅等人刚到昆明时，节气正是雨水，祖国北疆大地尚在冰雪中沉睡，而南国刚刚春暖花开；归去之时南疆大地早已莺歌燕舞、草长莺飞，想到即将回到帝都，与久违的皇帝及家人团聚，和珅不禁诗兴又起，再赋诗云：

>郊野遍黔黎，青葱阡陌齐。
>柳翻金翠浓，燕惹稻粮泥。
>城拱山千点，波明水一渠。
>兴酣游未倦，落明数峰西。
>政教洽群黎，番苗沫化齐。
>自惭持玉节，叙用凛金泥。
>跷岭青园郭，滇池浪拍急。
>缅怀千古事，题句勒黔西。

和珅一行纵马扬鞭，离开云贵高原，刚一进入湖南地界，即接到乾隆从浙江海宁发来的谕旨，擢升和珅为户部尚书。

第七章
联姻帝王

1780年4月,和珅与喀凝阿押解李侍尧进入紫禁城,乾隆派军机首席大臣阿桂率冯英廉等一干大臣到殿外迎接,和珅与诸大臣寒暄过后,上殿缴旨。

乾隆刚经历人生的第五次南巡,整个人还沉浸在旅行归来的快乐之中,见和珅圆满地完成自己所交办的任务,心中十分欢喜,对和珅说:"爱卿此次赴滇,代朕除蠹,只三月即归,甚是辛苦。"

和珅道:"臣代皇上铲除腐败,乃是臣分内之责,岂敢言辛苦二字,倒是皇上您此番南巡,替天行道,教化于民,令我锦绣中华再增锦绣,实万民之幸,江山社稷之幸,皇上您辛苦了。"

乾隆颔首,对诸大臣说:"和珅不负朕之所托,查清李侍尧案,众爱卿不可懈怠,可就李侍尧贪墨一事议评,看给他何等处罚,方能惩前毖后、清化吏治,使我大清官场焕然一新,江山永绪。"

群臣告退,唯有和珅未走,乾隆说:"和爱卿,此番你离家数月,家人必会思眷,何不归家,与家人团聚,共叙天伦?"

和珅笑道:"皇上,微臣此次赴滇,全凭皇威,方才建功,微臣不敢忘圣恩,特从云南带回几样小物件,供皇上玩赏。"

乾隆一生爱好广泛，除赋诗、琴棋书画之外，对陶瓷、珠玉类也甚是喜爱，闲暇时，常自在宫中把玩，如今所闻和珅给自己带回了好玩的物件，分外感兴趣道："呈上来，待朕查看。"

和珅从怀中掏出一个锦囊，把囊内东西倒在乾隆御案之上，都是由翡翠、碧玺、玛瑙等十二种宝物雕成的十二生肖，颜色光彩夺目，形态栩栩如生，乾隆一看就喜欢上了，赞曰："蛮夷之地，竟能具有这般技艺，巧夺天工，实在匪夷所思。"

和珅说："陛下教化万方，四夷臣服，想我中华泱泱大国，必是能人辈出。"

乾隆道："是也！朕此次南巡，亦感同身受，中华文明，至我朝大放异彩。"

和珅连连点头，然后到袍下又取出一物，是一把精致无比的小刀，鞘上嵌有七宝，和珅说："此乃彝家良工巧匠所制，削铁如泥，奴才带回此物献给固伦和孝公主。"

乾隆笑道："亏爱卿还想着她，你离开京城数月，朕也离开京城数月，可把固伦和孝想坏了，昨天她还吵着向朕要她的丈人。"

乾隆一生育有十八子、十女，十个女儿中，长女、次女幼年殇去，未获封号；三女封为固伦和敬公主，乾隆十二年三月下嫁科尔沁博尔济吉特氏布腾巴勒珠尔，准其住在京师；四女和硕和嘉公主，乾隆二十五年三月下嫁博恒长子福隆安；五女、六女幼殇未封；七女固伦和静公主，乾隆三十五年七月下嫁博尔济吉特氏拉明乌尔济，乾隆四十年正月初十卒，年仅28岁；八女幼殇未封；九女和硕和恪公主，乾隆三十七年八月下嫁乌雅氏札兰泰；十女乾隆四十年，乾隆65岁时生，"性刚毅，能弯刀弓"，最受乾隆喜爱，幼年即被乾隆封为固伦和孝公主。

固伦和孝公主长得弯眉细目，骨骼清秀，相貌颇似乾隆，乾隆常把她带在身边。和珅因为在御前行走，常能接触到固伦和孝公主，抱抱她，哄哄她，固伦和孝公主也十分喜欢和珅，亲切地称之为丈人。

和珅听皇帝说公主吵着要见自己，就对乾隆说："奴才这就过去，把刀带给公主。"

乾隆说："朕和你一起去吧！"

说着，和珅过来搀过乾隆，君臣二人走出大殿，进入内宫，走着走着，乾隆突然驻下足来，问和珅："如果朕没记错的话，你的儿子跟固伦和孝是一年生的吧？"

和珅谦恭地说："陛下真是好记性，小犬比固伦和孝公主晚出生一个月。"

乾隆说："哪天不妨把他带到宫来，给朕看看。"

和珅说："如果皇上想见，奴才这就回家将他带来！"

乾隆笑道："好，你带上你的儿子，朕带上朕的女儿，中午共同进膳！"

和珅答应着："嗻！"

和珅辞别皇上，骑着快马驰往家中，心想：皇上要见我的儿子，是什么意思？当年他的名字就是皇上赐的，莫非这孩子跟皇室有缘？和珅越想心头越喜，来到家中，一进门就喊："德儿在哪？德儿在哪？"

有家奴告诉和珅："少爷正在书房读书。"

和珅急奔书房，来到书房门口，喊道："丰绅殷德，德儿！"

丰绅殷德听到父亲的喊声，兴奋地从书房中跑出来，搂着和珅的大腿，双目落泪道："阿玛，你去哪儿啦？走了这么久，孩儿想死阿玛了！"

和珅抱起儿子，替丰绅殷德拭去脸上的眼泪，辛酸地说："好儿子不哭，阿玛也想你呀！"

早有家人把和珅回来的消息报告给冯氏与长氏，冯氏、长氏赶来，见和珅有点黑了、瘦了，就心疼地说："老爷远足归来，鞍马劳顿，快快进房休息去吧！"

和珅喜滋滋地说："休息不得，休息不得，皇上要见咱家德儿，我得速带德儿见驾，勿让皇上他老人家等急了。"

冯氏不解："德儿这么小，皇上要见德儿做什么？"

和珅神秘地说："这个我也不知道，我猜想咱家要出个驸马爷了！"

冯氏惊喜地说："老爷是说皇上要把公主许配给德儿？"

和珅竖起一根手指"嘘"了一声，然后向两位夫人抱以默默的深情一笑，抱起丰绅殷德向外走去。刚走出两步，和珅又对两位夫人说："对了，中午皇上他老人家留我和德儿午膳，就不回来吃了！"

和珅抱着丰绅殷德来到内宫，跪下对乾隆皇帝说："启禀陛下，奴才已把犬子丰绅殷德带来了。"

那丰绅殷德甚是乖巧，见父亲给面前这位老人跪下，他也随之跪下，学着父亲的口吻奶声奶气地说："丰绅殷德给皇上请安，皇上万岁、万岁、万万岁！"

乾隆说："深宫大内，无须多礼，你们父子平身吧！"

和珅父子从地上爬起身来，乾隆一看丰绅殷德，立即在心里产生一种强烈的反应，"这孩子是人间的么？简直是太俊美了！"乾隆喜笑颜开，对丰绅殷德说："丰绅殷德，你过来，让朕瞧瞧！"

丰绅殷德毫无怯意，乖乖走到乾隆面前。乾隆皇帝拉过他的小手，问他："你知道你的名字是谁取的么？"

丰绅殷德马上回答："是皇帝陛下。"

乾隆又问："你喜欢这个名字么？"

丰绅殷德响亮地说："喜欢！"

乾隆继续问他："你每日在家干什么？"

丰绅殷德："读书！"

乾隆："读什么书啊？"

丰绅殷德自豪地回答："《论语》《孟子》《中庸》《大学》。"

乾隆道："好，那朕就考考你，孔子云，'己欲立而立人，己欲达而达人'，下一句是什么？"

丰绅殷德答："能取近譬，可谓仁之方也已。"

乾隆龙心大悦，道："和珅，代朕拟旨，指丰绅殷德为固伦和孝公主额驸，赏双眼花翎，待年岁及时，再派结发大臣举行指婚礼。"

和珅大喜过望，连忙跪倒在地谢恩，丰绅殷德也跪地谢恩。谢恩毕，和珅草拟完圣旨，然后率丰绅殷德与乾隆父女共进午膳。

丰绅殷德被指为固伦和孝公主额驸的消息瞬间传遍了京城。当日晚冯英廉、福长安、苏凌阿等人带着厚礼过宅祝贺，和珅宅上张灯结彩，迎接宾客。

酒席间，福长安举杯跪在和珅脚下，说："请叔叔大人满饮此杯！"和珅惊道："大家都是兄弟，哪里来的什么叔叔？折煞我也，折煞我也。"

福长安正色道："当今圣上之后乃长安之姑母，长安之兄隆安又是和硕和静公主的额驸，和大人与当今圣上是儿女亲家，长安之兄与固伦和孝公主额驸互为连襟，如此你不正是长安之叔吗？"

和珅笑道："你说的是这么个道理，不过你我兄弟相称为先，所谓先叫后不改，以后还是兄弟相称吧！"

福长安争辩："那怎么行，有亲论亲，以后才是朋友。"

二人正争论不休，这时刘全进来向和珅禀报："老爷，舅老爷们到了，在门外求见。"

和珅一愣，问："舅老爷，哪个舅老爷？"

刘全回答："是老爷您的大舅明保、二舅明禄、三舅……"

未等刘全说完，和珅愤然打断他的话，说："原来是这些无情无义之徒，不见！"

这时和琳说话了，和琳说："哥，你莫非还在记恨当年的事情？"

和琳说："没齿难忘！"

和琳说："弟弟也是不能忘，但他们毕竟是咱们的舅舅、母亲的弟弟，倘若母亲还活着，她怎么忍心看她的儿子不理他的弟弟们呢！"

和琳提到母亲，和珅的眼圈红了，说："要是母亲与父亲都活着多好，看着他们的孙子订婚，娶的又是皇上的女儿，一家人该有多高兴！"

冯英廉也劝和珅说："过去的事就过去了，他们都是你的舅父，岂有不见之理？"

和珅这才对刘全说："让他们进来吧！"

少顷，和珅的大舅明保、二舅明禄、三舅明哲各自带着家人，抬着几箱银子进来。明保厚着脸皮，向在座的众人唱了个肥喏："列位大人都在，明保给列位大人见礼了。"

和珅没有表现出过多的热情，不咸不淡地对三个舅舅说："既然三位舅舅来了，就请入座吧！"

明保兄弟三人大大咧咧地坐到席上，有家人给拿过杯箸。明保刚要举箸,这时刘全又进来了,向和珅禀报:"内阁学士、礼部侍郎纪晓岚到!"

和珅立即笑容满面,说:"纪大才子到了,快请!"

刘全出去,很快带进一个人来。此人五十多岁,身材中等,高额塌鼻,眼睛上戴着一副近视镜,正是名满朝野的大才子纪晓岚。

行文至此,也许有人会问,大名鼎鼎,刚直不阿的纪晓岚怎么会,到和珅家去参加和珅儿子的订婚庆典?其实是您错了,历史上真实的纪晓岚就是这样,他不仅不是和珅的冤家对头,而且两人还是关系不错的朋友。其时,和珅在《四库全书》馆任总裁,纪晓岚是他的副手,两人经常在一起工作,相互探讨一些学术问题,关系不好,纪晓岚能在《四库全书》馆待下去么?早被和珅排挤出去了。

见纪晓岚到来,和珅马上站起身来和纪晓岚寒暄,纪晓岚同在座的人一一见礼后,和珅吩咐刘全:"到厨间弄一条猪腿过来。"

见众人惊讶,和珅连忙向大家解释:"晓岚兄有两大爱好,一是不食五谷,每餐一壶酽茶,四盘肉,尤爱食猪腿;二是每日必须御女四次,早、上午、中午、晚上各一次,否则双颊绯红,皮肤欲裂,是不是这样?晓岚兄!"

纪晓岚也不避讳,说:"然,然。"福长安忍不住问纪晓岚:"敢问先生家中有几房夫人?"

纪晓岚如实回答:"一妻五妾!"

和珅兴奋地说:"怎么样?怎么样?在座的谁有纪晓岚老婆多,我就自罚一杯!"

众人皆自叹不如,一干人说说笑笑,直闹到午夜,才尽欢而散。

和珅离开酒席,脚步散乱地来到二位夫人房中,进屋把靴子一脱,扔到地上,醉眼朦胧地问冯氏、长氏:"你们姐妹吃了吗?"

冯氏和长氏回答说:"吃过了!"

姐妹二人说着,过来给和珅宽衣解带。和珅举起胳膊,在两个夫人脸上各亲一下,问:"今天你们高兴么?"

长氏抢先说:"高兴,德儿成了额驸,从今以后我们沾了德儿的光,都成了皇亲国戚,能不高兴么?"

冯氏却不语，和珅问冯氏："德儿是你亲生的，你不高兴？"

冯氏说出了内心中的真实想法，她说："我高兴不起来，德儿若娶个寻常人家女子，到咱家来，会对咱们恭恭敬敬，可他娶的是当今皇上的女儿，地位比咱们高，咱们做公婆的还要给她行礼作揖，这算什么事么？"

冯氏说到这里，喟然长叹一口气，和珅也从刚才的兴奋中解脱出来，语气悠长地说："是啊！这些礼节上的东西咱们倒能克服，毕竟人家是公主，连皇上他老人家都宠着她，咱不宠着她行么？我想提另外一回事，我想啊，人家是公主，在皇宫里锦衣玉食，下嫁到咱们家，就凭咱家目前这条件，能侍候好人家公主么？让人家金枝玉叶的一公主，跟咱们住驴肉胡同，吃咱们平时吃的那些东西，那像话么？不消公主说，咱这心里也不安哪？"

和珅说到此处，已是一副一筹莫展的模样，冯氏更是愁得低下了头。长二姑不失时机地点拨和珅说："既然老爷有危机感，以后在官场上放活泛些，该收的收，该要的要，不然等公主和德儿大婚以后，一切可就来不及了。"

和珅听了，若有所思地点了点头，然后长叹一声："问渠哪得清如许，为有源头活水来，我欲清明，时势不允，做人咋就这么难呢？"

和珅与乾隆结为儿女亲家后，乾隆对和珅更为器重，先命和珅在议政大臣上行走，几日后实授御前大臣。

五月下旬，乾隆就李侍尧案发布谕旨："李侍尧历任封疆，在总督中最为出色，是以简用为大学士，数十年来，受朕倚任涤恩。乃不意其贪赃营私，婪索财物、盈千累万，甚至将珠子卖与属官，勒令缴价，复将珠子收回，又调回本价，勒索银两，至八千余两之多，现在省督抚中，令属员购买物件，短发价值及竟不发价者，不能保其必无，至如李侍尧赃私累累，逾闲落检，实朕意想不到，今李侍尧即有此等败露之案，天下督抚又何能使朕深信乎？朕因此深为惭懑。今又闻杨景荣（曾任山东巡抚）声名亦甚狼藉，但其人已死，若至今存来必又为又一李侍尧也。

"各督抚须痛猛醒，毋为查办不及，幸逃法网，辄自以为得计。总之，有则改之，无则加勉，触目惊心，天良俱在，人人以李侍尧为警戒，则李侍尧今日之事，未必非各督抚之福也。

第七章
联姻帝王

"所以此案核拟原折即著发各督抚阅看，将和珅照例拟之斩候及大学士，九卿从重改拟斩决之处，酌理推情，各抒己见，定拟恩题，毋得游移两可。"

纵观乾隆登基以来，对腐败分子从不手软，该杀则杀，就连他的内弟都没放过，除了一个卢焯，几乎无一幸免。如今李侍尧犯下如此惊天大案，乾隆要是不杀他，似乎太没有道理，所以朝中所有的官员都认为，乾隆必杀李侍尧，他们纷纷上书乾隆，要判李侍尧以斩立决，唯有和珅一人，认为应判李侍尧斩监候。

和珅为何主张不判李侍尧斩立决，是李侍尧的家人打通关节，给和珅送礼了么？不是，其原因是因为和珅从李侍尧身上看到了当年卢焯的影子，他们身上都有一个共同的特征，那就是政绩卓著，能力颇强，乾隆爱惜他们的才能，所以乾隆不杀卢焯，当然也不会杀李侍尧。

本以为看穿乾隆心思的和珅，在朝议时，主张不判李侍尧斩立决，本认为会得到乾隆的赞许。没有想到，乾隆并没有对此事做出任何表态，而是把这颗系着李侍尧生命的球又踢向了朝中大臣。"皇帝到底是怎么想的呢？如果他赞同自己的意见，那就应该判李侍尧斩监候，如果赞同其他大臣的意见，就该斩了李侍尧。这斩与不斩之间，该选择哪个更符合皇帝的意呢？"和珅站在廊檐之下，苦思冥想，对着天空那一轮明月发呆。

夜深了，四野里一片蛩鸣，露水渐渐浸湿了和珅身上的薄衣。这在别人眼中是一件毫不关己的事，在和珅的心中分量却是极其重要，它的意义至少有两层：一是如果皇帝按他的想法判了李侍尧斩监候，那说明自己的判断没有错，是了解乾隆的，不仅会得到皇帝的赏识，更会让朝中一些轻视自己的大臣们折服；二是如果皇帝不斩李侍尧，那还说明皇帝的雄心不再，开始对一些不正之风开始手软，他能包容李侍尧，当然也能包容别人，这也包括我和珅。

"会不会是因为保李侍尧的人只有我和皇上，皇上因为顾及群臣的压力而把案件发回让大臣重议呢？我和皇上毕竟是亲家呀！"和珅想到这儿，顿觉在心中打开了一扇门，找到了沙漠之中的一片绿洲。他立即回到屋里，给安徽巡抚闵鹗元修书，让闵鹗元上书乾隆皇帝，主张不判李侍尧斩立决，维

护他和当今圣上的意见，判李侍尧斩监候。

一切如和珅猜测的那样，乾隆他确实老了，他已经没有信心杀掉一个干臣，再培养一个干臣出来。他坐在这紫禁城中，号令天下，看似威风凛凛，其实内心中充满了各种各样的担忧与恐惧：他怕江南士子造反，把创立大清王朝的满洲人赶回东北；他怕伊犁再度叛乱，自己是不是还有能力御驾亲征？他怕……

所以，他在内心中早已作出决定，不能杀李侍尧，把他押在狱中，留备一时之需。但是朝中那些愚臣、庸臣他们的眼中只有《大清律例》，只有一片愚忠，根本不知道培养出来一个干才要耗费多少心血？根本不知道替朕保留人才，简直是一群"赛子黑"（满语猪）。在这个问题上，能够与朕一条心的只有一个人，这个人就是自己的儿女亲家御前大臣和珅。和珅能站在朕的角度，知晓为国家保护人才，这样的人是识大体的人，是国家真正的栋梁。

"朕已将众大臣的决议踢回发给他们再议，希望这些人中有那么一两个人能知晓朕的心思，提出判李侍尧斩监候，那么这件事就好办了，可是朝中除了和珅，还有能知晓朕意的人么？首席军机大臣阿桂不会，福康安不会，刘墉、纪晓岚之流更不会，实在不行，此事还须和珅出面，那样自己才有理由驳回群臣的奏议，给李侍尧一个活下去的机会！"乾隆躺在龙床上，闭着眼睛思考着，待他拿定主意时，微微地睁开眼睛，刚要叫太监去召唤和珅，这时一个太监拿着一封奏折进来，跪下道："皇上，安徽巡抚闵鹗元有急事奏报！"

乾隆是个极勤奋的皇帝，每有地方奏折传来，他即使在睡觉也要太监把他叫醒，以免误了国家大事。

"呈上来！"乾隆从龙床上直起身，太监把闵鹗元奏折呈上，乾隆展开奏折，看着看着，笑容浮上脸来。

次日早朝，乾隆就李侍尧一案发出圣谕："各省督抚核议李侍尧罪名一案，俱已到齐。李侍尧以大学士兼管总督，受恩最深，乃敢营私败检，骄纵妄行，实出意料之外，较之从前恒文、良卿贪婪枉法，到罹刑宽，情节实略相等。李侍尧身任督抚二十余年，如办理暹罗、颇合机宜、缉拿盗案等事，亦尚认真出力，且其先世李永芳，于定鼎之初，归诚宣力，载在旗常，无非他人可比接也。是以，前于尚书和珅照例拟斩候，大学士、九卿请改立决时，朕复降旨令督抚等各抒己见，弹议具题，原欲以准情法许。

"兹各督抚，大卒以身局中，多照请大学士，九卿所拟，而闵鹗元则以李侍尧历任封疆，勤干有为，为中外所推服，请援议勒、议能之文稍宽具奏，是李侍尧一生之功罪，原属众所周知，诸臣中既有仍请从宽者，则罪拟唯轻，朕亦不肯为己甚之事，李侍尧著即定为斩监候。"

太监读罢圣谕，众臣跪伏于地，高呼："皇上圣明！"和珅口里欢呼着，内心欣喜若狂。他从这个曾经铁腕的君主身上，看到他人性的弱点，那就是太过放纵有能之人，对无能之辈毫不留情，痛下杀手。

看到乾隆人性弱点的和珅，终于按捺不住一颗骚动的心，打起了自己的如意算盘。要是我能像李侍尧和卢焯那样，建功立业，甚至比他们做得更好，让皇上一日也离不开我，那我贪点占点，他还会像处置恒文那样处置我么？不会，一定不会！何况他还是我的儿女亲家，他定不希望自己的女儿嫁到我家来，过那种平民式的苦日子吧？！

想到此处，和珅心中又生了几分底气。散朝后，他来到户部，给安徽巡抚闵鹗元写了一封书信，信中他借乾隆口气，把闵鹗元大大地夸奖了一番，说了一些诸如"深通圣意"之类赞誉的话，然后把信封好，叫人八百里加急送达安徽。

闵鹗元也是个人精，他从和珅的来信中品味出一股非常的味道。他也很想结交和珅这样的皇帝身边的红人，便让手下封了一万两白银，送到北京，送往和珅宅上。

银子到达这一天，正是傍晚时分，和珅刚陪乾隆皇帝下完棋回家，见家门口停着一辆马车，和几个来自南地的兵丁，就猜想一定是闵鹗元派来的。他故意装作什么也没看见，绕过马车，乘着轿子直接进了院子。管家刘全过来，对和珅耳语几句，和珅说："东西留下，人让他们自己出去找吃的，省得留在这让人看见起疑。"

刘全领命下去了，和珅进了屋子。屋的中央放着一个大木箱，箱口上贴着安徽巡抚衙门的大红封条。和珅早已知道那里面装的是什么东西，急不可待地上前用手撕去封条，掀开箱盖一看，里面全是白花花的银子，五十两一

锭，摆得整整齐齐。

和珅不禁心花怒放，抓起一锭，放在手里掂了几下，大声喊："霁雯，二姑，快出来看啊！"

冯霁雯、长二姑在房中听见，抱着正在哺乳的女儿出来，看和珅得意忘形的样子，就问和珅："什么事让老爷高兴成了这样？"

和珅喜滋滋地指着箱子，说："你们看！"

冯霁雯看了，大吃一惊，问和珅："哪里来的这么多银子？"

和珅卖弄玄关，说："你们猜？"

冯霁雯摇头，长二姑也摇了摇头，和珅小声说："是安徽巡抚孝敬我的！"

冯霁雯不语，长二姑却嗤鼻一笑，和珅不高兴地问长二姑："你笑什么？"

长二姑抱着女儿，说："我笑堂堂的一省巡抚，给老爷送礼就拿这么点儿，他不觉得羞惭不说，还把老爷您乐成了这样？"

和珅瞪大眼睛，伸出一根手指，对长二姑说："我的姑奶奶，这可是一万两啊！让当今圣上知道，够杀头了，你还嫌少？"

长二姑说："老爷有所不知，外面有句传言，三年清知府，十万雪花银。妾父只是一个知府，一年手下的人孝敬他的也不止就一万两，何况他这个一省巡抚，一年不知要捞多少个一万两，他给你这点钱，不是孝敬你，是把你当成乞丐，打发你呢！"

和珅听后，刚才的兴奋被抛到了九霄云外，长二姑接着说："就这一万两银子，还不抵咱家的半间当铺，他这不是有意污辱老爷么？"

和珅把手中的银子丢在箱子里，沮丧地走进卧室。冯霁雯担忧地对长二姑说："老爷收人家这些银子，我真担心有朝一日会出事。"

长二姑笑道："姐姐，放心吧！别说这些，就是一百一千一万个这些也不会出事的。老爷这么做，不是为了自己，是为了咱们的德儿和公主，即便皇上知道，也会睁一只眼闭一只眼的。"

和珅回到屋中，越想越不是滋味，堂堂的一省巡抚，给自己拿孝敬银，只拿了区区一万两，真如长二姑说的，还不如打发个要饭的，不如明天我参他一本，让他也见识见识我的手段？那样似乎不好，如果那样，以后还有谁会给我送银子了。有了，他不就是吝啬抠门么？我吓唬吓唬他，看他是要官还是要银子，想到这里，和珅的脸马上又由阴转晴，到案上拿起纸笔，给闵鹗元写了一封信，信中说安徽有人举报闵鹗元，说闵鹗元在任期间贪污军饷，现在举报信就在自己手里，还没有来得及呈报给皇上。书信写完，和珅把信封好，交给刘全，叫刘全到街上去寻找安徽来的那几名送银的士兵回去带给闵鹗元。闵鹗元看后，未知真假，连忙再派人进京，送给和珅十万两白银。和珅这才回信闵鹗元，说明京中的一切事件都疏通好了，让他放心做官，好好地效忠皇上、效忠大清朝。

第八章
帝之肱股

乾隆虽然保住了李侍尧的性命，可心里并不舒坦，一个由自己亲手培养起来的封疆大吏下狱，他所管辖的地方由谁来守？要知道，云贵乃大清国的南大门，与多个国家接壤，境内又多有少数民族，万一治理不当，闹起来便是大事。为此，乾隆不得不殚精竭虑，琢磨出一个合适的人选为他把守祖国的南疆。

在诸多的朝臣中，乾隆认为只有三个人可用，一是阿桂，二是福康安，第三便是和珅。但是这三人中，阿桂长期担任首席军机大臣，重任在肩，不可妄动。福康安是自己已逝皇后富察氏的侄子，与自己已逝的爱子永琏相似，自小在自己身边长大，情同父子，派他去那么远的地方，委实是舍不得。至于和珅，他掌管内务府、户部、崇文门税务等等，让他走了，他的事由谁来做？何况他与自己诗书唱答，对自己关怀备至，实在也是离不开他。

想到这里，乾隆不禁喟然嗟叹，想我大清国疆域广阔，人口众多，朝中竟无可用之才，真是莫大的悲哀。

夜深了，乾隆一个人孤独地躺在龙榻上，仍在思虑着云贵总督的人选问题。

第八章
帝之肱股

"福康安、和珅"，乾隆皇帝不断地在脑海中盘旋着这两个人的名字，满朝大臣中，也只有这两个人可以胜任了。派他们中的哪个人去呢？福康安与自己亲如父子，和珅与自己情同朋友；福康安善于军事，和珅擅长政治……乾隆想着想着，外面的更声已传来五响，该上朝了。

与乾隆一夜未眠的还有和珅，自己从云南回来，不知怎么个情况，两条腿忽然疼了起来。开始他没当回事，以为自己成天陪在皇帝身边，站得久了，休息一下就会好，可是几天过去，他的腿不仅没有好，而且疼得越来越剧烈，不得不找来郎中诊治。郎中告诉他，是受了南地早春的湿邪之气的缘故，要想治愈，须得卧床三月，用炭火炙秦艽驱走风邪，才能治愈，否则必将落下病根，贻误终生。和珅一听大骂郎中庸医，你让我三个月不上朝，皇帝他老人家的饮食起居谁管？朝中那些大事谁办？后来郎中想出了一个办法，让家人宰了一条狗，把新剥下来的狗皮绑在和珅腿上，和珅的疼痛感立即减轻了许多。

这天晚上，和珅的腿疼病又发作了，发作后家人就连忙杀狗剥皮，敷到了和珅腿上。和珅躺在热炕上，让狗皮的热气与炕的热气触合在一起，感觉两条腿不再那么疼了。舒服了一点儿的和珅就想皇帝他老人家此刻在干什么？在想什么呢？对了，他一定是在琢磨派谁去做云贵总督这件事！按理说，云贵倒真是个好地方，一年四季如春，出金出银又出铜，许多人想去那当总督都当不上，那地方是大清国的西南门户，不是皇帝心里的重臣皇帝是不会派他去的。那么当朝有谁是皇帝心中的重臣？第一个便是阿桂，第二个是福康安，其他诸如刘墉、纪晓岚之流，都根本不入皇上的眼。阿桂与福康安他们二人这谁能去呢？这二人一个是首席军机大臣，另一个是吉林和奉天的将军，平时倚仗军功和家庭背景都有些瞧不起我，所以他们二人中任谁离开朝廷都好，省得一天到晚在自己面前趾高气扬，让人看了心里不舒服。和珅想到这里，不由"嗤"地乐出了声来。

和珅又想，阿桂、福康安都立有军功，他们在皇帝心中自然是重臣，自己是什么臣呢？自己自从步入朝堂，除了查处李侍尧案之外，其余所做的的是一些平常小事，看来自己只能称作是皇帝的宠臣了。不，我不能只做皇帝的宠臣，我还要做重臣，只有在皇帝心中的分量越重，将来自己有错的时候

皇帝才会对自己处理越轻。想我和珅祖上世代从武，我和珅也要效仿祖宗，到战场上去杀敌立功，将来像阿玛一样，出将入相，功炳千秋。

和珅想得热血沸腾，"对，明日早朝，我就向皇上请缨，远赴云贵，为皇帝戍边。"

一声鞭炮响过，乾隆在几名太监的搀扶下，走出寝宫，清爽的晨风吹来，年近七旬的乾隆脚步轻盈，精神抖擞，他略显清癯的脸上，刻满了威严与自信。

午门三声鞭响，群臣在阿桂的带领下，鱼贯入朝。乾隆坐在高高的龙椅上，接受所有朝臣的朝拜。朝拜完毕，乾隆皇帝依如往日，问："众位爱卿，可有本奏？"

这时和珅出班，跪伏于地，道："启奏陛下，臣有本奏。"

乾隆以慈祥的目光看看和珅，说："爱卿平身，有本奏来。"

和珅站起身来，玉树临风，侃侃而谈："前臣奉旨入滇，除查李侍尧案，一路发现南地弊病颇多。这第一条，是湖南、贵州之地苗民，蓬头散发，与我大清律例相违，因此臣奏请陛下，所有苗民遵从内地例制，一律剃发！"

乾隆道："准奏！"

和珅接着奏道："第二，云南省铜矿众多，民间私铸钱情况严重，扰乱市场，臣奏请陛下，发布谕令，到民间分年收回已铸成的小钱，改铸大钱！"

乾隆继续道："准奏！"

和珅接下来，一连说出七条云南、贵州一带的弊政，每件都有对应之策，乾隆都一一奏准。看着皇帝欣赏自己的目光，和珅想，看来我想做云贵总督的梦想也许要实现了。

其实，乾隆也是这么想的，和珅如此精干练达，把他放在云贵总督的位置上很合适。刚想宣布口谕时，礼部尚书桂林跪下，说："启奏皇上，西藏六世班禅来书，请皇帝御览。"

乾隆："读与朕听！"

桂林尴尬地说："来书是用藏文书写，奴才不懂藏文。"

第八章
帝之肱股

桂林话音一落，满朝文武面面相觑，就连乾隆本人也感到有几分不自在，想自己文治武功，精通满文，自诩为博学多才，可是这藏文自己也是一窍不通呀！正纠结时，和珅再度出班，从桂林手中接过这六世班禅给乾隆的书信，朗声念道："小僧自幼仰永文殊菩萨大皇帝蒙养之恩，不胜尽数，非他人所能比，小僧乃一出家人，无以极称，虽然每日祝祷文殊菩萨大皇帝金身俯亿万年牢固，并让众喇嘛等奉经祈祷，但仍时时企望见文殊菩萨大皇帝，庚子年为大皇帝七旬万万寿，欲往庆祝，特致书大皇帝膝前，以达敝意。"

乾隆皇帝本就崇尚喇嘛教，今闻六世班禅不远万里，欲来为他祝寿祈福，当然十分高兴。他也为和珅的才学折服，愈加感觉自己离不开和珅，于是再加封和珅为理藩院尚书，总理蒙、疆、藏及一切外交事宜，命和珅在承德为班禅造寺，命福安康为云贵总督，即日赴任。

和珅虽没有得到云贵总督一职，却意外收获到理藩院尚书的职位，何况这样又挤走了福康安，自己在朝中也少了一个强劲的竞争对手，也是件值得高兴的事。

乾隆的诞辰为农历八月十三，距今最多不过三个月，如何在三个月内建起一座具有皇家规格的寺庙，这在任何人的眼里都是一个难题。乾隆皇帝不无担忧地问和珅："爱卿三个月能否完工？"

和珅回答："请皇上放心，奴才一定在三个月内建成。"

乾隆叮嘱："班禅乃是西藏活佛，此寺建筑不亚于西黄寺才行！"

和珅说："奴才这就回部，绘出图来供皇上参考！"

乾隆准奏，和珅即刻回到户部，拿起纸笔，须臾便将图绘就，只见图上出现一座宫殿，建在山麓之上，前有碑庭，后有琉璃塔，依循山势，层次分明，风格颇似西藏日喀则扎伦布寺。

和珅未及墨干，便将图送到乾隆面前，乾隆本以为和珅早有准备，绘好此图，以备今日。细心的乾隆在图上用手指点了一点，见上面墨迹尚新，方知这确实是和珅刚刚绘完，不由赞叹和珅说："爱卿胸有成竹，匠心独具，真乃当世奇才。"

和珅谦恭地说："此乃托皇上的洪福，又兼有班禅活佛的灵光，奴才拿

起笔来时，顿觉心旷神怡，智慧广开，如有神明相助，一挥而就。"

乾隆说："图已绘就，即日即可开工，不可懈怠，务于三个月内完工。"

和珅："嗻！"

和珅辞别乾隆，立即赶往家中，兴致勃勃地告诉长二姑："生意来了。"

长二姑忙问："是何生意？"

和珅从袖中抽出图纸，摆在长二姑面前，说："皇上命我在承德为六世班禅造寺，我粗略估计一下，整座寺院建下来，须耗银上千万两，这岂不是一桩特大生意？"

长二姑一听，立即产生了兴趣，喜滋滋地对和珅说："这确实是件大买卖、好买卖，一千万两的工程银，起码可从中赚取二三百万两的银子。不知老爷是用内务府的匠人，还是用外面的工匠？"

和珅高深地说："这我早已想好，两者皆用，以内务府工匠建大殿，诸如画梁雕栋、铺瓦镏檐，民间工匠做不好，影响工程质量，其余全部起用民间工匠，遍地开花，确保三月而成！"

长二姑道："老爷可速把刘全和呼什图叫来，令其二人一个招募工匠，一个按工程需要，选备材料，妾在此把握工程账目，三月完工，必是无虞。"

和珅诡秘地对长二姑说："刚才我在回来的路上想好了，咱们再花钱买五十辆大马车，雇上五十名车夫，混迹于运料的车中，也是一笔不菲的收入。"

长二姑思索了一下，说："如此甚好，待工程完工，这些车马还可以用于长途贩运，亦是一个挣钱的行当。"

当下，仆人唤来刘全和呼什图，和珅对二人说："你们两个跟着老爷我的年头也不少了，老爷我对你们怎么样啊？"

刘全和呼什图都说："那还用说，老爷您对我们不是亲人，胜似亲人。"

和珅说："古人说得好，官多大奴就有多大，相府里的奴才可比七品官儿。老爷我没发迹的时候，你们跟着老爷受了不少苦，尤其是刘全，如今老爷我贵为当朝一品，怎么能忘记你们呢！"

刘全抢过话来说："老爷您这么说就见外了，我们今生能跟上老爷，那是奴才们的造化。老爷公务繁忙，许多国家大事还需要老爷您去办，奴才们

不劳老爷挂心！"

和珅点点头道："今天老爷我把你俩叫来，是有件重要的事要交给你们！"

刘全又接过话来："老爷您说，奴才们听着呢！"

和珅不满地瞪了刘全一眼，斥责道："我这不正说着么？你别老抢话。"

刘全唯唯诺诺："是老爷，奴才不抢话，老爷您说。"

和珅说："皇上他老人家交给老爷我一项重要的差事，要我在承德避暑山庄附近给西藏的六世班禅建一座寺院，我把图绘画好了，也和二夫人商量过了，从今天起，你俩把手头的活都交给别人，专门帮我跑事。"

刘全、呼什图都点头答应，和珅又说："刘全你就专门给我找人，什么木工、瓦工、油漆工，只要愿意干的，就都给我上，人越多越好。呼什图就负责进料，木料、石料、砂料、琉璃瓦，都给我往工地上运，务必把账给我记好，一天往二夫人那报一次，你们在中间可以拼点小缝儿，别整大了，这是咱们家的工程，你们赚得太多，亏的不是朝廷，是老爷我。"

刘全、呼什图一听，喜出望外，这两个人精，和珅那么抠门，对他们管理得那么严格，他们都能从中赚取好处，这回和珅发话可以让他们从中渔利，他们岂能放过这个好机会，不大捞一笔？他们二人谢过和珅，各自行动起来。

刘全已经不是昔日的刘全，随着他主人和珅的地位直线上升，他在京城里混得越来越滋润，走在街上，人人都知道他是和珅宅上的大管家，地位低的，看见他连忙避让；地位高的，也得落马下轿和他打声招呼。日子久了，刘全的身边也聚拢起来一帮人，这些人中有卖肉的屠夫、卖菜的菜农、修房子的泥瓦匠，也有端大铁锹的苦力，他们尊敬地称呼刘全为刘爷，对他是奉若神明，百般依赖，为的就是从刘全的身上找点儿和珅宅上的活计，弄点钱养家糊口。刘全呢，也乐得如此，因为他找的人，可以从他们身上克扣下些小钱，聚少成多。

刘全来到街上，找到平时卖肉的张屠夫，说："你去把平日里常在一起的几个哥们都找来，到得胜楼，今天我安排大伙吃一顿儿。"

张屠夫翻翻肉案边上的黄历，说："刘爷，今天是啥日子？怎么想起请

大伙吃饭了，还得胜楼？"

刘全翻翻眼珠子，问张屠夫："想发财不？"

张屠夫说："想，这年头谁不想发财谁是二百五。"

刘全骂道："想发财还快去！告诉大伙儿，就说发财的机会到了！"

张屠夫高兴地一拍大腿，说："得嘞！"

张屠夫说着，连案子上的肉都不管了，一溜烟跑了出去。刘全向四周看看没人注意，从案子上切下一切精肉，足有二斤重的样子，用荷叶包了，捆扎好塞进怀里，嘴里还说："这一块儿不错，拿回家给媳妇包饺子吃。"

从张屠夫出来，刘全去了得胜楼，在二楼觅了个"天"字号的雅间，坐了下来。店二小过来，问刘全："爷您吃点什么？"

刘全说："捡中下等的菜来十个，再把二锅头给搬上两坛。"

小二说："好嘞！"

小二下去了，这时张屠夫带着李二、周三、赵四、王五、何六、潘七、牛八、马九等十几个人进来，这些人进屋，先向刘全打躬作揖，口中念着："刘爷好，刘爷吉祥！"

刘全打量打量大伙，大模大样地说："都坐吧！"

众人落座，刘全眨巴眨巴斗鸡眼儿，对大家说："趁得没喝酒，我把该说的话跟弟兄们说说，我家老爷从当今圣上那里接到一桩大活，到承德那边给西藏的班禅喇嘛盖一座寺院，现在缺的就是人手。你们从今起，啥也别干了，就去给我找人，会手艺的，一天三钱银子，不会手艺的，一天一钱，人是越多越好，只要不瞎不瘸，只要能搬动石头，挑得动土，咱们全要！"

这些人一听，立即欢呼雀跃起来，说："刘爷，亏得您老人家惦记着我们，有这等好事，谁不干啊？您老真是我们的亲生父母、再造爹娘。"

在和珅的亲自操持下，承德的寺庙很快破土动工，工地上一时人嘶马叫，斧歌锯响。未出三月，一座占地37900平方米的巍峨建筑在山麓上拔地而起，布局大气，格式新颖，气势恢宏。工程竣工三日，正在承德避暑山庄避暑的乾隆皇帝在和珅的陪同下，亲自莅临寺中，目睹着这神圣庄严的大庙，乾隆皇帝不禁发出由衷的赞叹，和珅请乾隆皇帝为寺院题名，乾隆挥笔写下"须弥福寿"四个大字。

第八章
帝之肱股

接下来，和珅又主持为须弥福寿寺开光。农历八月初一，西藏六世班禅巴丹益西活佛在众喇嘛的拱卫下，来到承德避暑山庄，拜见乾隆皇帝。和珅作为理藩院尚书，又兼起翻译的职责，在乾隆与班禅活佛之间，架起了语言的桥梁。紧跟着便是乾隆的七十寿诞，各地督、抚、藩台入京，为乾隆敬献寿礼，和珅作为御前大臣、内务府总管大臣，又要替皇帝接受礼物等等，忙得不可开交，连自己的腿疾都抛到了脑后。

在接受各省督、抚、藩台礼物的第一天，和珅就从中看到了玄机，这些督、抚、藩台生怕自己贡献的礼物太薄，入不了皇帝的眼，又怕别人超过自己，被皇帝挑理，就私下向和珅打探别人都拿了些什么物件、价值几何。和珅故意不告诉他们，这些督、抚、藩、臬都是久经考验的官场老手，一看就明白了和珅的意图，开始往和珅的兜里塞银票。和珅现在的胆子可比以前大得多了，对大家伙儿的孝敬一概来者不拒，统统收入囊中，而且对官员上贡的宝物，挑出那些不太引人注目的东西，偷偷地藏起来一些，放在内务府库里，由自己亲自掌管。

八月十五，乾隆皇帝过了寿辰，对和珅说："和珅，这段时间为了我的寿辰，你忙得够呛，有一个多月没回家了吧？"

和珅躬身回答："启禀陛下，是一个月零二十五天。"

乾隆说："有劳爱卿了，今天是中秋佳节，你就不要待在宫中，回家陪亲人们过节去吧！"

和珅说："皇上，班禅活佛那里是不是需要过去照看一下？"

乾隆说："藏人不过中秋，何况他是当世活佛，不会在意这些俗家之礼，你只管回家过节，待节后再去代朕拜望。"

和珅答应着："嗻！"

和珅告退后，没有急于回家，而是去了内务府，把这些日子收的银票收拾收拾，塞到一个包袱里，又去库中，把自己匿下来的古玩珠宝装进一个箱子，用内务府出门买菜的马车，拉回府内。

此时，长二姑和刘全、呼什图俩人坐于屋内，他们面前堆放着一摞厚厚的账簿，呼什图念，长二姑打着算盘。和珅进屋时，长二姑正好核对完最后一页。

"二奶奶，赚了多少？"刘全瞪着一对儿斗鸡眼儿贪婪地看着算盘珠子，试图想弄清算盘上的数字，长二姑"刷"地把算盘归了零。这时和珅出现在刘全身后，用阴冷的口气说："刘全，你管得太多了吧？你是监察御史还是刑部尚书？这个是你该问的吗？"

刘全吓得"扑通"地跪在地上，磕磕巴巴地说："老爷，不该问，奴才该死，奴才该死！"

和珅把手中的包袱放到案上，坐下，揉了揉酸疼的腿问："跟老爷说，你俩这次捞了多少？"

刘全赶紧爬过来，跪在地上，一边给和珅捶腿，一边说："不瞒老爷，奴才这回赚了一万两！"

和珅看了看呼什图，问："呼什图，你呢？"

呼什图说："奴才没赚上一万，也有小八千。"

和珅问："你们知足么？"

刘全和呼什图连忙说："知足，太知足了！"

和珅勃然大怒，拍着桌子喊道："我看你们不知足，知足了怎么还问你们老爷赚多少？这是你们该问的吗？"

呼什图也吓得跪到地上，刘全一边用手扇打着自己的嘴巴，一边说："老爷，奴才错了，奴才该死，奴才以后再也不多嘴多舌了！"

长二姑在一边替刘全、呼什图求情，说："老爷，既然他们知错了，看在他们平日还算忠诚勤勉的分上，饶他们一回吧！"

和珅阴沉的脸色这才缓和下来，对刘全和呼什图说："有二夫人替你们求情，老爷我这次饶过你们，你们记住了，我是老爷，你们是奴才，奴才就要尽好奴才的本分。我让你们管家，不是让你们管账。你们应该知道什么该管什么不该管，只要你们尽心尽力，侍候好老爷一家，老爷是不会亏待你们的。"

刘全和呼什图唯唯诺诺，和珅这才说："下去吧！告诉厨子多安排几个菜，老爷今年要过个像样的中秋节。"

刘全和呼什图告退。和珅急不可耐地问长二姑："说说看，这次咱们赚了多少？"

长二姑卖个关子，对和珅说："你猜？"

第八章 帝之肱股

和珅伸出一根手指说:"我估计至少不会低于这个数!"

长二姑兴奋地在和珅脸上亲一口,说:"你猜得差不离,这回咱除去一切开销,净赚了一百三十万两零七钱。"

和珅"哈哈"地乐了,神秘地看了长二姑一眼,得意地说:"不止这些,我这里还有!"

和珅说着把手下的包袱扔给长二姑,长二姑接过来,打开包袱,看里面尽是银票,惊喜地问和珅:"这是多少?"

和珅说:"我没算,都是那些总督、巡抚、布政使给的,我估计不会少。"

长二姑拿过算盘,核计着银票上的数字,待核对完后,兴奋地告诉和珅说:"老爷,不多不少,正好是八十万两。"

和珅又指指门口的箱子,说:"那里还有!"

长二姑走过去,掀开箱子,只见里面珠光宝气、光彩照人,不由惊喜道:"老爷,这么多好东西,不知要比银子贵重多少倍呢!"

和珅用耳朵倾听了一下外面,竖起手指"嘘"了一声,小声说:"你把这些东西都藏起来吧!不要让大夫人知道,知道后她又该担心了!"

长二姑点了点头。

次日早朝过后,和珅去了西黄寺,准备拜见六世班禅,问候他一下来京后的饮食起居情况。谁知刚入大殿,西黄寺的慧果大师就告诉他,六世班禅病了,现在喇嘛们正在为他诵经祈福,不能见客。和珅听了一惊,问慧果大师:"可曾找郎中诊治?"

慧果大师告诉和珅:"班禅活佛不信汉地郎中,拒绝诊治。"

和珅急道:"活佛初来中土,水土不服,不让诊治会出大事的。"

慧果双手合十,念道:"阿弥陀佛,所谓佛法无边,一切要看佛祖旨意。"

和珅说:"这样不行,生病还须郎中医治,你照顾好活佛,我这就进宫,向皇上禀明,请皇帝他老人家降旨,派御医来为活佛治病。"

和珅说着,急忙赶回宫中,向乾隆说明活佛生病一事,乾隆口谕,令太医院所有御医火速赶往西黄寺,为活佛诊治。等和珅带众御医赶来,慧果大师面容悲凄地告诉和珅:"活佛已经圆寂。"

和珅听闻,登时瞪大了双眼,好半天没有回过神来,在他的潜意识里,

活佛不说与天同寿，起码应该比正常人寿命长些，可是活佛只活了42岁。"他连自己的性命都难以拯救，又何以拯救众生呢？看来人生无须信这信那，只有荣华富贵，才能乐此一生啊！"和珅在心中不由慨叹。

六世班禅的遗体在京火化，火化后的舍利由喇嘛运回西藏。和珅奉乾隆之命，护送班禅舍利出城，目送着身穿红衣的喇嘛们远去的背影，和珅想到了死亡的残酷，不由地打个冷颤。

寒冷的冬天来了，庄严肃穆的北京城被一场大雪覆盖，冰雕玉琢、银装素裹，犹如童话中的世界，圆拱形的城门、暗红的廊柱，与这白皑皑的大雪相得益彰、相映成趣。

和珅这几日染了风寒，不停地咳嗽流泪，还伴有阵阵的头痛，让他无法上朝议政，便只好向皇帝告假，卧病在家休息。偶尔舒适些，他找出那部苏凌阿敬献给他的《石头记》手稿来看，越看越被书中的人物所吸引，情绪随着人物的命运或喜或悲。正看到兴处，书稿却断了，和珅这才知晓，原来这本书《石头记》是件残缺的艺术品，作者没有把它写完，可能就死了，不由深深替作者感到惋惜。

"这的确是部很好的作品，如果刊印出来，必将流传于世，或许光耀千古，可惜残缺，这样的作品怎么能流传下来？看来得想办法把它补齐，再找个适当的时机进献给皇帝，只要皇帝点头，它就可以解禁了……"和珅正想着，冯霁雯端着药碗进来，婉声对和珅说："夫君，该吃药了。"

和珅接过药碗，感激地对妻子说："谢谢你，这几天让你费心了。"

冯霁雯嗔怪道："夫君说的哪里话？妾身是夫君的内人，夫君生病，照顾夫君是妾身的分内之事，何来一个谢字？"

和珅感慨道："自古梁鸿、孟光举案齐眉，相敬如宾，夫人对我，可比孟光，为夫却差梁鸿甚远，每每想来，心中甚是惭愧。"

冯霁雯道："夫君政务繁重，家事亦让夫君操心，幸有二夫人相助，否则这偌大一家，不乱才怪，倒是妾身缺少理家之能，惭愧的是妾身才对。"

和珅把药一口喝下，拉过冯霁雯的手，深情地对冯霁雯说："我什么也不要你干，你就在家待着，相夫教子，其他的事，有我、二姑，还有刘全和呼什图，咱这个家会越来越兴旺，到时候，你再给我多生几个儿子……"

第八章
帝之肱股

冯霁雯面露羞涩之色，忽然和珅转移了话题，问冯霁雯："哎，夫人，咱们的德儿呢？"

冯霁雯说："德儿和他的宜绵哥哥正在前厅里演戏呢！和琳弟、弟媳和二姑都在那里看热闹。"

和珅感兴趣地问："演的是哪一出啊？"

冯霁雯笑道："小孩子会演哪一出？还不是读书累了，和琳带他们玩玩而已！"

和珅是个戏迷，平素最爱看戏、演戏，听冯霁雯这么一说，不禁技痒，对冯霁雯说："走，咱们过去看看！"

冯霁雯关心地问："夫君，你的身体成么？"

和珅耸耸身子，说："没事了！"

夫妻二人手拉着手，走出内堂，刚转过亭廊，就听到丰绅殷德扯着尖细稚嫩的嗓子唱："你有钱可以买绸买缎，焉能买来国法？"和珅看了冯霁雯一眼，说："德儿这股劲儿像你！"

冯霁雯笑道："长得还是像你。"

二人说笑着，不知不觉到了前厅，只见和琳操着胡琴，长二姑打着牙板，吹吹打打，丰绅殷德扮作一老生，丰绅宜绵扮成一小丑，唱得正欢。

丰绅宜绵（白）："老爷呀！小人犯的不是死罪，小人有的是钱，这拿钱买刑不是正当的吗？若判我徒刑，让我从军，挣的岂不还是钱么？"

丰绅殷德（白）："胡闹，钱归钱，刑归刑，若当今天下人人像你等，哪里还有公平可言？"

和珅听着听着，不由得眯起了双眼，忽然他双目一睁，放开冯霁雯的手，扭身便走，冯霁雯问他："老爷去哪？"

和珅回答："进宫！"

第九章
巧立"罪银"

大雪初晴,旭日东升,御苑之中,玉树银箩,光华耀眼。乾隆皇帝早朝过后,带领一干臣子来到御苑中,赏雪赋诗。

由于和珅数日未朝,乾隆略显心绪不宁,总觉得身边好像缺少点什么,所以他的诗兴不高,对着这满地的苍茫,他竟词不达意地吟咏:"一片两片三四片,五片六片七八片……"再往下他吟不下去了,幸亏这时纪晓岚在场,忙给乾隆接词说:"飞入芦花都不见。"

乾隆微微一笑,说:"纪爱卿对得好,飞入芦花都不见,颇有意境,颇有意境啊!"

纪晓岚谢恩道:"谢皇上夸奖!"

众臣继续随乾隆前行,未走出几步,一个太监过来报告,说:"御前大臣、户部尚书、理藩院尚书和珅和大人求见皇上。"

乾隆一听和珅来了,立即笑逐颜开,道:"来得正好,和珅乃是我满洲才子、第一俊男,这样的场合怎能少了他呢?快让他前来见朕!"

少顷,和珅在太监的引领下,来到乾隆面前,撩起皮袍,便要下跪,乾隆连忙阻止了他,说:"爱卿病体初愈,又兼冰天雪地之中,这跪拜之礼就免了吧!"

和珅作了一揖，道："奴才谢皇上。"

乾隆指着众臣对和珅说："今日朝中无事，又逢大雪初霁，朕心甚悦，带领众卿来此踏雪赋诗，你是咱满洲人中不可多得的人才，当着诸位臣子，你赋一首如何？"

和珅道："奴才遵旨！"略一沉吟，诗篇随口而出。诗云：

瑞雪飘天外，诗情在笔端。
既能消愁闷，又可耐冬寒。
集处狐千腋，裴来贺几团。
琉璃隔世界，正是镜中看。

和珅吟毕，乾隆以指捋须，点评道："此诗虽无甚佳句，但对仗甚是工整，亦合诗韵，非杨雄、子建不能为也。"

和珅躬身道："谢皇上夸奖。"

乾隆道："诗非性情者不可得，然诗只可赏玩，不可雕琢，自古至今，凡在诗词有大成就者，多是些泛泛之辈，李煜、赵佶为之亡国，李白、杜甫为之丧命，吾朝中亦不乏有其人，整日吟哦，不思朝政，尸位素餐，寡鲜廉耻之极。"

和珅以为乾隆讽刺的是他，俊俏的小脸"唰"地红了，但见众臣对着纪晓岚讪笑，方明白皇帝说的不是自己，而是纪晓岚，这才放下心来。

乾隆又道："为人臣子，当上通天子之心，下达庶民之意。通上不达下者，谓之奸；达下而不通上者，谓之愚。朕自登基以来，能上通下达者除故臣鄂尔泰，再无此等人，可谓吾朝无名臣矣。"

众臣闻之，慌忙跪倒在地，口称："吾皇万岁，臣等愚暗，请皇上多加教诲！"

乾隆道："罢了，望尔等尽心办差，便是吾大清之福、百姓之福。今日游园到此，留和珅一人伴驾，其余人尽可归家。"

众人再拜，然后一起退下。乾隆对着天上的太阳打了两个喷嚏，腔中的秽物喷出，粘到了胡须上，和珅忙从怀里掏出手帕，替乾隆试去胡须上的秽

物,然后把手帕折叠好,又揣入怀内。乾隆目视和珅,问道:"李侍尧关押有几年了?"

和珅回答:"已五年有余。"

乾隆再无言,默默地向前走去,和珅站在原地,回味了一下刚才皇帝训斥群臣的话,顿时醒悟过来,看来皇帝想要赦免李侍尧,但苦于朝中大臣无人上书,这才对群臣发火。想明白的和珅立即快走几步,赶到乾隆前面,跪伏在雪地之上,说:"皇上,臣有本奏!"

乾隆停住:"讲!"

和珅道:"臣请赦免李侍尧!"

乾隆故作不解,道:"李侍尧贪黩巨大,按律当斩,卿为何要朕赦免李侍尧啊?"

和珅振振有词:"禀皇上,李侍尧虽身犯重罪,但其在位期间,屡立奇功,可昭日月,实我大清不可多得人才,因此臣请皇上赦免李侍尧,让其戴罪立功,效命军中,以备不时之需。"

乾隆面露笑意,对和珅说:"李侍尧案当初是你奉朕旨意查办的,查办后,朝中大臣见李侍尧大势已去,以为朕必将判其死刑,纷纷要求朕对李侍尧施以斩立决。独有你上书朕判斩监候,如今你又求朕赦免李侍尧,就不怕群臣议论你包庇李侍尧吗?"

和珅大义凛然地道:"奴才不怕,奴才为大清国保护人才,为吾皇保护人才,即使被唾液淹死,亦死得其所。"

乾隆道:"准奏,朕这就下旨,赦免李侍尧,前往军中效力。"

和珅接旨说:"陛下,臣还有一本要奏!"

乾隆颇为疑惑,问道:"还有一本?快快奏来!"

和珅说:"陛下自您登基以来,征金川、巡江南,所建的功勋前无古人、后无来者。如今天下政通人和,百姓安居乐业,各督、抚、藩、臬无不感戴您的恩德,誓死效忠皇上,然身在其位,难免会出纰漏,若依《大清律例》或斩立决,于保护人才不利,因此恳请皇上,创办议罪银,既能充盈国家府库,又能给违反律例者改过自新之机。"

乾隆正愁内务府缺钱,听和珅一说,顿时来了兴趣,对和珅说:"你平

第九章 巧立"罪银"

身吧,和朕说说这议罪银怎么个议法?"

和珅从地上起身,挥挥沾在袍子上的雪,跟在乾隆身后说:"这议罪银就是根据官员所犯错误的大小,分成几个等级,几等罪便拿多少钱来赎。"

未等和珅说完,乾隆就说:"你这个想法不错,等明日到朝堂之上,让大臣们议议。"

李侍尧自从被和珅逮回京师,就自认为必死无疑。纵观乾隆登基以来,因为贪黩之事杀了多少贪官?最为著名的有山西巡抚蒋洲、两淮盐政高恒、云南布政使钱度、江西巡抚郝硕、湖南布政使郑浣等等,自己虽是这些人中官职最大的,可也是被杀头系数最高的。在那一段时间里,李侍尧曾经后悔过,认为自己辜负了乾隆皇帝的培养,的确是死有余辜,同时,他也咒骂和珅,我李侍尧和你无冤无仇,你平白无故因何往死里整我?后来在朝廷给他议罪时,判他个斩监候,李侍尧从中看到了一线生机。再后来,他从狱卒口中得知,是和珅力排众议才没对他实施斩立决时,他对和珅的仇恨消失了,取而代之的是一份沉甸甸的感激。

这天晚上,李侍尧在狱中做了一个梦,梦中的他被刀斧手押着,走上了断头台,监斩官正是长相俊俏的和珅,他跪在地上高喊:"和大人饶命!"可是和珅还是掷下了令牌。刀斧手把他的头按在了台上,手起刀落,他的头从脖子上滚落下来,看见自己脖子里的血,利箭一样射向了天空。

"啊!"李侍尧在梦中把自己吓醒了,醒了的他看见月光从墙上方的窗户照射进来,洒在散发臭味的稻草上,一片惨白。

"这个梦似有不吉,难道自己真的要死了?我李侍尧战功赫赫,就因为这35000两银子死了?不值得,太不值得了!"李侍尧想到这里,不禁哭泣起来。

天亮了,狱卒提着净桶进来,倒走了李侍尧一天的便溺。李侍尧问狱卒:"今天几日了?"

狱卒回答:"乾隆四十五年冬月十七。"

李侍尧在嗓子里咕噜一声,想说什么,却始终没有说出来。狱卒提着净桶出去,"咣啷"一声关上狱门,又在外面上了锁。

李侍尧重新坐回床铺上,拿起自己的辫子,开始数上面的头发,一根、

两根、三根……数着数着,他就忘了,又回到梦中的情景,那一刀好狠啊!一下子就把自己的脑袋从脖子上砍了下来,回想自己当年在战场上,也曾经那样杀过人,是不是自己当年杀人太多,如今会得到这样的报应呢?

李侍尧想得乱七八糟,狱卒进来送饭他也没吃,就倚在铺上想啊想啊。临近中午,狱门"哗啦"地打开,一个太监手捧圣旨走了进来,李侍尧痛苦地闭上眼睛,心想:"看来自己昨晚的梦灵验了,自己的死期到了。"这时太监尖着嗓子叫:"圣旨下,李侍尧跪下听旨。"

李侍尧跪下,低垂着头颅说:"罪臣李侍尧听旨。"

太监念:"奉天承运,皇帝诏曰,李侍尧枉负圣恩,贪赃枉法,实罪无可恕,但朕念其任督抚期间,尚能勤于政务,为天下督抚之先,故而,免除死罪,以三品衔发配兰州,协办军务,钦此!"

李侍尧在这一刻眼泪又流了出来,这是惊喜的眼泪、死里逃生的眼泪。他跪伏于地,双手接过圣旨,向天大号:"皇上,奴才李侍尧感谢您不杀之恩,罪臣将戴罪立功,誓死效忠我大清啊!"

李侍尧号完,跟跄着站起身子,向监狱门走去,这时,宣旨的太监也跟了出来,附在李侍尧耳朵上说:"李大人,您不仅要感激当今圣上,还要感激和珅和大人!"

李侍尧听了一愣,问太监:"你说什么?和珅和大人?"

太监小声说:"李大人,您是有所不知,今天早上皇上在后花园赏雪,忽然想起了您,是和珅和大人替您求情,皇上这才答应赦免你。"

李侍尧听了,半天没有反应,这一切太出人意料了。按常理说,和珅把他从云贵总督的位置上拉下来,一定会拼命地在皇帝面前攻讦李侍尧,让他命丧黄泉,这样才能铲除后患!可是和珅非但没有这样做,还两次救自己,这个和珅到底是个什么人呢?难道他真的是铁面无私、秉公执法的包青天?我大清朝中还会出现这样的人物么?不管有还是没有,他毕竟是救了自己,那便是自己的恩人了。想到此处,李侍尧向太监施以一揖,道:"烦劳公公代禀和珅和大人,容卑职归家换洗,再到他宅上拜谢。"

太监把李侍尧的话转给了和珅,和珅从怀里掏出一个五两重的元宝递给他,说:"谢谢你,小兄弟,以后还要给你添麻烦。"太监连忙说:"和大人说

第九章 巧立"罪银"

哪里话,大人管内务府,以后还要请大人多多照应。"

看到这处,有人就不明白了,和珅不是一向很抠门么?怎么对一个小太监竟这么客气?这你就有所不知,和珅的抠门是真的,但看对象。如果是他家的奴仆、下人,和珅对这些人是真抠,可是面对皇宫里的太监、宫女,或是同僚、下属,他一点也不抠门,经常给他们一些好处,因此在吏部考核中,和珅年年以勤慎获优,交部议叙。

刚才那名小太监,就是和珅有意安排的,让他把话透给李侍尧,目的不是为了要从李侍尧身上捞取什么好处,再说李侍尧混到这个分上,家被抄了,一些房产也充了公,还有什么好处可捞?和珅让小太监把话传递给李侍尧的目的,是想让李侍尧知道,你李侍尧当初是我抓的不假,但那是皇上的旨意,现在我在皇上面前为你求情,把你放了出来,这说明什么?说明我和珅有这样的实力和能力,你感不感激我是小事,至少你别恨我,我和珅可不想在朝中树立什么政敌。

再说李侍尧回到家,看门庭冷落,仆人散去大半,就连自己平时宠爱的几个小妾也都溜了,只剩下两鬓斑白的老妻和几个迈不动步的奴仆,不由悲从中来,抱着老婆号啕不已,几个老奴也在一旁垂泪。

哭泣良久,李侍尧止住了悲声,用手抠开了地上的方砖,从里面拿出一个锦盒。盒里装一颗珍珠,足有鸽卵大小,乃是世间难得一见的宝物。这颗珍珠是他任两广总督时,一个叫作石远梅的进贡给他的,当时他想把它进献给乾隆皇上,但是想来想去,还是没舍得,于是藏在了北京的家中,作为镇宅之宝。

看自己家中藏有如此稀世之物,李侍尧的老妻大惊道:"你何时把这东西藏于家中,若是让当今圣上知道,你岂能活命?"

李侍尧凄惨地一笑,说:"是,它本就不该属于我,现在好了,我给他找了个新主人。"

李妻疑问:"你要把它献给皇上?"

李侍尧摇摇头,说:"他不是皇上,但也是一人之下。"

李侍尧说完,叫老仆给他烧水,开始沐浴更衣。一番梳洗过后,他端上那个锦盒,直奔和珅宅上。

和珅早已料到李侍尧会来，但是他没有想到穷困潦倒的李侍尧会给他带来如此稀罕的一件宝贝。他把那颗大珍珠擎在鼻子尖上，眯着眼睛细细打量着，在心里发出赞叹："宝贝！真是个宝贝呀，！它居然比当今皇上头顶戴的那颗珍珠还大！"

李侍尧站在和珅身边，目睹着他一番痴迷的样子，心想："和珅啊和珅，我当初见到这颗珠子时何尝不是和你一样？我的今天也许就是你的明天。"但是他没有把这番话说出来，他想让和珅将来重复他的路，势必会推波助澜，把他引得更远。

"和大人，如果您喜欢珠子的话，我有一个朋友，他是专门经营珍珠的，常从暹罗、交趾带回一些上等品质的珍珠，其人为人豪爽、仗义疏财，这颗珠子就是他从暹罗购回来的，给了下官。"李侍尧说。

和珅把珠子放回锦盒中，说："那好哇！鄙人最爱交朋友，请说说他叫什么名字？"

李侍尧说："他叫石远梅，家住浙江，是当地数一数二的商家，如果和大人想见他，下官这就给他写信，让他即刻到京城里来，拜会和大人。"

和珅说："好，既是李兄引见的人，必是人中龙凤，我期待他便是。"

李侍尧告别和珅，从和珅宅邸出来，已近黄昏。李侍尧回首望了一眼和珅家的门楼，上面的两盏灯笼正在随风摇曳，李侍尧在心里念叨："李侍尧啊李侍尧，你把这东西给了和珅，你这到底是报恩还是报仇呢？"

第二日早朝，乾隆把昨天和珅提出的议罪银一事拿到朝议上，让大臣们发表意见。武英殿大学士、首席军机大臣阿桂第一个站出来反对。阿桂，字广廷，章佳氏，满洲正白旗人，其生于康熙五十六年，小乾隆六岁，乾隆初年中举，曾三次平定准噶尔部大小和卓叛乱，定金州、征缅甸，绘像紫光阁，是乾隆所倚重的重臣。阿桂说："皇上，这议罪银亘古未有，闻所未闻，若以银可以买罪，必使官吏大肆搜刮民脂民膏，渎职贪腐，祸国殃民，臣恳请圣上将提出此策的和珅下狱，追究其惑乱君主视听之罪。"

阿桂话音一落，那边闪出冯英廉。冯英廉此时已老迈苍苍，但耳不聋眼不花，说话声音仍如洪钟大吕，振聋发聩。冯英廉道："陛下，老臣以为这议罪银可行，阿桂认为不可行之处，是因其对此理解偏误，首先这议罪银非是买罪银,何为议罪?即是在《大清律例》的前提下,对官员所犯罪行进行评议,该斩则斩,该杀则杀,然后方是拿银问题;其次,令犯官交议罪银,可以震慑那些贪腐之徒,令其倾其所有,不敢再犯。"

乾隆未动声色,问:"其他大臣可有异议?"

军机大臣王杰、御史钱沣均上前奏道:"臣附议阿桂意见,议罪银不可实施。"

尚书桂林、侍郎杨魁、福长安等皆附议冯英廉,一时间朝堂之上文武大臣分成两派,交头接耳,争论声喋喋不休,把个庄严的大殿弄得有如菜市场般热闹。

乾隆坐在龙椅上,微闭着双眼,像是倾听着群臣的辩论,其实在他的心中,早已经有了定论。如今大清国外表繁荣兴盛,其实国库所存银两不过两千余万,不及他登基时的三分之一,倘若有战事发生,这些银两未必能足,更有甚者,专供皇宫内苑开支的内务府更是资金缺失、捉襟见肘,让性喜奢华铺张的乾隆帝感觉囊中羞报,难以释怀。昨日和珅一说出这个议题,他立即就认定了这是个绝妙的好招,只不过为了让大臣心服口服,不给日后落下个独断专行的名声,他虚晃一枪罢了。

"嗯、嗯——"乾隆清了清嗓子,刚才还聒噪的大臣们立即变成了哑巴,整个大殿上鸦雀无声。乾隆以一双冷峻的眼神逡巡了一下大臣们,开口道,"朕为何要将此议拿于朝堂,是以督、抚等禄入丰腴,而所获之咎,尚非法所难容,是可,适量议罪,用示薄惩,因何不可施为?朕准奏,所收议罪之银,皆归内务府,由和珅统管。"

乾隆说完,朝堂上再也无人反对,阿桂、钱沣皆垂首站立,而和珅、桂林等皆得意扬扬,福长安甚至还向和珅做个鬼脸,从袖中伸出一根大拇指以庆胜利。

议罪银制度刚刚颁布,就得到各省督、抚的一致响应。苏州织造全德第一个跳出来,来支持此项决议,他拿出白银二万八千七百两交到内务府,以备将来犯错议罪之用。河南巡抚玉宝更是出手不凡,拿出白银十一万两,其他有先见之明者纷纷效仿,一时间,往内务府押送议罪银的车辆不绝于路,内务府库迅速仓满廪实。和珅把战绩上报给乾隆,乾隆表面没有说什么,内

心却是暗暗高兴，开始筹划如何使用这些银子，让自己的晚年生活更加丰富多彩。

乾隆四十六年（1781年）正月，甘肃循化厅因为宗教问题，爆发了撒哈拉族群众反清起义。

起义的起因表面上看是教派之争，实则是撒哈拉族下层民众反对清政府对他们的压迫所致。满清入关以来，为了加强对甘肃循化地区撒哈拉族和回族的统治，在撒哈拉族聚居点草滩坝设立循化营，由称为"尕最"的总掌教作为最高的宗教领袖。乾隆中叶，撒哈拉地区的经济虽得到发展，但各级掌教对撒哈拉族下层民众盘剥得甚是严酷，民众生活处境日益恶化。为了反对"尕最"创立的天课制度，安定回民马明心在撒哈拉族聚居民区创新教，新教不仅反对老教"尕最"的盘剥，还对贫困教徒有所周济，于是信徒日众，时间不长，迅速遍及甘肃省奉兰、狄道、河州、巩昌、安定、会宁、金县、渭源、泰州、固原、西宁、平源、灵州、伏羌、凉州、肃州、盐茶厅等数十州县内，教徒数量大大超过了老教。

新教的传播，引起了拥有门宦特权的老教"尕最"的不满和恐慌，他们借助官府的力量将新教首领马明心驱逐出循化，马明心的忠实信徒贺麻呼等人所建筑的三所新教礼拜寺也被官府封闭。新教信徒们忍无可忍，在回民苏四十三的领导下于乾隆三十六年正月起义。义军千余人攻入清水的河东老教区，杀死老教头目。陕甘总督勒尔谨闻知苏四十三率众起义后，立即将新教首领马明心及其女婿逮捕，囚禁于兰州监狱，同时派出兰州知府杨士玑、河州协副将新柱率兵前往镇压。三月十八日，苏四十三派手下伪装成老教徒前去迎接新柱，新柱未辨真伪，对他们说："新教若不遵法，我当为老教做主，尽洗之。"当天夜晚，苏四十三率领一千多人偷袭在白庄宿营的清军，把河州协副将新柱、外委刘汉时全部杀死。次日凌晨，起义军又猛扑起台堡，击毙兰州知府杨士玑、守备徐彦登、外委陈代得、土司赵成璘等。三月二十一日，起义军乘胜攻占河州，兵锋直指西北军事重镇兰州。陕西总督勒尔谨十分恐慌，他亲自率兵把守狄道州，并向乾隆告急，请求调兵增援。乾隆立即命令西安提督马彪带领二千人，西安将军伍弥泰、宁夏将军莽古来各率满洲八旗军一千人就近驻援。

第九章
巧立"罪银"

精通军事的乾隆知道，凭借勒尔谨、马彪这些酒囊饭袋扑不灭义军的熊熊烈火，可是朝中最能征善战的阿桂被他派往河南视察黄河凌汛，福康安远在云贵，海兰察则在四川，除此三人再无可以一箭定乾坤的勇将。情急之下的乾隆，不顾自己71岁高龄，准备亲披铠甲，西出阳关，御驾亲征。

听说皇帝不顾老迈，欲赴战场，亲冒矢石，朝中众大臣纷纷跪伏于御驾前，劝阻皇帝不要亲自征战，身为御前大臣的和珅更是力谏乾隆："想那苏四十三不过山野村夫，啸聚教匪，亦是乌合之众，大军到日，定会土崩瓦解，何劳陛下屈尊亲征？"

乾隆忧虑地说："朕已派使调阿桂、海兰察入甘，但等候信使定会耽搁时日，吾军无帅，众将无人调拨，各自为政，恐被贼人攻破。"

和珅一听就明白了，原来乾隆是为统帅的问题才要御驾亲征的，顿时从心底升起一股豪气，心想：我和珅出身于军人世家，祖宗几代都立有军功，成为一名军人建功立业是我一生的一大梦想，前番想去云贵当总督没有实现。此次我若担任此任，既可解皇帝他老人家之忧，又能成就我上阵杀敌的梦想，凭我的能力，一定能够打败那些反贼，功成之日，我就会成为朝中的第二个阿桂，皇帝会更加倚重我和珅，朝中的大臣会更加对我刮目相看。

和珅想到这里，再次跪伏于地，朗声对乾隆说："微臣愿为统帅，代皇帝出征西北，不荡平贼寇，誓不返朝。"

乾隆沉吟一下，心想："和珅处理政务得心应手，甚合我意，让他统兵打仗，能行吗？可是他不行，自己又能派何人前往呢？既然他要求去，就给他一次机会！也许他是个全才，既擅长政治，又会统兵，那我大清国岂不又多了一个栋梁？何况他又是自己的亲家、身边的宠臣，他若能建立军功也是给自己脸上贴金，再说，就算他没有军事能力，等他到日，阿桂和海兰察也会赶到，即便有损失也不会很大。于是乾隆皇帝准奏，命和珅为钦差大臣，赴西北镇压苏四十三起义。

得到皇帝允许的和珅心花怒放，他回到家中，收拾了一下行囊，率八旗兵丁开赴西北前线，一路上穿关过隘，和珅在心里大段大段地默诵着《孙子兵法》，踌躇满志，认为自己此行必将一战而胜，名垂青史。

第十章
疆场失意

在和珅率兵前往甘肃的途中,苏四十三带领三千义军紧急进攻兰州城。起义军行至洮河西岸,渡船全被清军烧毁,济桥、唐家川等六处新教徒及时赶来,扎木为筏,帮助起义军渡过洮河抵达兰州城西关。西关守将清都司王宗龙率兵抵抗不敌,王宗龙及手下三百士兵被杀。起义军攻破西关,直抵兰州城下,竖起云梯攻城,甘肃布政使王廷赞派人从狱中提出新教教主马明心,以此要挟起义军撤退。

苏四十三见教主被缚于城上,暂令手下士兵停止攻城,并向王廷赞喊话,要求他们释放教主,自己甘愿撤退。谁知马明心早已将自己生死置之度外,对苏四十三及起义军喊道:"清妖助纣为虐,已不得人心,尔等既反,就要坚决反抗到底,勿为我一人之生,而负众人之死!"

苏四十三见教主慷慨赴死,便号令手下人继续攻城,王廷赞见势不妙,怕城破被起义军救出马明心,就在城头上杀了马明心。起义军更是义愤填膺,人人奋勇,前仆后继,潮水一样向城上扑来,眼看兰州城即将被攻破。

千钧一发之际,一队人马出现在苏四十三队伍左翼。这支队伍盔甲鲜明、队容整齐,人人骑着高头骏马,背负弓弩,手执弯刀。为首一将,生得细眼阔口,手挺一杆铁枪,望见苏四十三队伍,他大吼一声,率众冲杀至起

第十章
疆场失意

义军队伍中，左冲右突，便有十几名起义军被其撅倒，其手下士兵也是作战勇猛，以一当十，起义军一方渐渐不敌，溃败出城，撤入八蜡庙、雷坛一带，掘壕固守。

击溃苏四十三队伍的这名将领叫海兰察，索伦人，多拉尔氏，他出生于黑龙江济沁阿巴（满语，围猎场），是乾隆朝最擅长打仗的猛将。乾隆二十年，他以索伦马甲参加平准噶尔之役，单身一人穷追叛军头目辉特部首领台吉巴雅尔，在塔尔巴哈台山将其射落马生擒，获"额尔克巴图鲁"称号。乾隆三十年，清军出征缅甸，海兰察所部为全军先锋，途中遇缅军，他一人射死敌三人，生擒七人。乾隆三十六年，开始金川战役，海兰察每攻必克，超逸出群，被乾隆封为一等超勇侯，领侍卫内大臣。

海兰察击退苏四十三后，未进入兰州城，而将队伍围包在八蜡庙、雷坛一带，与起义军队伍成对垒之势，然后等朝廷派出的大军到来。未过一日，和珅带领的军队便到了，当和珅听到海兰察击退起义军时，他心中那个完美的军功梦瞬间被击碎了一半，"海兰察这小子的运气咋就这么好呢？被他抢了头功，这个功劳应该是自己的，海兰察未等我这个钦差大臣到来，就冒昧出击，这不是藐视我么？"和珅想到这，心中生出几分恨意，他非但没有褒奖海兰察，反倒指责海兰察说："汝未查清反贼虚实，就率军冒进，彻底打乱了我欲于兰州一举聚歼反贼的计划，实在不该！"

海兰察内心虽然感到委屈，但碍于和珅是皇帝派来的钦差大臣，又是皇帝身边的新贵红人，便没有反驳。

此时和珅心中还有一个担忧，那就是阿桂不日将至。阿桂是朝中的首辅，不仅位高权重，而且长于用兵，如果等他到了，自己的指挥权就会落入他手，那样一来，自己的军功梦必然会彻底破灭，"不行，我必须趁阿桂没有到来之前，消灭这些反贼，千万不能把这个机会留给阿桂，让他永远地凌驾于自己之上。"

下定决心的和珅很快拿出了他人生中的第一次用兵计划，他命令海兰察一路从山梁进剿，额森特一路于山丫口处斜扑起义军营地，提督仁和一路直扑八蜡庙，他本人与西安将军伍弥泰由龙尾山梁策应，限众将领于一日之内必须涤清起义军。

海兰察所部皆是身经百战的索伦骠骑，得到和珅的命令后，立即向起义军所据守的山梁发起猛攻，很快起义军便招架不住，队伍开始溃散。站在山下督战的和珅一看大喜过望，认为义军不堪一击，自己的军功唾手可得，完全忘记了所承担的策应任务，下令手下军队向起义军发起猛攻，起义军凭借事先挖掘好的数丈深的堑壕，抵抗清军。战斗中总兵图钦保身先士卒，企图带士兵越过堑壕，与起义军短兵相接，被结果义军射杀，其部属只好全面撤退，其他几路清军亦是难逾堑壕之险，只能立于堑壕边，望"壕"兴叹。

在此之即，和珅再度发布强攻的命令，立即被海兰察否决，海兰察说："和大人，反贼据守龙尾山，四周皆有堑壕，深得数丈，我军人马皆不得过，若再强攻，徒伤人命。"

西安将军伍弥泰等人也赞同海兰察的说法，纷纷劝阻和珅说："和大人，依此前之状况，的确强攻不得！"

和珅不甘心军功让后来的阿桂夺走，便说："我等伐木为桥，可逾越贼兵的堑壕。"

海兰察道："伐木为桥未尝不可，然贼兵被围在龙尾山上，根本不须发兵，只消困他个一月两月，待其粮米耗尽，自当出来投降，何苦以身犯险，再伤士兵性命？"

众将领皆认为海兰察说得有道理，纷纷附和，和珅见一计未成，又生一计，说："若我等效仿诸葛孔明，以火烧龙尾山如何？"

众将脸上皆显出鄙夷之色，不以言语作答，和珅见众将皆有藐视自己之意，拂袖而走。未三日，阿桂带乾隆所赐的尚方宝剑来到军前，向和珅询问起打败仗的原因，和珅心中本来就比较排斥阿桂，闻之询问，不由悻悻地说："是海兰察等将领不听调遣，方有今日之败。"

阿桂冷冷地说："你是皇上派来的钦差大臣，代表皇上亲临，哪个将领不听调遣，该斩其头。"

次日阿桂升帐，和珅与海兰察等俱到帐中，阿桂说："上赐尚方宝剑，令我来此剿贼，我看贼人虽众，然而其踞在龙尾山，已如强弩之末，我军无须强攻，只消围困，不出数月，其兵必败。"

众将领皆面现喜色，齐声说："首辅言之有理，卑将愿听首辅调遣。"

第十章 疆场失意

阿桂接着发布命令："海兰察率领本部人马,据守龙尾山东侧,贼匪不越过堑壕便罢,若来越壕,须用力冲杀,勿使一人漏网。"

海兰察答应着："得令!"

阿桂继续下令："伍弥泰听令。"

伍弥泰也答应着："末将在!"

阿桂说:"你带领本部人马,埋伏在龙尾山南侧,彻底切断贼寇与新教徒的一切联系,使其无法补给,若其越壕,方可迎战!"

伍弥泰:"嗻!"

和珅见诸将在阿桂面前,一个个乖巧得像只绵羊,回想起自己对他们发号施令时,一个个桀骜不驯的样子,一股怒火从心头"腾"地燃烧起来。

将领们一个个得令而出,军帐中只剩下阿桂和和珅两个人,阿桂手握尚方宝剑,目对和珅,冷冷地说:"我怎么未见傲慢之人?今圣上赐我的尚方宝剑,真不知该取何人项上之头?"

阿桂这一席话让和珅后背陡起一股凉风,英俊的小脸吓得煞白,深知军中无戏言,倘若阿桂真杀了自己,那自己也无处诉冤。

阿桂的战术从根本上扼制住了起义军发展的势头,他们被困在龙尾山内,很快粮草消耗殆尽。面对前线不断传来的有利于清军方面的消息,和珅如坐针毡,日夜盼望着京城方面有圣旨传来,把自己调回京中。他在焦急与渴望中等了足足半个月,乾隆终于传来圣旨,命阿桂留在军中,全面负责进剿起义军事宜,令和珅回京。

行在回京的路上,和珅仰望着从头顶上飞过的一群群鸿雁,心中颇不是滋味,遥想自己当年的祖先,跟随多尔衮入关,南征北战,东讨西杀,为钮祜禄氏家族赢得了无上荣光,可是轮到自己,非但没有战胜敌人,反倒吃了败仗,实在是太辱没了祖先的名头。难道我和珅根本就不是个将才?还是上天作祟不给我这样的机会?和珅在心里思索着,开始为自己的前途命运和家族的前途命运进行了新一轮的思考。

"这次战败,皇上会不会因此责备我、疏远我?估计不会,我毕竟为他办过那么多差、管过那么多事,是他的左右手。他轻易不会那么做,更何况我还是他的儿女亲家,但是毕竟自己战败了,这个耻辱将会伴随着自己的终

生，甚至会被写入史书里，怎样才能雪掉这个耻辱？依靠自己？皇上还会给自己这样的机会吗？恐怕不能，那么只有依靠和琳，把他锻造成一员武将，让他建立军功，那样流淌在钮祜禄氏血脉里的英雄气概才不会被改写，自己的英雄情结也有了寄托。"想到这里，和珅那颗灰暗的心才逐渐明朗，他从马背上挺直了腰，策马奔驰起来。

五月，和珅回到了京城，正如预料的那样，乾隆一没有责备他，二没有疏远他。和珅把此次赴甘肃的经历写出奏折，呈报给乾隆皇帝，其中陈述出多项弊政，如新教徒以打牲为业，本有火药鸟枪，至攻破河州，所抢火药甚多，增强了贼兵的战斗力；如陕西毗连四省，形势最为扼要，而现在西安驻防满兵太少，空闲兵房甚多，若添拨驻防兵数千，也容易安插等等。

乾隆对和珅所奏之事，一一批准，和珅心下甚慰。这日，和珅正在内务府库中清点近期督、抚们缴纳的议罪银时，有差人田四来报，说："和大人，有个浙江来的石远梅求见大人！"说着田四递上拜帖。和珅见拜贴上镂金嵌玉，知此人必是个富家，便对田四说："让他在外稍候片刻，本大人验过库银便去。"

田四下去，和珅迟疑地自言自语："石远梅？难道是李侍尧给我介绍的那个石远梅？这么快就到京了？"

和珅打开拜帖，伸手一摸，感觉软绵绵的，不似平时的硬贴纸，掏出一看，竟然是一张十万两的银票。和珅心想："看来此人必是李侍尧所说的那个石远梅，他出手如此阔绰，一定是有求于我。"于是和珅把这十万两银票收入怀中，关上内务府库大门，出库来见石远梅。

站在宫门外的石远梅是个小个子，薄薄的上唇布着一层油亮的小黑胡，一双明亮的大眼睛熠熠生辉，穿着一身考究的湖锦，胸前绣着一朵大大的牡丹花，颇有几分江南士子的风度。见和珅从内务府款步而出，石远梅一揖倒地，操着浓重的浙江口音说："江南石远梅拜见和珅和大人。"

和珅怀里揣了人家十万两银票，自然不能怠慢人家，忙还礼道："远梅兄远道而来，小弟公务繁忙，未曾远迎，远梅兄万勿见怪。"

石远梅受宠若惊道："岂敢，岂敢！"

二人寒暄了几句后，和珅对石远梅小声说："此处人多眼杂，远梅兄不妨和小弟到舍下，你我一叙衷肠。"

石远梅道："如此劳烦大人！"然后，石远梅乘轿和和珅来到和珅家中，家人奉上茶来，和珅这才问起石远梅的底细："闻李侍尧李大人言，远梅兄是做珍珠生意的？"

石远梅答："正是，小弟自幼便随同家父在江浙、海南一带做珍珠生意，如今已有二十余年矣！"

和珅问："远梅兄的珍珠都销往何处？"

石远梅答："不瞒大人，小弟的珍珠皆是上品，除销往当地的巨商富贾，其他的官员绅士之家也有从我这里买的。"

和珅又问："可曾销往宫中？"

石远梅答："未曾直接销得，因家在南地，与朝中大员不甚熟悉，因此这中间的利润多让他人赚了去。"

和珅笑道："从今以后，远梅兄你的珍珠，可直接由我销往内务府！"

石远梅一听，立即起身，再施一揖与和珅，谢道："如此劳烦大人，小人定将其间利润如数奉献给您！"

和珅笑道："那便如此敲定？"

石远梅道："敲定！敲定！"

二人商定后，和珅欲留石远梅在家中就餐，石远梅说："我已在鸿宾楼订得一桌酒席，专候大人前往，不知大人是否赏光？"和珅欣然受邀："兄台邀请，小弟焉有不往之理？容弟换身衣裳，即随兄前往！"

和珅说着进入内室，从怀中掏出那十万两银票交给长二姑，说："把所有银票兑换成银子，银子总比银票妥帖些！"

长二姑说："老爷，妾身早想过个问题，可是咱家的银子实在太多，房子又小，哪里放得下这许多银两？"

和珅思考了一下，说："也是，看来我哪天得向皇帝他老人家要块地，重起一座宅院，否则公主进门，咱这小院连个花园也没有，如何能让公主住得舒心？"

和珅一边说着，一边叫丫鬟也给他找出一件湖锦织就的衣裳，与石远梅穿的那件相差无几，然后和石远梅手拉手，出了自家，向鸿宾楼走去，路上

行人乍一见二人,都在内心赞叹:"好一对美男子也!"

石远梅带着和珅来到鸿宾楼,进入"天"字号包间,二人落座,石远梅说:"大人,咱们是否叫个姑娘来?为咱们唱个小曲助兴?"

和珅说:"量这酒楼之内,也不会有什么佳人,不如唤几个朋友过来,把酒言欢,岂不更妙?"

石远梅:"全凭大人安排!"

和珅便叫跟随来的家人请来福长安和苏凌阿,介绍给石远梅说:"这是工部右侍郎福长安福大人,这位是江西广饶九南道道台苏凌阿苏大人。"

石远梅给福长安和苏凌阿施礼,道:"江南石远梅见过二位大人。"

福长安和苏凌阿俱各还礼,这时石远梅从怀里掏出两把珍珠,献与福长安与苏凌阿,道:"小人初见二位大人,无物以奉,这有几颗上等的珠子,权当见面礼,望二位大人笑纳。"

福长安接过珍珠,看也未看便揣入怀内。那苏凌阿却未敢接,一个劲地用眼睛瞟着和珅,和珅作大气状,对苏凌阿说:"远梅兄是我的朋友,也是大家的朋友,既是朋友相赠,有何客气?倒显得生分了!"

苏凌阿这才敢接过石远梅所赠的珍珠,哆哆嗦嗦地放入怀里,不晓有一粒珠子从苏凌阿的指缝中滑落到地面上,"滴溜溜"地滚到桌子底下。苏凌阿慌忙躬下身子去桌子底下捡,屁股撅得老高,和珅趁势在苏凌阿的屁股上踹了一脚,苏凌阿"吭哧"一声,匍匐于地,和珅与福长安俱大笑不止。

少顷,店小二端上酒菜,当真是山中走兽云中雁,河里王八海里鲜,应有尽有,四人端起杯来,开怀畅饮起来。酒过三巡,和珅道:"朋友相聚,对酒当歌。我等何不歌唱一曲?以助酒兴!"

其他三人皆抚掌叫好,石远梅说:"我来自南地,先唱一首吴越间的小曲,抛砖引玉,如何?"

和珅道:"我等祖先俱皆来自于关外,所歌者尽是大漠长风,正想听听江南小调,远梅兄快请!"

石远梅清清嗓子唱道:"石狮子,我与你空成一对儿,我看你,你看我,好不孤凄,我两人都是石心石意,远又不多远,怎能勾作一堆儿,分隔在东西里,空自看上了你。"

第十章
疆场失意

石远梅唱罢，和珅举杯道："妙！好一个石心石意，甚妙，咱们干了此杯。"

众人喝下，和珅时福长安说："福大人，这一桌子数你年庚最小，你当给大家唱一个。"

福长安摇头说："我不会，要是让我喝酒行，歌我不会唱！"

和珅嗔道："你自小在宫廷里长大，不会唱歌，哪个信？"接着和珅对石远梅说，"福大人与福康安福大帅都是当今圣上的内侄，从小就在皇宫里长大，他说他不会唱歌，哪个会信？"

石远梅不禁对福长安肃然起敬，道："如此，尚请福大人唱一首。"

福长安端起酒杯，说："莫如这般，你们唱歌，我喝酒，哪个唱一首歌，我便喝一杯酒，这样也算公平吧？！"

和珅鼓掌："公平，公平！只是你不许耍赖！"

福长安指着桌上的一盘甲鱼说："谁要耍赖谁就是这个！"然后把杯中之酒一饮而尽。

看福长安饮过，和珅把脸转向苏凌阿，说："长安老弟把酒喝了，这里数你年长，该你唱了！"

苏凌阿说："好，我唱。"

苏凌阿站起身来，用满语唱道："悠悠着，悠悠着，狼来了，狼来了，马猴子跳过墙来了，宝贝宝贝怕不怕？闭上眼睛别哭了，把卜着，悠悠着，悠悠着，狼走了，虎走了，马猴跳过墙跑了，宝贝宝贝别害怕，额娘抱着你睡觉，把卜着。"

苏凌阿一曲唱毕，石远梅懵懵懂懂，和珅与福长安俩人笑得直不起腰，和珅以箸指着苏凌阿，上气不接下气地说："你呀！你呀！老大一把年纪，都快当爷爷了，还唱这歌？"

苏凌阿脸上现出尴尬之色，石远梅不解地问和珅："苏大人到底唱的是什么曲子？让二位笑成了这样？"

和珅故作高深地说："他唱的这首曲子可谓经典，凡是满洲人，无论男女老幼，就包括当今圣上他老人家都曾听过！"

石远梅更加不解："哦？还有这样的曲子，有劳苏兄用汉语给我唱一遍

可否？"

和珅对苏凌阿说："既然远梅兄对这曲子如此感兴趣，老苏就再用汉语来一遍，也让我和长安重温一下童年的梦境。"

苏凌阿只好硬起头皮，用汉语又唱了一遍，石远梅说："我听出来了，原来苏兄唱的是满洲的摇篮曲，好听好听！"

和珅说："你们大家都唱完了，轮到我，我给远梅兄唱一首我个人写的诗，是随皇帝他老人家木兰秋猎时写的，我个人谱的曲，名叫《秋弥歌》，请各位指正！"

接下和珅唱道：

木兰较猎乘秋令，平野合围呦鹿竞。
霜叶平铺青嶂红，角弓晓挟寒风劲。
图来制匣宝装成，贮就天章玉彩莹。
文修武备双含美，犹日孜孜体健行。

和珅唱毕，三人鼓掌欢呼："好诗！好曲！"和珅道："此是祝奉当今圣上他老人家的，来，咱们为皇上他老人家文治武功干杯！为他老人家长命百岁干杯！"

四个人共同举起杯来，将杯中酒一饮而尽。这时石远梅从怀中掏出一个锦囊，拉开囊口的绒绳，将囊内的东西倒进和珅、福长安、苏凌阿面前的碟子里，那一撮青里泛白的粉末，颗颗晶莹剔透。和珅问石远梅："此是何物？"

石远梅道："此是南海深处所产的珍珠，用玉杵、玉臼研磨而成！"

和珅不无惋惜地说："好好的珠子，研成细末，岂不可惜？"

石远梅道："和大人有所不知，此珠有明目健脑之功效，日食一颗珠子粉，可让您目光如炬、心窍开通，实为养生之不二佳品。"

和珅顿有所悟，对石远梅说："难怪我看兄台双目炯炯，气色犹佳，想必是食用此物所致。"

石远梅说："正是如此，在下才十日服一颗，犹是如此，和大人日后当

第十章
疆场失意

日服一粒，必有奇效！"

和珅戏道："那就看远梅兄给我供应多少喽？若是少来少去，我岂舍得将其研碎？化为粪土？"

石远梅道："区区几粒珠子，有何舍不得？和大人只管服用，别说每日一颗，就是每日十颗，远梅亦供应得起！"

这一席酒喝完，第二日和珅便将石远梅带来的五斛珍珠以五十万两纹银的价格收入内务府，留待后宫佳丽及皇帝赏赐所用。石远梅走时，又将十万两银票塞入和珅手中，作为第一笔生意的分红。

阿桂在前线采取围而不攻的战略战术，静待起义军内需耗尽。时隔不久，起义军已将山中的鸟兽吃尽，眼看即将饿死，苏四十三振臂高喊："清妖欲困死我等，我们不能坐以待毙，今天即使我们全部战死，也要给清妖重重一击。"

于是，三千儿郎在苏四十三的带领下冲过堑壕，杀进清军阵地，与清军短兵相接，霎时间血肉横飞。起义军虽然拼死相搏，奈何清军兵力十倍于起义军，很快战场上的形势就清晰可辨，身穿杂色服装的起义军渐渐稀少，身穿兵勇服装的清军以数人攻一，最后，包括苏四十三在内的三千起义军全部战死，战场上满是清军胜利的呼欢声。

阿桂胜利的消息以八百里加急传至北京，年逾七旬的乾隆皇帝没有反思这场战争的起因，而是在内心中，在人生的功劳簿上再为自己添上浓重的一笔，他不无得意地问站在身边的和珅："卿以为此次剿贼，谁的功劳最大？"

和珅心里明白，皇帝要的是什么，他忙躬身说："功劳最大的当属皇上，没有您的运筹帷幄、鼎力支持，前方将士焉能取胜？"

乾隆微笑着点点头，脸上显出得意之色，少顷，乾隆又深深地说："阿桂与海兰察等亦功不可没，当再为他们绘像紫光阁，以昭后世。"

和珅心里对阿桂是又惮又恨，但是他知道凭自己目前的实力是无法与阿桂相抗衡的，便对皇帝说："阿桂相爷该绘像，可臣听说海兰察在前线收受他人所贿皮张，若奖赏他，恐有人不服！"

乾隆闻之，精亮的小眼睛瞬间闪过一丝愤怒，声色俱厉地问和珅："何人不服？是你么？海兰察在前线收受皮张，乃是为将士御夜间之寒，如此体

恤下属，有何不妥？"

和珅顿时吓得跪倒在地，连连叩道说："臣不敢，臣不敢！"

看和珅如此诚惶诚恐，乾隆的脸色这才缓和起来，说："朕累了一天，想休息了，你跪安吧！"

和珅从乾隆身边退了出来，到了外面，用手一摸，脸上全是汗水，他在心里暗骂自己："和珅啊和珅，枉你平时那么聪明，怎么今天就犯蠢了呢？海兰察他在战场上立了战功，连皇帝他老人家都夸奖他了，你否定他的军功不就等于否决皇上么？就是你的心里再恨海兰察，也不该如此地不看时机呀？皇上斥责你，是给你面子，这要换成其他大臣，不把你打入大牢，判个秋后处斩才怪！人都言伴君如伴虎，此言一点也不假呀！皇帝他这把年纪还能保持如此清晰的思维，实在是不可小觑，以后在他身边，一言一行更须谨慎，莫要因此引来祸端。"

和珅离开后，乾隆也在思考着："这个年轻人处理政务的确是把好手，各项差事办得井井有条，丝毫不让自己操心，但是他不该当自己的面说海兰察的坏话，海兰察立下那么多的战功，是谁想否决就否决得了的吗？朕不能，别人更是不可以，今天如果不是和珅，换成另外一个人，朕准将他杀了。不过海兰察再勇猛无敌，始终是索伦人，和珅却是满洲人，自己连同族的人都不依靠，能依靠一个外族的人吗？不能，自己老了，朕得依靠和珅帮自己处理政务，又要依靠海兰察维护社会稳定，如何能让这两个人像廉颇与蔺相如一样，团结起来为朕效力呢？"乾隆从案头拿起一张纸来，写了一封信，交给当值太监，吩咐他："把此信火速递往甘肃，交给海兰察。"

海兰察收到乾隆的密函，见篇首尽是慰劳之语，心里甚是舒服，再看后面，却一语点破和珅参劾他的话。海兰察开始有些糊涂，皇上把和珅诽谤自己的话告知自己，是什么意思呢？是拉拢自己继续为他效命？还是警告自己以后带兵要谨慎呢？后来海兰察感觉这些都不是，因为自己不同于阿桂，与皇帝是同属满族，皇帝是不会如此信任自己的，况且和珅又是皇上的亲家，地位在自己之上。想到这里，聪明的海兰察一下子就明白了，皇上这是要我向和珅屈服，避免日后产生纠纷啊！

第十章
疆场失意

把问题看透彻的海兰察心中腾地烧起一团火，我海兰察堂堂正正，为国立下无数战功，凭什么要向他一个小白脸屈服？我不能屈服，可是这是当今圣上的意图，如果我忤逆了圣上的意图，那就是对皇帝不敬，到那时，和珅再在皇上的面前诽谤自己，自己可就危险了，算了，好汉不吃眼前亏，我海兰察做的是男子汉，能屈能伸，就服从皇上的意图，让他和珅一回吧！

从甘肃班师回京，海兰察入朝拜见圣驾之后，回家拿了几十张名贵的貂皮来到和珅府上，向和珅谢罪。和珅这人，整人从不往死里整，只要人家一向他示好，他立即就会和人家成为朋友，所以他在朝中的人缘奇佳。

"海兄，你能过府相望，愚弟就感激不尽，何须拿此厚礼，羞煞愚弟也！"和珅说。

"和珅老弟，为兄乃粗人，在阵前多有得罪，还望见谅！"海兰察说。

和珅摆摆说，说："此一时，彼一时也，你我都是为皇帝他老人家尽忠，彼此之间有些矛盾亦是常事，以后同朝为臣，便是兄弟，多相互提携照应才是！"

海兰察笑道："自然，自然！"

海兰察告退。这边海兰察刚走，那边李侍尧又来了。在此次平叛过程中，李侍尧因为参与战斗和保障后勤有功，被绘像紫光阁，代理陕甘总督。他此来是向和珅致谢并辞行的。

李侍尧领教过和珅的厉害，自然对和珅毕恭毕敬，他以一个下属的口气对和珅说："下官即将出任陕甘，行前特向大人作别，愿聆听大人之教诲，为下官座右之铭。"

和珅道："兄台之能，世所瞩目，老弟实无话可说，但愿兄台不负圣恩，替圣上把好西北边陲，便是功德一件。"

李侍尧恭顺地说："下官记下。"

是年十一月，朝中发生了一件许多人意想不到的事，战功赫赫，曾任首席军机大臣、兵部尚书的阿桂被乾隆调出兵部，依旧前往河南视察黄河水务，其兵部尚书的职位被和珅所取代。乍一听皇帝的任命，连和珅本人都颇感意外，自己刚在春天打完败仗，冬天皇帝他老人家就把天下的兵权交给了自己，这也太富有戏剧性了吧？和珅还从乾隆这道谕旨中读出了另

外一番滋味，那就是自己在皇帝的心中还是有军事才干的，他把这样重要的位置交给自己充分说明了他老人家对自己的信任。这纸任命让积郁在和珅心中一夏一秋的那股怨气得到释放，他甚至有些沾沾自喜起来。

第十一章
严查国泰

乾隆四十七年（1782年）初，江南道御史钱沣弹劾山东巡抚国泰与布政使于易简狼狈为奸，沆瀣一气，结党营私，贪占婪索，致使山东府库亏空严重，民不聊生。首席军机大臣、大学士阿桂，云贵总督福康安也上书乾隆皇帝，请求彻查国泰与于易简二人，以肃朝纲。

国泰隶属于满洲镶白旗，富察氏，其父亲是四川总督文绶，亲侄女是乾隆的皇妃。国泰自少年得志，从刑部主事的位置上一路飙升，未经任何坎坷，便成为封疆大吏，由此养成了飞扬跋扈的性格，对待下属尤为严苛，轻则暴打，重则斩头。他曾连杀九名上京上访的举子，震惊朝野，皆因他是乾隆后妃的伯父，受乾隆的庇护而化险为夷。

对于国泰的劣迹，乾隆早有耳闻，不仅阿桂与福康安弹劾过他，就连和珅也曾私下向乾隆献言，请求把国泰调回京师，放在皇帝的身边看管以使他有所收敛，归于正途。乾隆就这个问题两次询问来京述职的于易简。于易简是已故大学士、军机大臣于敏中之弟，为人比较懦弱，他对乾隆皇帝信誓旦旦地说国泰勤于政务，两袖清风。因此，乾隆选择了对此事睁一只眼闭一只眼，他不想再杀后妃的亲戚，他已是七十多岁的老人了，他怕那些年轻的妃子们找他一哭二闹三上吊，他需要一个安静的环境来颐养身心，更需要一个

安静的后院来证明自己的伟大，但是现在他包不住了。那个钱沣拼命死谏，还有阿桂与福康安，都是自己的股肱之臣，若置之不理，于情于理均说不过去。

"如何能让此事大事化小，小事化了，既顾及诸大臣的脸面，又能让自己的皇妃不找自己闹呢？"乾隆想来想去，觉得这桩案子必须得查，但派谁去查，那可就有说道了。如果派阿桂与钱沣去，那国泰没毛病也得给查出毛病来。所以自己这次派出的人，首先位置一定要高，以此来说明自己对这桩案子的重视，其次这个人还要能领会自己的意图，给国泰一个回旋的余地。这个人是谁？乾隆第一个想到的就是和珅，主要的领队人选定后，乾隆感觉还是没有把握，怕和珅像当初对待李侍尧那样收拾了国泰，于是乾隆又选中了左都御史刘墉和工部右侍郎诺穆亲。这两个人中，刘墉是国泰之父文绶的老部下，诺穆亲是乾隆皇帝的亲戚。

乾隆四十七年四月初四，乾隆降旨，派和珅、刘墉、诺穆亲三人为钦差大臣，携江南道御史钱沣前往山东查府库亏空一案。

皇帝如此安排，作为乾隆心腹的和珅自然一目了然，他知道乾隆只是让大家摆摆样子，放过国泰一马。说心里话，他和珅不想整任何人，在他的惯性思维里，人与人之间应以和为贵，何必相互倾轧，非要弄个你死我活？但这是皇上他老人家的命令，皇命大如天，如果此行不按皇帝他老人家的意图处理好国泰的问题，就等于驳了皇帝他老人家的面子。

想到这里，和珅不免心生几分担忧，诺穆亲那里没问题，他与自己一样，都是皇帝的亲戚，自然理解皇帝的想法，不会无事生非。刘墉么？他是国泰父亲文绶的老部下，两家颇有交情，按理也应该了解皇帝的意图，按皇帝的旨意办事。难就难在钱沣身上，他性情刚直不阿，万一他要查出国泰有什么问题，这事可就难办了，看来我得探探钱沣的底，必要时给他敲敲警钟，以免他真的捅出什么娄子，自己回京无法向皇帝交差。

当天晚饭后，和珅找来钱沣，掩上房门，问："钱大人准备如何办理此案？"

钱沣知道和珅一向钻营投机，唯皇命是从，便说："下官既弹劾国泰，今奉皇命而来，定要秉公执法，查个水落石出。"

第十一章 严查国泰

和珅问钱沣："钱大人当真不懂皇上他老人家的真实意思？"

钱沣倔强地说："不懂，下官只知圣上令我等前来查案，其他皆不是下官分内之责。"

和珅碰了个软钉子，不由心头愠怒，暗自思忖道："钱沣啊钱沣，我这是替皇上他老人家考虑，也是替你前途考虑，才说出这番话，你竟如此不近人情，用话语奚落于我，那我就看你能把此事闹到什么分上？"便不无讥讽地对钱沣说，"那好，那本官可要看看钱大人的本事喽！"

钱沣见话不投机，起身道："下官告辞！"

和珅冷冷地说："走好喽！别一头撞在南墙上，跌个鼻青脸肿。"

和珅等人出京第三天，也就是四月初六，乾隆派快马传来谕旨，谕旨曰："朕转思，维折内所称仓库亏空多至八九万不等，和珅等到彼时迅速逐一对比印册盘查，自无难水落石出，此事尚属易办。至各属以贿营求，思得美缺一节，不特受贿者不肯吐露实情，即行贿各劣员明知与受同罪，岂肯和盘托出？即或密为查访，尚恐相习成风，不肯首先举发，唯在安查中导，以此等贿求原非各属所乐为，必系国泰等抑勒需索，致有不得不从之势，若伊等能供出实情，其罪尚非可量从未诚，和珅等必须晓谕，务必说合过付确有实据，方可成信谳。此事业经举发，不得不办。然上年甘省一案，甫经严办未惩，而东省又复如此，朕实不忍似甘省复兴大狱。和珅等唯当秉公查究，据实奏闻，钦此！"

乾隆谕旨中的"甘省大狱"是指原陕甘总督勒尔谨，原甘肃布政使、浙江巡抚王亶望，现甘肃布政使王廷赞等人窝贪案。

乾隆三十九年，王亶望调甘肃任布政使，上任后，与总督勒尔谨议定，向朝廷奏报："陕甘两省，年年不雨，大旱异于地方，又加上土地贫瘠，百姓贫困窘迫，若年年依靠国家，累及国奉，臣等内疚，不如在陕甘实施捐监，全民交纳米麦，以此换得国子监监生，得利应试入官。"乾隆准奏，责令勒尔谨、王亶望主持此事，以后连续三年，陕甘连年报灾。直到乾隆四十六年，大学士阿桂率兵入甘讨苏四十三起义，途遇大雨，大军不能前行，上报朝廷后，乾隆开始怀疑甘肃连年报旱灾不实，遂派阿桂与总督李侍尧赴甘彻查两年里赈灾情况。阿桂与李侍尧不辱圣命，查出勒尔谨、王亶望、王廷赞

119

等人谎报灾情、私收捐银一案，上报乾隆。乾隆大怒，下令查抄了勒尔谨、王亶望、王廷赞等人的家，抄出赃银一千余万两，令勒尔谨赐死、王亶望斩首、王廷赞绞刑。此案判死刑57人，发配56人，陕甘两省官员几乎去之一空。

如果说乾隆刚开始派和珅、刘墉等人来查国泰还有些遮遮掩掩，那到这道谕旨发下，其意图就非常明了了，什么"朕实不忍似甘省复兴大狱？"往白了说，就是告诫和珅、刘墉、钱沣等人，甘肃的事不要在山东重演。这点和珅领会到了，刘墉与钱沣也领会到了，不过面对这个问题，个人的想法不同也导致了他们应对问题的答案也不同。

和珅想到的是，我是皇帝身边的奴才，皇帝家的事就是我的事，我得惟皇帝的命令是从，将来才能圣宠不衰；刘墉想的是，我刘家世代忠良，不能因此事毁了祖上的名声；而钱沣想的是，我乃江南道御史，彻查此案是我的分内之责，自古以来文死谏武死战，即使是皇帝把刀横在了我的头上，我也要一查到底，誓不罢休。

接到圣旨的和珅这回心里有了底儿，他举着圣旨以师长训斥学生的口气对刘墉和钱沣说："皇上的意思你们都听明白了吧？！"

刘、钱二人齐声说："听明白了。"

和珅有些洋洋得意，俯下身子问刘墉、钱沣："说说看，皇帝他老人家什么意思啊？"

刘墉和钱沣相互对视一眼，拱着拳说："秉公查究，据实奏闻！"

和珅一听，心里这个气呀！心道："好，你们愿咋办就咋办！反正你们查得出来功劳有我一份，若是日后皇帝反目，我就把事情全推到你们二人身上。"

国泰有兄弟三人，大哥阿尔泰早年因为非作歹、横行不法被贬戍伊犁，三弟国霖是乾隆御前一等侍卫。四月初四那天和珅等人刚离京，国霖就得到消息，立即派他的家人套儿骑上快马，星夜赶往济南，何国泰报信说，朝廷已派钦差大臣出京，前往济南查贪赃婪索之事，要国泰早做准备。国泰闻讯后，立即变卖公府一些资产，填充府库，见银两犹是不足，又向前济南知府、现调往漳州任知府的冯埏府库要了四万两，这才凑够数目。

第十一章 严查国泰

和珅、刘墉等人于四月初八到达济南，即日打开历城县府库，见库内银子满满，和珅悬着的一颗心放了下来，心想："看来钱沣所劾不实，如此皇帝他老人家无须担心了。"

和珅刚想张口调笑两声，这时钱沣从架上拿下一封银子，拆开见银子上没有官府的标志，于是把银子递给刘墉。刘墉看了一眼，转手又把银子递给了和珅，说："和大人，你看！"

和珅不看则已，一看在心里暗叫了一声："天哪！这银子真有问题！"便命令钱沣，"拆，继续给我拆！"

钱沣"哗哗哗"又撕开十几封银子的封皮，只见面前的银子成色不一，全不似官银那般雪亮。掌管朝廷府库多年的和珅一下子全明白了，这些银子是拿来凑数的，钱沣所劾的府库亏空的确属实。

和珅的心在这一瞬间变得矛盾重重，查下去，没准又查出一个窝贪大案，势必会伤了皇帝他老人家的心；不查，证据明明就摆在面前，让人百口莫辩，到底查还是不查呢？和珅在心里权衡了一下，这样的大案就连皇帝他老人家也隐瞒不住，定会昭于天下、昭于世人，我与国泰非亲非友，何必因此落个包庇的罪名，以身犯险呢？天威难测，还是暂时把皇帝他老人家的心情放在一边，查吧！

和珅想到这里，未动声色，向随行的历城县县令郭德平提出察看粮仓。郭德平不敢违拗，带领和珅、刘墉、诺穆亲和钱沣来到粮仓，但见仓廪破损严重，稻谷外流，硕鼠奔走于其间，视人若无物，再数一数，整个粮仓竟亏空谷物三千余石。和珅斥问郭德平："你是如何看护粮仓的？竟使谷物亏空如此！"

郭德平答："仓廒坍塌，谷石糜烂，无钱修补，乃至如此。"

和珅又问："户部每年下拨的修仓银哪里去了？"

郭德平答："下官未得修仓银，余下的一概不知。"

和珅冷笑一声，道："你不知？一会儿本官便让你知晓知晓。"

和珅等人随后来到历城县公堂，一上公堂，和珅就喝令随来的差人剥去郭德平的官服官帽，威喝郭德平道："库银被更，粮食亏空，证据就在眼前，你若从实招供，本官在圣上他老人家面前保你不死，如若违抗，本官可

要对你用刑。"

郭德平是国泰的死党，否则国泰也不会把他放在自己眼皮底下做知县，他把心一横，眼皮一翻，道："下官委实不知！"

和珅怒道："死到临头，还这般嘴硬，来呀！给我狠狠地打，直到他招供为止。"

随行的差人拖下郭德平"乒乒乓乓"一阵乱打。那郭德平还真是条汉子，任你怎么打，就是一声不吭，眼看奄奄一息了，也未说出半个字。

见郭德平这块硬骨头啃不下来，钱沣有些着急了。钱沣是乾隆三十六年的进士，从小家庭贫寒，养成了刚直不阿、不畏权势的性格。他从案前站起身来，想要亲自下堂审问郭德平，被坐在一侧的刘墉以目光制止。刘墉拱手对和珅说："和大人，这郭德平顽固不化，再打下去也不是个办法，我看还是把他收入监中，另找他人才是！"

其实在和珅心中，他早已经选中了下一个目标，这个人不是别人，正是钱沣所弹劾的国泰同案山东布政使于易简。

于易简是已故大学士于敏中之弟，和国泰一样，亦出身官宦之家，但是他生性懦弱，十分惧怕盛气凌人、飞扬跋扈的国泰，有时国泰发怒，他竟吓得长跪不起。兼之他曾任济南知府，是经国泰提携才做到山东布政使位置上来的，也可以说国泰有恩于于易简。另外，国泰与于易简二人都有一个相同的爱好，那就是喜欢昆曲。有时他们还粉墨登场，联袂演出，他们两人最喜欢的一出戏是《长生殿》，于易简扮唐明皇，国泰饰杨玉环，相唱相和，字正腔圆，真似伯牙子期高山流水，知音难得。

和珅做过吏部侍郎，也做过吏部尚书，党羽甚众，对天下士品以上的官吏了如指掌，洞若观火。他不仅了解国泰的性格禀性，当然也了解于易简的性格禀性，他派人带来于易简，怒目视之，喝问："于易简你可知罪？"

于易简虽然胆小，但也不是见谁怕谁的主儿，他连乾隆都敢欺瞒，当然也不会怕和珅等人，他装作一脸无辜地说："下官不知。"

和珅蓦然间笑了，用温和的口气对身边的刘墉说："人都说于藩司胆小如鼠，畏国泰巡抚如猫，今天看来完全不是这么回事！"

刘墉说："是啊！于藩司连当今的圣上都敢欺瞒，还有什么做不出来

第十一章 严查国泰

的呢？"

刘墉这句话说得挺损，一是震慑了于易简，给于易简造成了强大的心理负担；二来他也是借此刺激一下和珅，让和珅对于易简用刑。和珅一听，果然勃然大怒，拿起惊堂木在案上使劲一拍，道："大胆于易简，你伙同国泰贪赃枉索，造成府库亏空，现已证据确凿，还敢狡辩，来人，给我掌嘴！"

差人上来就打，只打了六七下，于易简只觉得两耳轰鸣、眼冒金星，顿时连忙求饶："和大人不要再打了，我说，我全说！"

和珅喝住了左右，满脸杀气地对于易简说："快快如实招来，若有半句谎言，本官叫差役打折你的狗腿。"

于易简说："我招，我全招！"然后于易简招供道，"四月初六晚上，国泰巡抚找到我，说京城有人传来消息，说有钦差大臣前往江南，怕途经山东勘验府库，恐有败露，让我叫胶州县变卖物件，把银子充为库银，我按他说的做了，结果不足，国泰巡抚就命历城知县郭德平向前济南知府冯埏要了四万两，归入库内，方凑足亏空的银两。"

和珅问："此事属实？"

于易简回答："句句属实，大人只需问历城县知府郭德平、前济南知府冯埏便知。"

和珅听罢点了点头，这时钱沣质问于易简："国泰可曾向你说是何人向他报信？说有钦差大臣前往江南公干？"

于易简："未曾说起。"

和珅命令差役："你去牢中提郭德平，与于易简对质，你速去漳州给我把冯埏拿来。"

差役们得令而去，少顷，郭德平被差役用门板抬上堂来，浑身血渍斑斑，于易简看着他，号啕大哭，对郭德平说："郭兄，你不要固执了，我什么都对钦差大臣说了，你也招了吧！"

郭德平看大势已去，痛苦地闭上眼睛，咬着牙说："好，我招！"于是郭德平把国泰让他向冯埏要四万两银子的事供述出来。

拿到了于易简和郭德平的口供，和珅和刘墉等人立即派人拘捕国泰。国泰生得人高马大，满面虬髯，他自小生于豪门，一向目中无人，见了和珅、

刘墉等人也不跪拜，只施一揖道："山东巡抚国泰拜见各位大人。"

和珅见国泰狂妄到这种地步，十分震怒，喝道："国泰，你好大胆！我等奉皇上旨意出京，前来查办你省府库亏空一案，你见我等钦差大臣，因何不跪？"

国泰这才不情愿地跪下，牢骚满腹地说："我见了皇妃都不跪，你们却要我跪，跪就跪吧！还那么大声！"

在没有见到国泰之前，和珅从乾隆的角度出发，并没有想给国泰用刑，这样日后在皇帝面前总算有个交代，但是没想到这个国泰竟如此目中无人，见了钦差大臣也不下跪。为了给国泰点教训，和珅二话没说，向堂下扔了一根令牌，满面怒气地说："来人，给我打这狂徒二十杀威棒。"

和珅今日对国泰及其手下连下狠手，连一向自认执法如山的刘墉、钱沣都在心里产生了怀疑："和珅今天是怎么了？平日他跟谁都和和气气、笑容满面的，今天怎么一反常态，一而再再而三地用上刑了？"

和珅这种恨究竟源自何处？当然来自于他小时候的经历。想当年，他与和琳在街上被富贵人家的狗追得满街跑时，他就恨透了这世界上所有的狂妄之人，乃至他已过三旬，还经常从这样的梦境中吓醒：一条狗在他后面追啊追啊，他在前面跑啊跑啊，跑得他的心都要从胸膛里蹦出来了……

国泰听和珅要对他用刑，暴跳如雷，叫道："和珅，我堂堂一省巡抚，你竟敢对我用刑？我要到皇上那里去告你！"

和珅听罢更怒，向堂下又扔了一个令牌，道："好个狂徒，如此狂悖，着实可恶，二十太轻，再加二十。"

众差人上前，把国泰按倒在地，照着国泰后背一阵痛打，国泰口中犹是不服："我犯有何罪？对我加以重刑，我要告你等，告你等……"

四十杀威棒打完，和珅问国泰："你服也不服？"

国泰倔强地回答："我无罪，不服！"

和珅冷笑一声："国泰，刚才这四十杀威棒只是替皇上他老人家打你，让你懂得朝廷礼制。我现在问你，历城府库中的官银何处去了？仓廒中的官粮又去了哪里？还有，是何人给你通风报信？说钦差出京查你，你全部要从实招来！说得好，我等会在皇帝面前会奏明你积极认罪，请求皇上他老人家对你从轻发落，若你一味负隅顽抗，定向皇上奏你目无国法、贪赃婪索，到时取你项上人头。"

国泰狡辩道："历城府库银两未动，就在库中，仓廒粮食亦在，颗粒不少，至于通风报信更是无中生有、凭空杜撰。"

和珅主持吏部多年，又办过李侍尧贪污大案，却从未见过这般糊涂昏聩的官员，刚要喝令提于易简、郭德平二人上堂与国泰对质，前去提冯埏的差役回来，向和珅禀报："漳州知府冯埏带到。"

和珅下令道："把国泰押至堂下候审，把冯埏给我带上堂来！"

左右差役把国泰架下堂去，那边把漳州知府冯埏带上堂来，这冯埏生得眉清目秀，油光可鉴的辫子梢上还扎着一个大蝴蝶结。他看到平日里桀骜不驯、飞扬跋扈的国泰巡抚被剥去官衣官帽，后背杖痕累累，当即便明白了几分，未等和珅等人问话，便跪伏于地，对和珅等人说："下官举报山东巡抚国泰婪索下僚，贪赃枉法，致使山东府库亏空严重，百姓民不聊生。"

和珅乐了，对冯埏说："好，识时务者为俊杰，你能向钦差禀明国泰贪污，说明你良心未泯，尚可救药，我等回京，定向皇帝禀明，保你官位不失！"

冯埏叩首道："谢钦差大人，卑职原为济南知府，国泰命下官替他敛财，让我帮他勒索下属官员、榨取钱财！"

冯埏说到这里，拿出一副苦大仇深之相，居然嘤嘤地哭了。和珅一拍惊堂木，厉声说："你帮他都勒索过何人，一一道来。"

冯埏止住了哭声，说："勒索胶州知县许永苍七千两，勒索滕州知府陈珏五千两……"

冯埏这边说，钱沣在那边笔录，待冯埏说完，钱沣一核计，自国泰到山东以来，仅经冯埏之手就勒索下属官员白银达八万两之巨。和珅再次命人将国泰带上堂来。面对冯埏，国泰再也没有了刚才的嚣张，对自己贪赃婪索之事供认不讳，只是在和珅问及是何人泄露钦差出京秘密与他时，他为了保护自己的弟弟国霖，一口咬定没有人向其泄密，钦差来山东的事完全是他臆想出来的。

四月十一日，和珅、刘墉联名具奏乾隆皇帝，奏云："臣等即同诺穆

亲、钱沣并随带员司前赴历城府库彻底盘查，按款比对，逐封弹兑，查得该县应储库项银数虽属相符，但内中颜色掺杂不一，又将仓谷逐加盘验，计缺三千余石，据该县郭德平称，自仓厫坍塌，谷石霉烂，恐新任知府到任盘查，是以余取本城钱铺刘玉昆四千两抵补空项。及传刘玉昆到案质证，坚不承认，臣等复诘郭德平，看其语涉支吾，甚多疑窦，恐有预闻盘查信息，挪移掩盖情弊，遂严讯藩习于易简，据称，本月初六日，巡抚国泰闻有钦差前来公干之信，就对我说，历城现有亏空，若来盘查，恐有败露，我有交州县变卖物件的银子在济南府里，叫他挪用，暂且顶补便了，郭德平就向冯埏署中要了银四万两归入库内。臣等又讯问于易简，此项交州县变价银系何款？据称国泰借办买物件，巧于婪索，交州县办了物件，随意发些价值，又将所办物价分定高价，勒交各州县变卖，各州县按件交银，俱是冯埏手，是以存府等语。

"是历城库顶产缺挪移掩盖情蔽显然……遵旨讯问臬司梁肯堂，据称，国泰勒索属员银两确有其事，俱系济南府冯埏位手等语。臣等传到原任济南府调任漳州府冯埏，严加讯结，随据冯埏将以上情节供认确凿，失口不移。又讯，据历城知县郭德平所供，县库空缺，又将国泰存者府银两挪移顶补原昨，与于易简、梁肯堂、冯埏、郭德平各供结国泰，始犹狡唇，不肯据实承认，后令于易简、冯埏、郭德平当面质证，国泰方肯供认前情。"

四月十九日，乾隆再发谕令，再次申明自己立场，不再因此杀人。和珅、刘墉等人又奔赴山东各府县，共查出全省亏空二百余万两，再奏乾隆皇帝，乾隆方谕令国泰、于易简二人自尽，其余涉案大小官员，只要能在三年内把府库亏空补齐，一律免罪。结案后，和珅、刘墉、诺穆亲、钱沣回京缴旨，乾隆甚悦，加封和珅太子太保，任经筵讲官，刘墉代理吏部尚书。

第十二章
拯救"红楼"

一盏灯笼划破漆黑的夜幕，一条黑色的人影在灯光下脚步幢幢地走在驴肉胡同通往紫禁城的路上。

这条人影修长、清瘦，像竹竿一样在地面上直立移动。他来到皇宫门口，从腰间掏出一个铜牌，递给守门的卫士，卫士查验过后，立即放行。接着，他穿过深深的宫院，来到乾隆的寝宫。

七十多岁的乾隆皇帝精神矍铄，戴着一副老花镜坐在灯下批阅当天的奏章，"竹竿"在太监的引领下，来到乾隆面前。

"奴才给皇上请安！""竹竿"跪在地上，垂着头，瘦长的身子顿时被折成了两个九十度的直角。

"呼什图，你来了！"乾隆摘下眼上的老花镜，向下看了一眼呼什图，然后把眼镜放到桌上，长长地伸了个懒腰，旁边的太监立即凑上来给乾隆捶背。

"是，奴才来了！"呼什图回答。

"平身吧！"乾隆说。

呼什图从地上站起身来，但腰依旧弓着，像虾米一样。

"你的主子和珅最近在干些什么？"乾隆问。

呼什图应着:"回皇上的话,和大人还是和以前一样,从朝中回家,除了吃饭睡觉以外,就是看书作诗。"

乾隆皱了一下眉头,用疑惑的口气说:"他就不干点别的?"

呼什图补充道:"对了,除了看书写诗外,老爷他还为您拜佛祈福。"

乾隆放心地点点头,又问呼什图:"你的主子平时都和谁来往得比较密切?"

呼什图回答:"除了军机大臣福长安,我家老爷从不和别人来往。"

乾隆从炕上下地,来回踱了两步,说:"和珅如今已是朝中重臣,身兼朝中数个职位,就没有官员给他送礼?"

呼什图躬身答道:"禀皇上,自奴才到和大人府上,这十几年中,除了和大人的一些亲属与福长安福大人,再没有其他官员到过府上,更无送礼之举。"

乾隆的脸上现出一丝笑容,看来他对呼什图的回答非常满意,这时,他用极其平淡的口吻问呼什图:"和珅最近在看什么书啊?"

呼什图说:"是一本叫作《石头记》的手抄本。"

乾隆这个话题立即产生了兴趣,问呼什图:"《石头记》?这是一本什么样的书?怎么朕从没听过?"

呼什图说:"奴才也不知道这是一本什么样的书?只知平时老爷看时,一阵乐,一阵哭,甚为痴迷的样子。"

乾隆点点头,说:"好,呼什图,你干得不错,你就待在和珅的身边,替朕看好他,如他有什么不法行为,速回宫向朕报告。"

"是,皇上,奴才一定替您看好我家老爷,不管他做什么事,奴才都用心记下来,报告给皇上。"呼什图跪下道。

"好!你跪安吧!"乾隆说。

呼什图:"谢皇上!"

呼什图拜别乾隆,离开皇宫大内,打着灯笼,向黑暗中的驴肉胡同走去,他"沙沙"的脚步声,引起四下里一片犬吠。

三十多年前,呼什图生在满洲镶黄旗一个平民家里,他的母亲很早病死,父亲抚养他和两个弟弟长大。待呼什图十三四岁时,他的父亲为了减轻

第十二章
拯救"红楼"

家里负担,将他阉割后送入皇宫,当了名打杂的小太监。

呼什图少年时身材就比一般孩子高,进入皇宫后,管事的太监将他和大人一样使用,让他担水劈柴,什么事都做。有一天呼什图干活睡着了,管事太监拿起一根木棒对他一顿痛打,呼什图痛苦地叫了起来,恰巧这时乾隆经过,见管事太监正在打呼什图,就问其故,管事太监向乾隆说:"他干活睡懒觉,所以奴才就让他长长记性!"

呼什图一看皇帝来了,更是吓得不行,浑身瑟瑟发抖,乾隆看呼什图模样精神,就把呼什图带入寝宫,对呼什图说:"朕交给你一项差事,你要替朕办好了,以后就不用再在宫中打杂了,你愿意不?"

呼什图说:"奴才愿为皇上效命,肝脑涂地,在所不辞!"

乾隆说:"朕要你替朕去看住一个人,他叫和珅,是满洲镶蓝旗副都统,你在他身边,明里要拿他当自己主子,暗地里要把他的一言一行全用脑子给朕记下来,告诉朕。"

呼什图答允着:"奴才听皇上的话,一定替皇上看好和珅。"

第二日,乾隆便以和珅办差得体为由,把呼什图赐给了和珅。和珅当时早就想到了这一层面,所以没敢把呼什图当奴才用,而是让年仅十几岁的呼什图当了自己的二管家,位置仅在管家刘全之下。

刚到和珅府上的最初几年,呼什图确实发挥了一个卧底的功能,把和珅平日所做的、所说的全部记在脑中,定时不定时地到乾隆那里汇报一下。后来和珅的位置越来越高,权力越来越大,呼什图明白了一件事,自己怎么帮皇帝办事,将来还是个太监,难以大富大贵,不如帮衬好和珅,做好二管家,倒是有利可图,于是,他越是在皇帝面前说和珅的好话,和珅升得越快。和珅升得越快,管得事越多,他跟着捞取的银子也越多,这些年他在和珅家,除了插手工程建设、买卖人情以外,还办起了自己家的当铺、钱庄等,身边的穷亲戚们都跟着发迹起来,他如今的资产是任何一个小太监几辈子也挣不来的,所以在他的心中已经把和珅当成了自己唯一的主子,就连乾隆托付给他的话,他都毫不保留地告诉了和珅。

呼什图一进家门,把门的门房来福就告诉他:"老爷正在房中等您,让您回来立马过去。"

呼什图没理来福，径直来到和珅的书房门口。书房内，和珅穿着一袭白衣坐在烛光下夜读，面前摆着一件和田玉香薰。这只香薰有一尺多高，蟠螭身，夔龙贯耳，香薰内蓝烟袅袅，香味沁人心脾，内行者一闻便知，薰内燃烧的正是香中极品龙涎香。

呼什图敲了敲门，和珅用醇厚的男中音说："进来。"

呼什图进来，和珅笑呵呵地问："见到皇上他老人家了？"

呼什图说："见了，老爷！"

和珅嗔怪地对呼什图说："跟你说多少次了？没有外人在眼前，不要叫老爷，显得怪生分的，我们是兄弟，兄弟知道么？兄弟齐心，其利断金。"

呼什图不好意思地笑了，说："我总是忘！"

和珅说："呼兄说说，皇上他老人家都问你什么了？"

呼什图说："也没问什么特别的，还是以前那些老掉牙的话，问你和什么人交往？看什么样的书等等。"

和珅急切地问呼什图说："你和他老人家说了什么？"

呼什图愣愣地问："说什么？"

和珅点拨："《石头记》、《石头记》呀！"

呼什图恍然大悟，道："说了。"

和珅忙问："他老人家表情怎么样？惊喜？好奇？愤怒？"

呼什图回道："皇上他老人家很感兴趣，说他没看过这本书。"

和珅兴奋得摩拳擦掌，说："好，太好了，呼什图，今天你为老爷，不，为大哥我办了一件极其重要的事，我要重重地赏你。"

和珅说着，从书案上拿起一张五百两的银票，递给呼什图，呼什图接过，说："谢老爷！"

和珅叮嘱道："别谢！别谢！这件事只有你我二人知道，千万别告诉刘全。"

呼什图："嗻。"

呼什图下去了，和珅捻灭香薰中正在燃烧的龙涎香，又一口吹灭蜡烛，快步向卧房走去。

卧房中，冯霁雯、长二姑正在看着丰绅殷德逗妹妹玩耍。丰绅殷德把一

第十二章
拯救"红楼"

块绸缎蒙在自己头上,每掀开一次,脸上便做出一种夸张的表情,逗得妹妹"咯咯"直笑。这时和珅走进来,兴奋地说:"发达了,发达了,这回可要大发了。"

冯霁雯对钱财的事兴趣不高,但看和珅高兴的样子,也显得很高兴,用期待的目光等着和珅下文,倒是长二姑对这个问题十分敏感,问:"老爷,难道是朝廷又要来什么人?建什么别院不成?"

和珅笑道:"非也!非也!是《石头记》、《石头记》!"

长二姑一听,脸上顿时现出兴奋之色,人也从椅子上弹了起来,问和珅:"皇上准许刻印了?"

和珅慢悠悠地说:"虽暂时尚未准许,但距此为期不远矣!"

冯霁雯不懂其中商机,遂问二人:"看你们高兴的样儿!不就是一本书么?能发什么大财?让你们乐得如此?"

和珅故意卖了个关子,对冯霁雯说:"夫人这你就不懂了吧,其中大有玄机,让二姑说给你听。"

长二姑对冯霁雯说:"姐姐有所不知,老爷手中的这部《石头记》残稿,乃是当今天下孤本,人人想一睹为快。当年苏凌阿以千金购得,赠予老爷,老爷若能征得皇上同意,刊行天下,必将洛阳纸贵、风靡一时,每本售以十两银子,一万本当十万两纹银,若刊十万,便是纹银百万,岂不大发一笔书财?"

和珅接着说道:"天下文人仕子众多,《石头记》仅此一部,别说十万,便是百万部亦是卖得。"

冯霁雯笑道:"夫君与妹妹两个都是人精,便是不做官,也当做个富家翁矣!"

和珅笑道:"我的商业头脑不如二姑,这些都是二姑教给我的,她才是个人精。"

列位看官看到此时,也许会问,不就是刊印一本书么?有何了得,还须皇上批准?诸君有所不知,满清自入关以来,一直对汉族知识分子采取高压政策,以防星火燎原,把他们赶出关外。顺治四年,广州和尚函可携一本纪录抗清志士悲壮事迹史稿《再变记》,被南京城门清兵查获,严刑折磨一年

131

后，定谳流放沈阳，由此掀起清朝文字狱的序幕。康熙朝发生明史案、黄培诗案、《南山集》案。雍正朝发生年羹尧案、谢济世案、陆生楠案、曾静案、屈大均案、裘链案。至乾隆朝，文字狱更是大行其道，许多官员把文字狱作为自己晋升进身的阶梯，查遍千种书，嚼烂万章句，牵强附会，罗织罪名，以搏皇帝封赏，较为著名的有"伪孙嘉淦奏稿案""刘震宇案""胡中藻案""王锡候《字贯》案""徐述夔《一柱楼诗集》案"等等，因诗文获罪者牵连数万人，被杀一百三十余人。和珅、刘墉等人均是这些案件的主要制造者，因此，满朝文武均对书讳莫如深，都怕惹火上身，祸起"书"墙。

和珅看好了《石头记》的艺术价值和市场价值后，仍还有一个问题困扰着他，那就是这本《石头记》是个残本，只有前八十章，没有后四十章，万一哪天皇帝问起，他无法进呈不说，这样的残本刊印出去也不好出售，莫不如找个人把它续完？可是整个大清朝的文人士子中，谁能堪当此任呢？刘墉、纪晓岚是当朝赫赫有名的大才子，这样的事他们断不肯为，就得找个既有文学才干，自己又信得过的人，这时，和珅想到了高鹗。

高鹗原籍沈阳三台子，汉军镶黄旗内务府人，字云士，号秋甫，别号兰墅。生于乾隆三年（1738年），少年放浪，其人工于诗词、小说、戏曲、绘画，屡试不第，现在和珅的朋友伊江阿府上教书。和珅在伊江阿府上见过其两次，对其所著文章，颇为赞赏。

于是和珅派刘全到伊江阿府请来高鹗，对高鹗说："先生可曾听过《石头记》这篇文章？"

高鹗言："诉说此文系雍正朝曹霑所著，文采奇佳，只是无缘相见！"

和珅拿过《石头记》手稿，递与高鹗，道："此便是《石头记》，先生是否想一睹为快？"

高鹗犹豫了一下，和珅问："先生因何顾虑重重？"

高鹗直言："恐是禁书，不读为妙。"

和珅笑道："先生多虑了，在我府上，怎会有禁与不禁之说？莫非先生怕我和珅栽赃陷害于汝？"

高鹗道："不敢，只是在下不懂大人何意，因何让在下读此书？"

和珅用手抚摸了一下《石头记》手稿，喟然长叹曰："不瞒先生，此稿在我府上已经数年，我和家眷亦看过数遍，均感此文字字珠玑，乃天下第一奇文。若不传于后世，甚为可惜，遗憾的是此书只有前八十章，没有后四十章，是一残稿，先生乃是当世人才，因此请先生来为后四十回作补，不知先生是否愿意？"

高鹗思虑了一下，有些为难地说："大人如此看重在下，在下怎好推诿，只是……"

和珅一看高鹗的样子，就明白高鹗的意图，从怀中掏出一千两银票，递给高鹗说："这是一千两银票，我素知先生家里贫寒，拿去权作润笔费，待先生著成之日，再付先生一千两。"

高鹗不客气地接过银票，放于怀里道："那在下就却之不恭了，伊江阿大人那里尚请大人知会一下，让他另请高明。在下承诺一月之后，定将书稿完成，交付大人。"

和珅叮嘱高鹗："先生补书时，务必避讳一些敏感字眼，类似于'鞑虏'这样的东西尽量不要出现于文内。"

高鹗点点头道："在下谨遵大人吩咐，定会避开有辱天朝讳字。"

和珅送走高鹗，想想一大清早损失了一千两银子，心中颇不是滋味，万般舍不得，后来转念一想，如果高鹗把书稿补齐，皇帝允许我刻印，我赚回来的又何止千两万两？如此便心下平和了许多。

这日早朝过后，乾隆未唤和珅进宫侍驾，和珅与福长安两人有说有笑地来到军机处，由于首席军机大臣阿桂不在，军机处内只有军机大臣王杰一个人值班。这个王杰身材不高，相貌甚为俊朗，性格却是清高耿直，他一贯看不起和珅在皇上那里溜须拍马，所以他对和珅一直敬而远之。

和珅同样看不起王杰，一个人老坐在那里，整日阴沉个脸，一副拒人于千里之外的模样，与这样的人成天在一起办公，真是要多别扭有多别扭，和珅总想把王杰排挤出军机处，却苦于没有时机，来到军机处没过多久，户部右侍郎蒋锡棨来到门口，招呼和珅道："和大人，和大人！"

和珅见是蒋锡棨，就来到门外，问："蒋大人何事？"

蒋锡棨把和珅拉到僻静处，说："和大人，下官摊上麻烦了，万望和大人解救。"

和珅问:"什么麻烦事?你说出来,我好为你想辙。"

蒋锡棨说:"前日户部拨给四川漕银八十万两,在数银时,下官忽然内急,回来时有些慌张,将库银多付出十万两之巨。此事若被御史知道,参劾到圣上那里,圣上必将究下官渎职之罪,下官多年的仕途,将毁于一旦。"

和珅问:"库银发出多久?"

蒋锡棨说:"前日下午发出,如今恐出河北地界矣!"

和珅催促:"那你还不派人快追?"

蒋锡棨道:"下官是想追,可一旦追上,事情就败露无遗矣。"

和珅想了想说:"如此也是,不如以军机处名义,将此银中途截下,转发云南福长安处为军饷,另发库银至四川,这样便可做到神不知鬼不觉。"

蒋锡棨下拜道:"多谢和大人成全,大人之恩,下官没齿难忘。"

和珅戏谑道:"但不知蒋大人如何报答于我?"

蒋锡棨道:"下官物色到一绝色美女,正要献给大人。"

和珅正色道:"不可,不可,本人对女人不感兴趣,既然此女是蒋大人物得,必是蒋大人所挚爱,天下岂有夺人所爱之理也?"

蒋锡棨道:"大人有所不知,此女不仅长相奇佳,而且诗书琴画,无一不精,与大人之才,堪称天造地设,万望大人笑纳,以见下官一片赤胆忠心。"

和珅为难地说:"本官家中已有一妻一妾,若再娶妾,恐他人耻笑!"

蒋锡棨不以为然地说:"纪晓岚尚有一妻五妾,何况大人贵为当朝一品,娶几房妾又当如何?"

和珅说:"那好,容我回家,与夫人商榷再定!"

当下和珅回到军机处,将蒋锡棨错发的银子转往云贵福长安处,充当军饷,又从户部再拨出八十万两转往四川,如此便把蒋锡棨错发银子的事隐瞒了下来。

当晚,和珅回家,对冯霁雯说:"户部侍郎蒋锡棨欲将一女子送给我为妾,不知夫人意下如何?"

冯霁雯说:"娶妻纳妾乃是为大人延续香烟后代,哪有不从之理?只是不知此女品貌如何?"

和珅道:"据说才貌双全,性格尤其娴静。"

冯氏问:"夫君未曾见得?"

和珅摇头说:"未见!"

冯氏说:"那夫君就去见一见,若是相中,娶回府中便是。"

次日早朝过后,蒋锡棨尾随和珅而出,悄悄问和珅:"和大人,昨日之事夫人可曾同意?"

和珅道:"夫人同意了,只是未见其人,我不敢答应。"

蒋锡棨说:"这个好办,和大人不妨屈尊寒舍,一看便知,我敢保大人您一见,就销魂不已。"

和珅矜持地说:"那去见见?"

蒋锡棨立马接道:"见见,见见!"

于是,蒋锡棨乘轿在前开路,和珅乘轿在后尾随,时间不长就到了蒋锡棨家。蒋锡棨一面吩咐厨房备酒菜,一面派人去唤人。少顷,和珅听到内室里环佩叮当,从屏风后走出一个女子。这女子二十来岁,身材如碧柳迎风,袅娜动人,尤其是那一双水汪汪的眼睛,不大不小,黑白分明,一眨一眨,顾盼生情,好不让人怜爱心疼。

"卿怜,此乃当朝中堂和珅和大人,快来见礼!"蒋锡棨向女子介绍。

那卿怜见和珅身材伟岸,相貌堂堂,早在心里喜欢上了,她躬身给和珅道一个千金万福,口中羞答答地说:"卿怜见过相爷!"

自和珅进入军机处,成为仅次于阿桂的领班大臣,私下里便有人称他为"中堂",但绝没有人敢称他为"相爷",如今卿怜如此叫他,让他感到周身无比地舒服受用。他一把搀扶起卿怜,感觉这女子无骨般的轻盈,再放在眼前那么一端详,更是觉得无比妩媚,遂在卿怜的香腮上吻了一下,道:"小心肝,你长得真招人疼也!"

卿怜羞答答地说:"蒙相爷见爱,小女子今生得遇相爷,是小女子前世修来之福。"

当日,和珅即把卿怜接回家中,选个日子,大办酒席,隆重地迎娶卿怜过门。朝中大臣、各省督抚、藩台、臬司皆送来贺礼,所收礼银不下百万,为前番娶长二姑时十倍。从此,和珅又看到了一条生财之路。

这卿怜姓吴，自幼家庭贫寒，被父母卖入妓院，老鸨见她生得俊俏伶俐，便找人教以琴棋书画，旨在把她打造成头牌。待卿怜长至15岁，出落得更是花容月貌，色艺双绝，名噪一时，后被甘肃布政使王亶望觅得，出万金为卿怜赎身，眷养家内，造迷楼供卿怜居住。不久王亶望便因贪污事发，被乾隆处以刑抄家，卿怜只好再入青楼，被蒋锡棨所得。

和珅娶得卿怜后，对卿怜是百般宠爱，二人常以诗词歌赋对之。卿怜闲暇无事，就会帮助长二姑打理一下生意，算算账目，与冯霁雯相处亦很和睦。

高鹗拿着《石头记》归家粗略看了几遍，便开始着手续写后四十回，未出两月，便将残稿续毕，改其名曰《红楼梦》，付予和珅。和珅读了一下，虽感到功力不如前八十回精彩，但也说得过去，遂又付高鹗一千两银子，存于家中等待时机。

一日早朝过后，乾隆唤和珅侍驾，二人来到御苑园内，乾隆有意无意地问和珅："爱卿最近在读什么书？"

和珅等乾隆这句话已经很久了，就躬身答道："奴才在读一部手稿，名曰《红楼梦》。"

乾隆一听眉头微蹙，心想："和珅，你没有和我说实话呀！呼什图说你在读一本《石头记》来着，你却说你读的是《红楼梦》？"

和珅见皇上心生疑窦，忙说："这部手稿原名叫《石头记》，是雍正朝的才子曹霑所作。"

乾隆闻之，心道："原来如此，看来你和珅对我还算忠诚，如有不忠，我定要拿你是问。"便问和珅，"写得如何？"

和珅眉飞色舞，赞道："此书写得真实细腻，栩栩如生，堪称千古第一奇文。"

乾隆甚感惊讶，道："有这般好？不妨拿来给朕一阅。"

和珅心中窃喜，忙道："嗻。"

和珅不肯怠慢，当即回到家中，从柜子里取出《红楼梦》手稿，进宫呈献给乾隆皇帝。

又一个月过去，和珅日日期盼着乾隆回音，但是乾隆始终不谈《红楼

第十二章 拯救"红楼"

梦》之事。一日乾隆与众军机大臣们谈论完军务，和珅等人刚要告退，乾隆说："和珅留此，其他人跪安吧！"

王杰、福长安等人退下，乾隆从柜中拿出《红楼梦》手稿，对和珅说："前番闻卿盛赞此书，朕深以为然，如今看过，卿请拿回吧！"

和珅小心地问："圣上以为该书如何？"

乾隆不屑地说："不过明珠家史而已，不可称为奇文！"

和珅的心不禁一沉，但是他仍未失信心，对乾隆皇帝说："臣欲将其刊印于天下，不知圣上意下如何？"

乾隆道："卿想印便印，不过不可动用库银，此书实不足耗费国家银两。"

和珅闻之大喜过望，一连对乾隆磕了三个响头，然后骑马驰回家中，举着手稿，对长二姑大喊道："皇上他老人家准印了！皇上他老人家准印了。"

长二姑亦是大喜过望，夫妻二人自行上街，找到"垦石斋"书馆，对店主说："给我印十万册。"店主大惊，忙问其故，和珅便道："此乃天下第一奇文，每册售以纹银百两，我便可收银千万两。"

那垦石斋主亦是个聪明绝顶之人，对和珅道："中堂大人谬矣，常言道物以稀为贵，汝印一册，当值万金，印千册亦是千万金，如印十万，人人拥有，岂不如市上那白菜甘兰，不值钱了？"

一语点醒梦中人，当即和珅与长二姑拍板，将那《红楼梦》刊印一千册。数月后，垦石斋将《红楼梦》印出，交到和珅手上。和珅令家人在京城中办一书斋，亲自售书，京城中王孙公子、公卿大臣、巨商富贾闻听和珅售书，纷纷前来购买，一霎时，和珅的书屋里堆满了银子，后来竟至堆积不下。家人用抬粪用的大筐盛装银两，一担一担地挑往家中，如土豆、萝卜般地倒入地窖之内，唬得冯氏拉着和珅的手放在自己的胸口上，说："老爷，从何而得这许多银两？为妻心中甚是害怕！"

和珅安抚冯氏说："莫怕，莫怕，此银是我和二姑刊印《红楼梦》所得，是经过当今皇上他老人家批准的，可谓光明正大，夫人无须担忧。"

冯氏还是忧虑："如此多的银子，怕是一辈子也花不完，留在家中，恐为祸事。"

和珅笑道:"夫人多虑矣,我们家目前看似富裕,实则花钱之地甚多,第一,咱这门庭老旧,住地狭窄,须得更换一个大的宅院,没个千八百万两银子置办不下;其二,若公主下嫁咱家,日常吃穿用度,岂是平常人可比?必是锦衣玉食,咱若不存些银两,到时岂不让公主遭罪受苦?传将出去,我这张脸往何处放?"

冯氏点了点头,说:"夫君说得甚是有理,是为妻目光短浅,如此便再不阻碍夫君,但望夫君当取者取,莫碰不义之财,恐生瞿患!"

和珅乖顺地说:"夫人的话我定牢记在心,此生绝不染指不义之财。"

冯霁雯说自己有事,先一步回到屋中,和珅站在银窖门口,望着里面白花花的银子,蓦然想起《红楼梦》中的四了歌,其中有"世人都晓神仙好,惟有金银忘不了,终朝只恨聚无多,积到多时眼闭了。""积到多时眼闭了",那是世间的庸人俗人,我和珅不会那样,我要攒钱,我要荣华富贵,我要让我的儿孙也和我一样,过着这种衣食无忧、高高在上的生活。

第十三章
伴驾江南

乾隆四十八年（1783年）十月，和珅任国史馆正总裁，赏戴双眼花翎。十一月，和珅之妻冯霁雯祖父冯英廉与和珅继母伍氏相继病逝，和珅为二位长者举办了隆重的葬礼，自是一笔不菲的收入，不提。

和珅念继母对自己有抚育之恩，冯英廉于己有襄助之情，遂上书乾隆皇帝，要为继母与妻祖父丁忧三年，一时间在朝中引起一场轩然大波。

王杰等与和珅有隔阂之人，认为这是一个排挤和珅的绝好时机，就说："继母亦是母亲，为继母丁忧乃是人之常伦，应该允许。"

福长安等与和珅相近之人，则认为："继母非是生母，没有生养，便于礼制不符，无须丁忧。"

"可丁忧！"

"不可丁忧！"

诸大臣议论纷纷，和珅跪在地上，耳边一片嘈杂之声，这些声音在和珅听来，全都无关紧要他要听的话，只有一个人，这个人此刻就坐在他对面的龙椅上，微阖着双目，一副气定神闲的模样。

和珅跪在地上等了很久，这个人说话了，他说："各位卿家，孝行乃是立国之本，和珅身为军机大臣，能提出为继母乃至妻祖丁忧，其孝心可见一

斑，值得褒奖，但是朝中官员本自不足，若此风从此开始，人人皆为继母、妻祖丁忧，恐朝堂会去之一空，因此，朕不准和珅奏议！"

和珅这才从地上爬起来，站到一边。这时乾隆又说话了："朕自登基以来，殚精竭虑，为天下苍生计，然北京偏居塞北，恐德化不能遍及江南，因而自乾隆十六年起，朕五次南巡，宣扬德化，以慰江南士子之心，如今天下太平，百姓安居乐业，朕欲于明年再下江南，未知各位臣子意下如何？"

乾隆话音刚落，班中闪出户部尚书董诰，董诰说："启奏皇上，自苏四十三逆反，朝中之银大部分已充军饷，现户部府库仅存银一千余万两，尚须留待灾荒饥馑之年，以及黄河水灾，南巡费用巨大，望皇上三思。"

乾隆不语，这时奉命巡查黄河水务的阿桂业已回京，阿桂出班道："臣附议董诰尚书之言，皇上南巡，是为天下百姓，然陛下每次出巡，皆为沿途贪官留下借口，勒索下属，鱼肉百姓，为皇上造行宫、选透女，以致耗费钱财，余钱皆为贪官所得，王亶望、国泰之痛就在昨日，陛下不可不防！"

阿桂这一席话更是深深地刺痛了乾隆，他没有想到，一向说一不二的自己就这么一个小小的要求竟遭到两位朝廷重臣的反对，不能让他们就这么得逞，如果得逞，自己这个皇帝还怎么做下去？这时他不由自主地瞄了一眼和珅，希望和珅站出来救驾。但是和珅站在那里，眼观鼻，鼻观口，口观心，完全一副事不关己的样子，乾隆心里这个气呀，心道："和珅你快站出来呀！再不站出来，朕这个南巡计划可就要落空了。"

阿桂发表完意见后，回班，这边又闪出王杰，乾隆一看，心中暗叹一声："完了，不消说，这个王杰又是阻止朕南巡的！"果不其然，王杰说："臣王杰附议董诰尚书和首辅阿桂大人意见，请皇上取消南巡计划。"

其他大臣亦有附议者，眼看众臣已将乾隆逼向角落，再也没有回身余地时，和珅从班中站了出来，和珅说："皇上，臣有本奏！"

乾隆一看自己的救星终于出头了，大喜道："爱卿速速奏来！"

和珅说："臣反对董诰等人的意见，他们说我大清国库空虚，实是对我大清实力估计不足，户部存银多少，臣下不知，但臣所掌握的内务府之库，就有存银三千万两之巨，莫说陛下南巡，就是再有一次金川战争，也是绰绰

第十三章 伴驾江南

有余。"

和珅此言一出,满朝文武皆惊,纷纷议论:"内务府怎么会有这么多银子?"

"天啊!内务府的存银怎么会比国库还多?"

"和珅不会是撒谎吧?内务府还须靠国家给养,它的存银怎么会比国库还要多?"

……

是,内务府的存银怎么会比国库还要多呢?和珅到底是不是在说谎?不是,和珅说的是实话。自乾隆四十三年实施议罪银制度以来,朝中大臣、各省督、抚、藩台、臬司有怕自己犯罪的,事先把银子存放内务府库,以备不时之需,其间有犯罪的,便拿议罪银顶罪,这其中不说别人,就连大名鼎鼎的纪晓岚也曾因为泄密连坐险被杀头,最后交了议罪银八万两获免。因此,从某种程度上讲,是和珅救了纪晓岚一命。

内务府的存银有这么多,连乾隆也颇感意外,他对众大臣说:"此事无须再议,朕此番南巡所有款项,皆由内务府支出,沿途各地官吏勿再另建行宫别院,车马行船,亦由内务府支付,但凡有动用官银者,一经查出,严惩不贷。"

众大臣见皇上花的是自己的私房钱,再也说不出什么,只能回答:"嗻。"

乾隆皇帝第六次南巡的消息一经传出,江南各道人物闻风而动,各自打起了自己的如意算盘。石远梅受江浙大盐商汪如龙所托,不辞劳苦,千里迢迢从浙江来到北京,找到和珅。

"远梅兄,别来无恙啊?"见到石远梅,和珅的脸笑成一朵花,他知道,这尊财神降临是不会空手而来的。

"远梅托和大人的福,甚是安好,和大人贵体如何?"石远梅的双眼仍旧精亮,两撇小胡子比以前更加油黑,一看便是养尊处优惯了。

和珅指指自己的眼睛,说:"自从吃了老兄推荐的秘方,小弟我的感觉是双目如炬、神清气爽啊!"

石远梅哈哈大笑,和珅也笑了起来,然后二人手拉着手,进入和珅家内

堂，早有丫鬟沏上茶来，用玉碗、玉壶盛着，端到和珅与石远梅面前，道了个万福，说："老爷，请用茶。"和珅挥挥手，丫鬟退下，和珅端起茶碗，嘬了一口茶汤，对石远梅说："如果小弟没有猜错，远梅兄定是为了皇上他老人家下江南一事而来。"

石远梅竖起拇指，道："和大人高明，正是为此而来。"

和珅问："莫非远梅兄有什么要事求得当今万岁？"

石远梅摇头道："非也，非也，在下只劳和大人一人足矣，岂敢惊动当今万岁！在下有个朋友叫汪如龙，此人经营盐业多年，乃是江浙一带首富，是他有事要请和大人帮忙！"

和珅笑道："既是盐商首富，何事求得和珅？"

石远梅说："他虽是盐商首富，但仍要受制于两淮盐政。大人不知，那两淮盐政征瑞是个贪得无厌之徒，横征暴敛，搞得盐商苦不堪言，因此两淮盐商联合起来，推汪如龙为会长，共筹集资金千万，准备在万岁爷南巡时，迎接圣驾，拿掉征瑞，使江如龙为两淮盐政。"

和珅思索了一下，说："要拿掉一个征瑞，并非难事，可是要推汪如龙为四品盐政，恐于吏制不合。"

石远梅从怀中掏出一张银票，递与和珅，道："盐商们知道此事难办，故此才让在下来找和大人帮忙，此二十万两权作见面之礼，汪如龙答应，若大人能让其坐到两淮盐政的座位上，以后每年必当孝敬大人您白银二十万两。"

和珅没有接银票，而是从座位上站起身来，两眼望着紫禁城的方向，沉吟良久。石远梅坐在椅子里，用一双精亮的小眼睛打量着和珅，他知道，他今天给和珅出了一道难题，和珅能否帮上这个忙，也许就在这一刻之间。

和珅的大脑在飞速旋转，突然他转过身来，来到案前，抓起毛笔，刷刷点点地在纸上画了起来，只片刻，一位满头长发、眼神略显忧郁的美人便跃然纸上。和珅用嘴吹干画上的墨迹，把画递给石远梅，说："成败只在此一举！"

石远梅不解，问和珅："和大人的意思是？"

和珅道："告诉那汪如龙，可在天下寻找与此女相貌相似的女子，眷养家中，静待皇上他老人家南下。若能找到，此事就有希望，若找不到，此事就如竹篮打水，一场空谈罢了。"

石远梅向和珅深鞠一躬，双手接过画来，道："如此多谢和大人劳心。"

和珅笑道："远梅兄客气了，如此还是看在远梅兄的佛面？否则这类事愚弟是断断不可为的。"

石远梅再次拿起银票，递给和珅道："大人劳心，此礼万望大人收下。"

和珅把石远梅的手推开，认真地说："远梅兄，此礼烦请带回给汪如龙，就说他这个朋友我和珅交定了，待我伴圣驾南下之日，定会到其府上拜访，若能帮其坐上盐政宝座，再收这二十万两不迟；若是不能成功，权当交个朋友，我和珅不帮人成事，是断不收他人银子的。"

石远梅说："既如此，在下也不再难为大人，事不宜迟，在下这就赶回江南，让汪兄按图索骥，寻找画上美女，临行前，不知大人还有何吩咐？"

和珅说："既是两淮盐商已筹好银两，期待圣驾南下，那就告诉汪如龙，务必把场面搞得排场些、阔气些，超过皇上他老人家以往任何一次南巡场面。皇上他老人家毕竟七十有三，这次南巡也许是他老人家最后一次南下了。"

石远梅当下允诺："和大人放心，我一定把大人的话带给汪如龙！"

和珅："好，我明日即把盐商候驾的事奏报皇上他老人家，他老人家听后一定会龙颜大悦！"

乾隆四十九年（1784年）正月，乾隆令皇十五子永琰监国，自带和珅、福长安等近臣南下，一路车马簇簇，侍者如织，行程近月，方抵浙江宁波。浙江巡抚孙士毅、两淮盐政征瑞等地方大员于码头迎接，待乾隆舟驾一到，岸边礼炮连天，号角齐鸣。乾隆从龙舟上望去，只见岸边人头攒动，彩旗飘舞，用丝织搭成的彩棚绵延不绝，好一派繁华景象。

乾隆从龙舟移步而下，岸下的人一齐跪倒，同呼："万岁！"其声响如海啸般地动山摇，令稍稍有些耳背的乾隆深深感觉到普天之下莫非王土，率土之滨莫非王臣的无比荣耀。

在和珅的搀扶下，乾隆走上岸来，向欢迎他的人群略挥了挥手，以示谢意，然后随同孙士毅等人，来到盐商们为他新建的行宫。

这座行宫位于海边，十层高的建筑几乎耸入云端，周围群山环抱，景色宜人，脚下便是波涛汹涌的大海，洁白的浪花拍打着岸边的岩石，发出"哗哗"的声响，比起京城的紫禁城，另有一番感觉！

乾隆步入宫殿，但见殿内十分宽阔，所有窗户皆是用金丝楠木做成，上面雕镂着各式各样的图案，有龙凤呈祥、麒麟送子、麻姑献寿，精美绝伦，大殿正中，摆放着一组浮雕，皆由汉白玉制成，高七八尺，长十余丈，上刻乾隆征大小金川、五下江南等场景，雕刻细腻，栩栩如生，彰表乾隆功业。乾隆看后，心中自然十分欢愉，他回过身来，低声问和珅："此皆是两淮盐商筹资所为？"

和珅笑着回答："正是，包括这行宫，都没让地方出一分一毫。"

乾隆的脸上露出欢喜的神色，对和珅说："此行卿功不可没。"

和珅忙躬身说："臣不敢贪天之功，此皆是皇上您功泽百姓，天下富庶，教化有方，盐商回馈于您而已。"

乾隆听了和珅的话，更感到自己功德无量，超过千古任何一个帝王。

看罢浮雕，乾隆在孙士毅等人的引领下，款步来到二楼，但见二楼内站了一群吴越美女，俱各绿裙窄袄，高耸云鬟，中间有一女子，正在弹着琵琶，唱着江南小调。乾隆细听，却又是歌唱天下太平、盛赞自己功业的，于是心头欢喜，叫和珅赏赐给屋中所有女子每人十两纹银。

三楼里，摆的尽是历代江南才子文人书画，有前朝的唐伯虎、文徵明、董其昌，也有当朝的郑板桥、朱耷等。乾隆徜徉于其间，逐个观摩，逐个点评，深得其中要领，让在场之人心悦诚服。

走过这三层，第四层便是供乾隆休息的卧房，绫罗锦帐，象牙大床，每间屋子都有楠木小窗，隔着可观大海，海天一色，鸥鸟翔集，室内凉风习习，甚是受用。乾隆在这里用过午膳，于屋中小憩了会，起来盼咐身边值事的太监说："去把和珅给朕喊过来，朕要见他。"

其时，和珅就候在门外，听皇上找他，立马进到屋子里，跪地叩首："奴才和珅躬请圣安。"

乾隆说："平身吧！我等在外巡游，非在朝中可比，一些繁文缛节，可免则免。"

和珅跪拜道："谢皇上！"

接着和珅起身，过来给乾隆捋捋弄得凌乱的胡须，轻声问："皇上可曾睡得？"

乾隆说："睡了，大约有两刻钟被海潮的声音惊醒了。"

和珅连忙说："用不用再换个地儿？这海水起潮的声音的确很扰人，像战场似的。"

乾隆忙说："不用不用，朕感觉在这地方甚好，有海风吹着，这心肝肺都感觉被鼓荡开似的，浊气一泄而光，神清气爽，舒服极了。"

和珅笑道："臣也感到心旷神怡，住在这海边，堪比神仙哪！"

乾隆点了点头，忽然问和珅："朕住这是几层？"

和珅回答："回皇上，是四楼。"

乾隆举目向上望了一下，和珅会意："奴才带皇上到上面去逛逛？看那些盐商能弄出什么稀罕的玩意儿来？"

乾隆点头，说："朕正有此意。"

于是和珅用双手搀扶着乾隆，走上楼梯，刚一进入五楼，他们不约而同地感觉到来了一个时空的大转换。这里的地面，铺的是新疆维吾尔风情地毯，墙壁上挂的也是维吾尔风情毡画，画上的天山白雪皑皑、巍峨耸立，地上的羊群如白云一样，漫洒在一望无垠的草原上。

乾隆与和珅两个人都有些愣了，仿佛置身于另一个世界。这时寂静的大厅里忽然传来冬不拉的声音，一队维吾尔族少女面遮白纱，举着长长的裙裾从屏风后面走出来，随着冬不拉弹奏的乐曲，她们开始翩翩起舞，舞姿婀娜曼妙，让身居宫廷、阅历无数的乾隆都有些目瞪口呆。

乾隆与和珅忘情地看着，少女们一曲舞尽，犹如凌波微步的仙子一样退到屏风后面，接着一个窈窕的背影缓缓地从屏风后面走出来，她头上的辫子多得像地里的庄稼，随着她身躯的摆动，那些可爱的小辫子快乐得像风中的旗，乾隆一颗孤寂多年的心在这一刻"嘭"地跳跃起来。

曾几何时，他的宫中也萦绕着冬不拉的声响；曾几何时，他的眼前也有这样的小辫子在摇晃。他曾多少次陶醉在她的歌声与笑声里，忘却了自己是烦恼无尽的帝王，他曾多少回枕在她的玉臂里向往另一种生活。她的美足

以让鲜花为之羞愧，也足以让月亮里的嫦娥为之闭嘴。但是，残酷的政治不得不使他和她分开，如今她就住在皇宫的宝月楼内，虽近在咫尺，却难相往来。

她的名字叫伊帕尔罕，生于雍正十三年九月十五日，小乾隆33岁。乾隆二十二年（1757年），回部大小和卓叛乱，伊帕尔罕的王叔额色尹和哥哥图尔都配合清军作战，立下战功，乾隆二十四年平叛之后，乾隆封额色尹为辅国公，封图尔都为一等台吉。图尔都为了表示世代与朝廷交好，遂把妹妹送往皇宫，为乾隆做妃。乾隆对其百般宠爱，初封为和贵人，不久封为容妃（俗称香妃），为其盖宝月楼供其居住。后因大小和卓二次叛乱，乾隆不得不离开容妃，也就是从那一刻起，风流无度的乾隆死去了一颗情心，变成了一台冷酷的政治机器。

冬不拉的音律骤然升高，舞蹈着的少女旋转起来，一袭白纱纵然遮住了她的鼻子、嘴巴，但是遮不住她细长的眉毛和蓝宝石一样深沉的眼睛，乾隆在那一刻愣住了，是她，伊帕尔罕，朕的香妃。舞蹈的少女越来越近，她的面容也越来越清晰，透过她脸上那层薄薄的面纱，乾隆的目光越来越惊愕，嘴巴洞开，下巴上的胡须也在不停地颤抖。和珅看火候到了，悄悄地退了出来。

舞蹈的少女来到乾隆身边，乾隆情不自禁地伸出手去，扯掉少女脸上的面纱，在这一刻，冬不拉声停止了下来，刚才热闹的空间变得异常寂静，乾隆的目光定格在少女脸上，口中呢喃着说："伊帕尔罕，伊帕尔罕！"

少女一朵云霞一样，轻轻地飘落在地面，口中说："伊帕尔罕拜见皇上陛下。"

乾隆的身躯颤抖一下，眼泪从他细长的眼角流了出来，他一把搂住伊帕尔罕，声音哽咽着说："伊帕尔罕，朕想死你了，你不是在宝月楼么？怎么会在这里？"

伊帕尔罕伸出修长白皙的手指，揩去乾隆眼角的泪水，轻轻地说："奴婢也想念皇上，很久很久了！"

乾隆周身的血液沸腾起来，他拥抱着伊帕尔罕，想把她托起，像他年轻时那样，托着羽毛般把她托起，可是他已力不从心，只能遗憾地对伊帕尔罕说:"朕老了,朕再也抱不动你了。"

伊帕尔罕用双手捧着乾隆的脸,说:"陛下,您不老,您正当年。"

乾隆在伊帕尔罕的搀扶下,热血沸腾地向屏风后面走去。

和珅溜出乾隆行宫,样子有些鬼祟,他从刚才乾隆的举动中,看到了一个七十多岁老人的欲望。这种欲望在乾隆身上已经消失了多年,今朝的兴起说明了他和珅已经进入了乾隆的内心世界,成为最懂得他心理需求的人。现在和珅要去见一个人,一个曾经给过他二十万两银子许诺的人。

和珅钻进了属于他自己的蓝呢大轿,对轿夫说:"送老爷我到盐商汪如龙府上。"

轿夫抬着和珅,走在宁波铺着石板的大街上,天空湛蓝如洗,和珅此刻的心情就跟外面的天空一样,明朗极了,高兴极了,这满朝文武,试问还有谁会如我这般了解皇上他老人家心思?

和珅来到汪府,早有家人进去通报,汪如龙穿着汗衫出来迎接,跪地拜道:"在下汪如龙拜见和相爷。"

和珅打量了一眼汪如龙,见他生得方面大耳,气宇轩昂,心下不由产生几分喜欢,道:"汪兄无须多礼,小弟冒昧造访,尚请汪兄见谅。"

汪如龙起身道:"和大人以千金之躯,光临寒舍,寒舍蓬荜生辉,和大人快请!"

和珅:"汪兄请!"

汪如龙前头引路,带领和珅来到中堂,和珅放眼望去,只见这个中堂足有几丈宽,内壁挂满名人字画,室中桌椅皆是小叶紫檀木所做,高贵典雅,馨香扑鼻,不由暗自赞叹:"真不愧是江南首富之家。"

和珅落座后,眉飞色舞地对汪如龙说:"汪兄真乃江南第一豪杰,竟能在茫茫人海中觅得跟皇上他老人家香妃一般无二的女子,真乃奇迹!"

汪如龙谦逊地说:"此还不是托和大人的福,在下才叫人从新疆觅得。不知皇上他老人家是否满意?"

和珅连连点头,说:"满意!"

汪如龙笑道:"只要皇上他老人家满意,在下的就没有枉费心思。"

说话间,一位女子捧上香茶,此女年龄在二八左右,肤白如雪,眉尖一

点胭脂痣,与和珅额头上的那颗痣一般无二。汪如龙向和珅介绍说:"相爷,此乃我小妹,名唤豆蔻,今年17岁。"

和珅对豆蔻报以友好的一笑,豆蔻躬下身来,给和珅道了个万福,莺歌燕语般地说:"小女豆蔻拜见相爷。"

和珅连忙说:"这是家中,无须多礼。"

汪如龙说:"小妹素来仰慕和相爷才华,平素在家,常吟咏和大人的诗章,今听大人前来,定要出来一睹大人风采。"

和珅听说豆蔻知晓他的诗,顿时兴致盎然,问豆蔻:"不晓得小妹知晓我哪首诗?"

豆蔻羞答答地说:"凡是大人的诗,传到南地的,小女子都会背诵。"说着豆蔻背诵一首《即事有感》,诗云:

独有风尘客,忙中学闭关。
长年余案牍,片暑猎溪山。
何药能医俗?无钱可买闲!
醉来慵睡里,又梦冀毛斑。

豆蔻背完,和珅脱口叫了一声好,豆蔻又背诵:

税驾凌晨发,天寒秋渐深。
霜痕凝浅草,岚气界空林。

和珅亦背诵:

山有送人意,鸿多别塞音。

二人合:

途长频策马,语响乍惊禽。

第十三章
伴驾江南

  残月淡星影，朝暾破岭阴。
  囤场何处是？烟蔼没遥岑。

  二人声音，一个醇厚如酒，一个清亮如茶，堪称琴瑟和鸣，煞是悦耳。二人诵毕，目光中都有些新的内容，和珅想："这个小女子聪明伶俐，又如此喜欢我的文章，若能娶得做妾，他日相伴左右，红袖添香，岂不快哉？"豆蔻想："这和大人长得如此英俊，又才华横溢，能嫁给她，也不枉到人世走一遭。"

  二人眉目传情，互有惺惺相惜之意，早被汪如龙看在眼里，汪如龙对和珅说："和大人，在下有一想法，不知大人肯不肯听？"

  和珅："但请说来！"

  汪如龙说："舍妹素慕大人才华，今日得见大人，乃是她前世修来之福，若大人不嫌弃，可将其送与大人为妾，以全其仰慕大人之志。"

  豆蔻闻听，羞答答地垂下了头，不时偷看和珅神情，和珅望了豆蔻一眼，对汪如龙说："如此感谢兄台，我定不负舍妹，执子之手，与之偕老。"

  汪如龙喜道："如此以后便是一家人了，为兄无他，送妹白银二十万两，以做妆奁。"

  是夜，和珅便住在豆蔻房中，成就了一番好事。和珅回到乾隆行宫，问太监乾隆在做甚？太监说，皇上他老人家与那伊帕尔罕一夜未眠，现正在休息。和珅于是便又回到汪如龙家中。汪如龙对和珅说："妹丈来到南地，南人多好附庸风雅，家中以藏名人书画为荣，我不妨带妹丈到外边走走，赚些润笔费如何？"

  和珅一想，这的确是个生财的好道，写字换钱，可是既风光又体面的劳动，便答应了汪如龙。汪如龙带领和珅来到盐商商会，派人传话出去，说当朝和珅和中堂莅临商会，有买字者速来。消息一出，整个宁波城轰动起来，大到巨商富贾，小到酒店作坊，纷纷涌到盐商商会，争相向和珅买字。和珅自咸安宫官学便摹仿乾隆书法，几十年下来几乎达到了以假乱真之境。他在书案前奋笔疾书，汪如龙在旁替他收银票，只半天时间，就赚取了十几万两银子。

乾隆足足和阿帕尔罕缱绻了三天，第四天才宣诏和珅入见，对和珅说："朕这几日，深感两淮盐商忠心为国，为慰其心，朕予于行宫赐宴，赏赐盐商。"

和珅等的就是这一天，他对乾隆说："臣代盐商谢陛下恩典。"

当晚，以汪如龙为首的两淮盐商悉数被和珅请到乾隆行宫，乾隆亲临酒席与盐商们把盏，乾隆问众盐商："征瑞在此，管理盐政，众卿家可有不方便否？"

乾隆此言一出，底下盐商们议论纷纷，这时和珅对乾隆说："奴才这几日闲暇，走了几家盐场，所有人皆向奴才反映，说征瑞他不懂盐务，横征暴敛，民愤甚大！"

乾隆听后皱皱眉头，说："有这等事？"

汪如龙说："皇上，和大人所说句句属实，征瑞不懂盐务，胡乱向各盐商摊派收钱，并于隆冬时节，向盐商们要盐，致使盐工隆冬入海，死残数十人。"

乾隆问起汪如龙来历。

和珅在旁说："他叫汪如龙，是两淮盐商商会会长，此番盐商捐银就是由他发起！"

乾隆又问汪如龙："如此说来，你懂盐务？"

汪如龙答："小人自十一二岁起，便随家父经营盐场，凡盐之事，无一不通，因处事公道，方被众盐商推为商会会长。"

乾隆捋捋胡须，作深思状，和珅见此，乃对汪如龙使一眼色，汪如龙会意，举杯跪伏于地，其他盐商也随之跪倒，齐声道："江南盐商恭祝皇上吉祥，皇上万岁、万岁，万万岁！"

乾隆喜道："众卿家平身，朕与汝等一醉方休。"

众盐商起身，入座畅饮，酒席间一时觥筹交错，气氛热烈非常。

酒席散后，乾隆颇有醉意，想自己六下江南，惟此次最为开心，其中多赖盐商们出资相助，便唤和珅近前，说："朕予撤下征瑞，改汪如龙为两淮盐政，卿以为如何？"

和珅见目的终于达到，遂压抑着心头的狂喜，对乾隆说："皇上圣明，以盐商治盐，定会使我大清盐业兴旺，实乃是国家之幸，黎民百姓之福。"

乾隆道："那就代朕拟旨，封汪如龙为两淮盐政，赏四品顶戴花翎。"

和珅草拟好圣旨，盖上皇上玺印，不顾夜深路遥，来到汪如龙家，一进中堂，和珅便用难以抑制的兴奋语气高呼："汪如龙接旨！"

汪如龙跪地，和珅宣读圣旨曰："奉天承运，皇帝诏曰，浙江盐商汪如龙上体国家，下恤民众，深谙盐政之道，实乃国之栋梁，为彰其功，特赐其为两淮盐政之职，赏四品顶戴花翎，望其不负圣恩，办好两江政务，钦此！"

和珅宣读完圣旨，将圣旨交给汪如龙，如释重负地说："汪兄如愿以偿，弟亦不负远梅兄所托，可谓得其所耳！"

汪如龙听出和珅弦外之音，忙从怀中抽出事先准备好的二十万两银票，递与和珅，道："妹丈劳心，此作回报，其余早先承诺之言，定不更改！"

和珅接过银票，笑嘻嘻地说："如此小弟便收下了。"

第十四章
千古一筵

是年四月，乾隆结束南巡，回到京师，他们前脚刚到，后脚汪如龙就派人把妹妹送到和珅府中。和珅又广发喜帖，邀朝中诸臣、各省督、抚、藩、臬到其家中庆贺。

和珅去岁娶卿怜，兼之又死继母爷丈，诸臣已随礼甚多，今日再娶豆蔻，便有家境寒微者感到力不从心，这其中便有刘墉。

刘墉虽然从他的祖父起，就在朝廷为官，但因其世代清廉，家中积蓄不多，和珅借娶妾之名，行敛财之实，深让刘墉感到痛恨。他让家人订制了一个大大的木箱，上面涂以金漆，候和珅大喜之日，差家人送到和珅府上。和珅见刘墉送来这么大一个箱子，以为里面定是装满了银子，大喜过望，遂在众人面前打开验看，却只见箱内只有一灯和一张画。和珅不解其意，拿起画，见画上面只有一盏点燃的灯，光毕四溢，旁边有刘墉的浓墨重笔，题曰："满灯即满登，祝和中堂日子如此灯，常自满满。"和珅哭笑不得。

乾隆自江南归来，由于心里还想着江南的那个伊帕尔罕，便到后宫漫步，他见后宫的妃子们都韶华已逝，不仅心生感慨，暗自思忖：这深宫内院，空空耗掉了多少人的青春？如今连朕也老了，还养些这些女人做甚？莫不如把她们放回家中，尚能找个男人，生下一男半女，以养天年。于是乾隆

第十四章
千古一筵

下诏，将后宫内所有30岁以上的未曾临幸的宫女释放回家，准许其自觅郎君。

此谕旨一颁发，宫内一片骚乱，那些在宫内多年的宫女们纷纷收拾行囊包裹，一哄而散，唯有来自西洋的女子玛丽不肯走。

这玛丽来自法兰西，乾隆初期由传教士带入中华，进献给乾隆皇帝，乾隆帝以其是异邦女子，幸之有辱天朝大国君主之威严为由，一直赡养宫中。今日乾隆诏令宫中符合出宫条件宫女回家，玛丽也在其中之列，但法兰西路途遥远，因此玛丽哭着不肯离开。

有太监把玛丽的事告之乾隆，乾隆早忘了玛丽的存在，听说此事亦感到有些棘手。如果留下玛丽，则说明自己放归宫女放归得不彻底；如果强赶她出宫，茫茫天下，又让她投向何方？总不能让她流浪街头？传扬出去，我天朝大国的颜面何在？

乾隆这时又想到和珅，把玛丽交给他，他一定会有办法。乾隆派人召来和珅，对和珅说："这个西洋女子，已在宫中多年，朕未曾染指半下，卿将其带回家中，若其肯嫁，便寻一富庶人家嫁了；若不肯嫁，便代朕养于家中，直到终老！"

和珅满口答应："圣上，奴才一定办好此事！"就随太监去后宫领取玛丽。

和珅见到玛丽，感觉这西洋女子年龄虽然大了点，但是碧眼高鼻，满头金发，容貌绝不输给自己家中任何一个妻妾，就动了歪心思，想："我若把这西洋女子娶回家中，会别有一番情调！"便挑逗玛丽说，"皇上他老人家已经把你赏赐给我做妾，你是否愿意？"

玛丽看和珅正值当年，又长得相貌堂堂，便高兴地说："你是皇帝赐给我的天使，我愿望，十分愿意！"

就这样，和珅把玛丽接回家中，名为赡养，实则做妾。如今和珅妻妾多了，家业也大了，于是心想："我不能再在这驴肉胡同住下去了，万一哪天皇上赐公主和我儿子丰绅殷德完婚，这个宅院不够体面不说，也委屈了公主的万金之躯，还是趁公主未过门，抓紧寻一个风水宝地，新建一处宅院为妙。"就在京城里面寻觅，终于在后海的前面找到一块三面临水的地方，上奏

给乾隆，乾隆知道和珅这是给自己的女儿女婿准备新房，自是十分高兴，欣然批准了他。

此时的和珅已经有了相当雄厚的经济实力，他与妻子和长二姑商议，咱们既然建宅，就一定要建得像模像样，百年之后，甚至千年以后，留给子孙，都是一笔珍贵的遗产。冯霁雯和长二姑都同意他的看法，和珅就参考皇宫的布局样式，亲自操刀，设计了一套建筑图，从一根房梁到一根窗棂，采用什么样的木料，雕成什么样的图案，都经过精密的计算，图成之后，和珅把它交给刘全和呼什图，由他二人寻觅工匠施工，所有施工用度则由长二姑和卿怜二人把握。

经过一番紧张的劳作，一座宽阔雄伟的宅院在后海前面拔地而起，宅院内楼房紧簇，亭台轩榭，假山池沼，互为相连，绝不亚于皇宫内苑。和珅在楼中为自己辟一书斋，名曰"嘉乐堂"，为冯霁雯、长二姑辟"淑春楼"，为卿怜辟"迷楼"，为豆蔻辟"暖春楼"，玛丽辟"阳春楼"，俨然皇帝一般。驴肉胡同内的老宅则让给了弟弟和琳一家独居。

这一年的冬天特别冷，雪又特别大，城中不少人家的鸡犬冻死窝中，街上时有冻饿而死的乞丐，往城外运送死尸的官车络绎不绝。

在这样的大冷天里，乾隆皇帝坐在温暖如春的皇宫内，想的不是平民的死活，他想的是另外一桩事，自己已经七十多岁了，上天不可能让自己再多活七十岁，所以得趁自己还能张罗，抓紧立德、立功、立言，以彰显自己的千秋功业。如今仗也打了，功也立了，《四库全书》及各部史业已修成，言也立了，只有一个"德"字。纵然自己的德行不差，但德行这东西永无止境，永远也立不完，自己再做一件什么事既能德布四海，又能标新立异呢？乾隆想到了"千叟宴"。

千叟宴的首创者是康熙皇帝。康熙五十二年（1713年）正月，康熙开始筹备自己的六十寿辰，此时的大清帝国"四海安宁，民生富庶"，各地百姓有感于皇帝的恩泽，选派一些耆老进京为皇帝贺寿。康熙目睹此景，深为感动，遂于三月十九日在北京西郊的畅春园举行宴会，宴请前来为其祝寿的老人。

乾隆一向以十全老人自居，感觉自己的功业绝不亚于祖父，因此他想效仿康熙，举办一次"千叟宴"。

"千叟宴的宴请对象并不难找，全国各地多有七十岁以上的老人，难就难在这么多老人汇聚京师，凑在一起用餐，场地怎么选？吃什么？"乾隆找来和珅，对和珅说，"和珅啊！你来帮朕琢磨一下，这千叟宴什么时间举办最为合适？"

和珅说："一年之计在于春，而春天之首则在正月，因此臣以为这千叟宴应该举办在正月里。"

乾隆捋捋胡须说："正月虽好，但北京天冷，酒菜置于室外，岂不瞬息而凉，如何下腹？"

和珅思考了一下，兴致勃勃地对乾隆说："陛下，有了，咱们不吃炒菜，吃火锅啊！您想想看，那么多人，那么多只火锅，集中在一起，再冷的天也不用担心了。"

和珅说完，乾隆立即眉开眼笑，夸和珅说："卿之主意甚妙！那就定下来，就吃火锅。"

乾隆当即下旨，传谕全国各州各县，凡当地有70岁以上的老者，身体健康，皆于明年正月赴京，参加御赐的千叟宴。

和珅在这千叟宴上也嗅出了商机，全国得有多少70岁以上的老人啊！没有几万，至少也有几千人，这么多人到北京来，吃的住的，哪样不需花钱？如果在他们身上每人赚取十两银子，那就是几万两啊，想到这里，和珅从衙门偷偷溜回家中，与长二姑商量说："明年正月，皇上他老人家举办千叟宴，届时来京的老人和官员们一定不少，吃住用度都用利可图，我看莫不如再买些房屋，办成旅馆、饭庄，定会火爆兴隆。"

长二姑思忖了一下，道："好便好，只是千叟宴后，这些房屋如何处置？"

和珅说："若千叟宴能把买房之金赚回，宴后便将这些房子租赁出去，我们按月收租，岂不又是一个生财之道？"

长二姑道："如此甚好，我明日即叫呼什图和刘全出去购买房屋！"

新年刚过，紫禁城里就热闹起来，来自全国各地的三千多名老人在当地官员的带领下，来到北京。和珅暗示手下，把这些官员、老人全安置在自家

经营的旅馆、饭庄之内，按人头收取银两。

正月初六一早，皇城门大敞四开，三千耆老在太监和官员们的引领下，由东华门进入皇城。乾隆立于城上，见老翁们一个个白发如雪、须髯似霜，心中十分高兴，对身边的和珅说："朕今日方知朕治的天下，还有如此之众的老人。"

和珅在旁道："皇上仁德圣明，乃是千古以来第一君主，因此才有这天下太平，人人得以颐养天年、康泰长寿。"

乾隆舒心地笑了，走下城楼，来到乾清宫，接受耆老和众王公大臣们的朝拜。

乾清宫的地面上，摆放着乾隆皇帝的御桌，殿外两廊，是王公和朝中的一二品大臣和外国使节们，大殿之外，便是耆老们，共有桌子800张，火锅1500余只。乾隆御桌和王公大臣们所用的火锅有银、锡两种，众耆老们所用的火锅则为铜制，每桌两只，均出自宫廷造办处工匠之手，外表精美绝伦，堪称为艺术精品。

所有的火锅已被点燃，猩红的炭火煮沸锅中的白水，"呼呼"蒸发着热气，驱走了殿内殿外的春寒，很快，穿着节日盛装的宫女们端着朱漆木盘盛着菜品姗姗而来。一等桌的菜品为：猪肉片一盘，羊肉片一盘，鹿尾烧鹿肉一盘，羊腿肉乌叉一盘，荤菜4碗，蒸食寿意1盘，炉食寿意一盘，螺蛳盒小菜2盘。次等桌菜品为：猪肉片1盘，烧狍肉1盘，蒸食寿意1盘，炉食寿意1盘，螺蛳盒小菜两盘。

和珅代表乾隆皇帝做了一番热情洋溢的讲话，大意是国泰民安，皇上为推行敬老孝老之道，准备了这次宴会，希望大家不负圣恩，把皇帝的美意带回家，教化后人，忠君爱国云云。和珅讲完话后，宴会便开始了，茶膳房的大臣向乾隆皇帝敬献红奶茶一碗，乾隆喝下，管宴大臣及侍卫们手执银里椰瓢碗进入，分赐王公大臣及各位耆老。赐茶之后，乾隆率诸王公大臣和耆老们进餐。

一些来自南地的耆老们有生以来，皆未吃过火锅，乍品此味，只觉得满口奇香，而汤汁更为鲜美，便将方法记录于心，留待回家一试。酒过三巡，乾隆召一品大臣和所有九旬以上的长者至御座前下跪，亲自赐酒，又命皇

第十四章 千古一筵

子、皇孙、皇曾孙为殿内的王公大臣们敬酒,酒席间的气氛顿时活跃起来,乾隆命掌礼太监拿来笔墨纸砚,自赋诗一首,诗云:

> 百里山川积素妍,古稀白发会琼筵。
> 还须尚齿勿尊爵,且向长眉拜瑞年。
> 莫讶君臣同健永,愿偕征兆共昌延。
> 万机惟我无休暇,七十衰龄未歇肩。

诗成后,乾隆将诗拿出,令众臣传阅,和珅将诗拿至殿外,在耆老席间大声朗读,诵声犹如金石相击,朗朗动人。众耆老们出席,向乾隆叩拜,齐呼:"皇上功比千秋,愿吾皇万岁万岁万万岁!"

乾隆更悦,命掌礼太监将笔墨纸砚分发给王公大臣、各位耆老,敕令每人赋诗一首。一时间,酒席变成诗会,耆老们捋髯拈须,诗声阵阵,每有佳句传来,君臣欢呼,举杯同庆,借着酒兴、诗兴,乾隆命掌礼太监拿出事先为耆老们准备的银牌、手杖、文绶,分发给在座的鲞老,再次引起一片欢呼之声。

酒筵自上午时起,一直饮至日落方休,可谓盛况空前。宴罢,乾隆命人将席间所作之诗悉数收藏,交《四库全书》馆评审,审定后交皇帝亲自圈定,由武英殿勘印成书,流传于世。

此次宴会共用白面 750.75 斤,白糖 36.125 斤,澄沙 30.5 斤,香油 10.125 斤,鸡蛋 100 斤,甜酱 10 斤,白盐 5 斤,绿豆粉 3.125 斤,江米 4 斗 2 合,山药 25 斤,核桃仁 6.75 斤,干枣 10.125 斤,香蕈 0.5 斤,猪肉 1700 斤,菜鸭 850 只,菜鸡 850 只,猪肘子 1700 个,玉泉酒 400 斤,柴 3848 斤,炭 412 斤,煤 300 斤。

千叟宴让和珅进一步地认识了乾隆,这位年已七十有四的老人已经进入了垂暮之年,他好大喜功,铺张奢华,喜欢听人吹捧。在他的意识里,名声大于一切,凡是往脸上贴金敷粉之事他会一概争之,决不退让半步,更不会拱手让人,他要的是千古惟一,前无古人而后无来者。面对这样一个事业心与虚荣心并存的皇帝,和珅觉得皇帝并没有错,相反极为赞同皇帝的做法,

皇帝么？就要君仪天下，威震四海，就要拿出王者的风范与皇家的气度，让自己高兴，让手下的大臣们高兴，让普天之下的老百姓高兴。

"皇帝他老人家老了，自己更要竭尽全力地侍奉他，莫让他感到孤独，我要像侍奉自己的亲阿玛一样，哄他老人家高兴，只有他老人家高兴了，我才能保住在他老人家心中的不二地位。"和珅站在皇城门口，望着巍峨的城楼，浮想翩翩。

自从丰绅殷德与十公主订婚，和珅的大舅明保和二舅明禄过府相望开始，隐藏在和珅内心深处的一道门被逐渐推开，不管怎样说，他们毕竟是自己的亲娘舅，自己的身上还流淌着和他们一样的血液，无论如何也不能把他们拒之于千里之外，显得自己鸡肠鼠肚！

明保是个糊涂蛋，也可以说是半个无赖。明禄却不像他哥哥那样，他好饮酒，酒后常以陆放翁自居，吟诗作赋，慷慨淋漓，这样就拉近了他与和珅的距离。闲来无事，和珅就会差人把他的二舅明禄找来，二人坐在嘉乐堂内，温一壶酒，边饮边谈，论些诗词歌赋。

孟春一日，园中海棠尽开，蜂飞蝶舞，和珅与卿怜、豆蔻游于园内，看着这满园春色，和珅不知不觉中想起了自己的母亲，如果她老人家活到今日，看到自己身居高位、妻妾成群，那该是何等的荣耀？可惜她老人家英年早逝，没有等到这一天。想到此处，和珅不觉心下凄然，泪洒衣襟。

"老爷，你这是怎么了？是否又想起父母大人？"卿怜轻声问。

和珅掬了一把泪，说："正是，若是他们二位老人家在，咱这一大家子该是何等的幸福美满？"

豆蔻安慰说："老爷，人死不能复生，已过去多年，还望老爷多多保重。"

卿怜也说："若是老爷思念亲人，可唤下人把二位舅老爷请来，一叙衷肠。"

和珅转涕为笑，故意气豆蔻说："到底是卿怜知我、疼我。"

豆蔻并不生气，道："妾身确实不如卿怜姐姐会疼人，但是妾身也不缺鼻子少眼睛！"

和珅伸出手，在豆蔻的粉腮上捏一把，嗔笑道："你要是缺鼻子少眼睛，如何能进得了我的家门？还让老爷我如此疼你？"

卿怜在一边说："老爷且与豆蔻妹妹在这边观看，我去叫厨房备菜，再差人去请二位舅老爷。"

卿怜说着便走，和珅叫住了卿怜，说："卿怜，只须把二舅请来便罢，大舅便算了。"

卿怜说："既是请，何差他一副杯箸？一起请来岂不更好？"

和珅想了想，道："那便一并请来吧，他那浪荡相，我实在懒得见他。"

卿怜走了，和珅上前把豆蔻揽在怀里，腿疾突然发作，跌坐在地上，疼得龇牙咧嘴，豆蔻急忙道："来人，快来人，给老爷杀狗。"

一条狗被杀，家人把新剥下来的狗皮敷到和珅腿上，疼痛顿时减轻了许多，这时有家人向和珅报告，说："大舅老爷到了，现在客厅中等候。"

和珅说："让他先在客厅中等着，等二舅老爷来了再说。"

家人去了，和珅坐在炕上，手抚着敷着狗皮的腿，童年的那段往事又浮上心头，在那些灰暗的日子里，连自己的亲娘舅都不待见自己，这个世界上还有什么温情可言？每个人活着，都只是为了自己活得更好，他们的笑，是伪善的笑，他们的情是虚假的情。一个人只有自己强大了，你才能获得众人的追捧，你的生活才真正地具有了至高无上的意义，否则，一切都是泡沫。

和珅一边想着，一边解下敷在腿上的狗皮，家人端过一盆温水，小心地擦拭着和珅沾有血迹的双腿，这时又有家人来报："二舅老爷到。"

和珅来到客厅，向两位舅舅施礼，然后命家人端上酒菜，与两位舅舅对饮起来。酒席中，和珅不时地用眼睛扫扫明保，明保这年有五十多岁，两处鬓角已生出斑斑白发，一对眼角刻着深深的鱼尾纹，一双眼珠也变得如玻璃珠子一样混浊不堪。

"大舅，二舅，你们两位知道外甥我今日因何找你们过府饮酒么？"和珅端起酒杯，问明保、明禄。

明保、明禄均摇头表示不知，和珅抿着嘴唇说："我想我的额娘、阿玛，他们仙逝有三十多年了，倘若他们在天有灵，看我和和琳走到今天，不知他们会有何感想呢？"

"那还用说，高兴呗！你当这么大的官，连我和你二舅都高兴！"明保

说着，看了一眼明禄，明禄正端着酒杯，思索着和珅话中的意味。

果然和珅话中有话，他眯着一双俊目对明保说："如此说来，大舅当年并没有想到外甥会有今天吧？"

明保被和珅问得一窘，说："过去的事不要再想了，当年都怪舅舅我有眼无珠。"

和珅笑了，对明保说："大舅可有难处？有难处不妨对外甥说，看我如何帮你。"

明保刚要启齿说话，被弟弟明禄在桌子底下踢了一脚，和珅看到，对明禄说："二舅，你踢大舅干什么？如果大舅家真有什么难处，我会看在亡母的分上，一定帮他。"

明保斜了弟弟明禄一眼，说："就你多事，外甥乃是当朝一品，怎么会记恨舅舅？"又把脸转向和珅，涎着脸嬉笑着说。"要说难处，舅舅这里真有一大箩筐，只怕外甥帮不过来。"

和珅一拍胸膛，对明保说："别说一箩筐，就是八箩筐、十箩筐，在我这里也算不得事，你只管说，外甥一一给你办来！"

明保一听，两只混沌的眼珠立即迸发出光泽，扳着手指说："这第一件事，就是你的大表弟，三十来岁了，也没有个功名，至今还赋闲在家，衣来伸手，饭来张口，我想求外甥，给他外放个知县，省得在我眼前晃悠，烦！"

和珅说："这个没有问题，我先把他放到山西五台，以后再慢慢往京城里活动。"

明保乐了，说："如此谢谢外甥，这第二件便是你的三表弟要结婚，女方那边要纹银一万五千两做聘礼，大舅我实在拿不出。"

和珅不解，问："女方是个什么样人家，竟要这许多聘礼？"

明保未曾说话，明禄说："外甥有所不知，非是女方聘礼要的多，实在是你大舅家的三儿是个傻子，人家不要这许多聘礼才怪。"

明保不高兴地斥责明禄："就你多嘴，我们家三儿哪是傻子，傻子还知道向我要媳妇？就是心眼比正常人少那么一两个而已。"

和珅道："不管他真傻假傻，既是表弟娶妻，这钱我拿，但不知舅舅需要多少？"

明保琢磨一下，说："连交聘礼带办酒席，至少得一万八千两。"

和珅说："不就是一万八千两银子么？我出，明日铺子柜台取便是了。"

明保不解："为何要到铺上去取？"

和珅解释道："家中所有资金皆在铺子柜台上运转，舅舅不到那里去哪？"

明保谢过，和珅又问明禄："二舅家中可有什么难处？亦一并说来。"

明禄说："二舅我一生所爱，唯有诗酒，不必劳烦外甥。"

和珅笑道："我道我家祖上，皆爱弓马，惟到我处，偏爱诗章，我心想像谁呢？原来像二舅也！"

明禄大笑，明保说："外甥有一处却是像我！"

和珅惊讶，用戏谑的口气说："我身上还有像大舅之处？快请大舅说来。"

明保无赖地说："就是女人。"

和珅笑道："大舅错矣，普天之下，哪个男人不爱美女？外甥之爱，与舅舅不同，舅舅之家是买的，外甥之家是人家送的。"

明保粗俗地说："那有什么不同？不都是为了两个字，痛快！"

明禄见明保说的不像话，忙对和珅说："贤甥莫听你大舅胡言乱语，他喝多了，还是咱们二人和一首诗吧！"

送走两位舅父，已是子夜时分，和珅来到冯氏和长二姑房中，口中连称："痛快，痛快！"

冯氏问："相公因何如此高兴？"

和珅说："我为大舅办了两件事。"

冯氏又问："是哪两件？"

和珅说："第一件是为他家的来福觅得了一个差事，二是借给大舅一万八千两银子。"

长二姑道："如此说来，老爷不再记恨幼时之事了？"

和珅咬牙切齿地说："正是因为我记得此事，看他哈巴狗一样地求我，我才高兴！"说到此处，和珅恍然大悟地对长二姑说，"对了，明日你告诉刘

全，若是大舅到铺上的柜子取钱，让他写好字据，再收他一分的利息。"

冯氏委婉地劝说："自己娘舅借钱，若是收息，是不是不好？"

和珅愤然道："我这还是看在死去的母亲大人面子，若不然，连我的家门都不让他进。"

第十五章
智断疑案

　　三等侍卫海升，年34岁，满洲正白旗人，生得儒雅俊朗。除此以外，其家庭更与当朝首辅、首席军机大臣阿桂有亲属关系。

　　别看海升外表儒雅，实则性格暴烈，沾火就着，他的拳脚功夫更是了得，练将起来，虎虎生风，通常十几条壮汉不能近身，江湖人送其绰号"雅判官"。

　　话说这一日，海升公干回家，向其妻乌雅氏要钱，欲请江湖上的人士喝酒，乌雅氏讨厌其与江湖人士来往，便赌气地说："家中无银，愿喝酒找别人借去。"

　　海升一听，顿觉不快，对乌雅氏说："前日刚拿回家的俸银，怎么两日就花完了？"

　　乌雅氏沉着脸，道："即便是家中有钱，也不给你，让你去跟那江湖流寇喝来喝去，早晚把你的官职喝没了。"

　　其实海升平时与江湖人士来往，也不尽是私事，有时他还要从这些人口中探听一些消息，帮助地方缉贼捕盗之用，但是乌雅氏是个女流之辈，不能理解其中之奥妙，便横竖阻挡海升。

　　见妻子不拿银两，又说得如此难听，海升的暴脾气上来了，他一掌朝乌

雅氏的脸上捆去，骂道："你个丧门星，我丢弃官职你高兴了？"

这乌雅氏也是个强悍之人，她不仅没屈服海升，还向海升还以一掌，骂："你敢打我，我明日即上朝告你，让你立即丢官。"

海升气急，对乌雅氏一顿拳打脚踢，乌雅氏开始还破口大骂，渐渐地就没了声息。海升出了气，把手往乌雅氏鼻子底下一放，见没了呼吸，这才知道出了人命，不由得吓出一身冷汗。不过海升终究是见过世面之人，从江湖朋友那里也学会了一些手段，他见乌雅氏身体尚温，忙用手巾擦去乌雅氏嘴角的血迹，再从柜中找出一块绫罗，绕到房梁之上，这端打个死结，把乌雅氏吊了上去。

吊过乌雅氏，海升到柜中翻出银子，拿在手中，佯装怒气冲冲地喊了一声："叫你不懂事，等我回来再找你算账。"然后装作什么事也没有发生，自去街市上找朋友喝酒。

因为海升两口子平时打闹惯了，家人们谁也没有在意，直到夜幕降临。丫鬟来唤乌雅氏用饭，这才发现乌雅氏吊在房梁上，不知死去了多久。

家人们皆以为乌雅氏与海升斗嘴后自己寻了短见，便去街上寻找海升，海升正在酒馆中与江湖上的朋友喝酒，一副神闲自若之态，直到家人告知夫人上吊身亡，这才惊慌失措，手中的酒杯掉落地面，尾随家人回家，伏尸大恸道："我不过就是骂你几句，你为啥想不开呢？这样撒手而去，叫我以后如何活呀？"

家人见其哭得悲痛真切，都不怀疑，海升叫人通知乌雅氏家人，准备停尸两日，第三日出殡。

乌雅氏的弟弟贵宁早知姐姐性格刚烈，与姐夫海升不合，但也没想到姐姐会用这种方式结束了自己。他来到海升家，见到其姐遗容，不觉心下怀疑："人都说吊死之人舌头吐于口外，面目狰狞，怎么自己姐姐的死态却是如此安详？难道是其中有诈？"便要上前查验。海升一看大事不妙，忙把贵宁拉到一边，哭着说："我有朋友来，回家向你姐要钱，你姐不给，气得我骂了她两句，打她一个嘴巴，抢过钱走了，谁知她就这样想不开，我在酒馆还没喝上几杯酒，家人就来告诉我出事了，我真是对不起她啊！"

海升说着抡起巴掌捆自己的耳光，打得连贵宁都看不下去了，只好安慰

第十五章
智断疑案

起海升来，说："姐夫，此事也不全怪你，她自己上吊是她自己不想活了，与你无干，这是她的命，我们都节哀吧！"就这样，乌雅氏的尸体在棺内存了两天，第三日就运往城外安葬。

乌雅氏安葬以后，贵宁越想此事越不对劲，姐姐她若真是自缢而亡，她的面部因何没有出现缢死者的征象？自己欲上前查看，姐夫又何以以掌掴面，故意吸引自己的目光？看来这其中必有蹊跷。

这贵宁亦是个刚烈之人，第二日便一纸诉状把海升告到刑部，说海升谋害妻子，国法难容。因为海升是三等侍卫，正五品的官职，刑部不敢怠慢，将此事上奏给乾隆皇帝，乾隆责成左都御史纪晓岚会同刑部侍郎景禄、杜玉林对海升严讯。

纪晓岚等人在刑部大堂摆下公堂，着差役提来海升，纪晓岚见海升一副儒雅之相，就未把他同"杀人"两字联系在一起，兼之海升同阿桂那层关系，便想网开一面，于是和颜悦色对海升说："海侍卫，你的内弟向刑部投状，说你杀妻后伪成自缢而死，可有此事？"

海升立即矢口否认："大人，下官之妻确系自缢而死，家中仆人丫鬟皆可做证，贵宁乃是思姐心切，无中生有，请大人详查！"

纪晓岚说："可将当日所发情况始末说与本官。"

海升便把事先编好的一通说词说与纪晓岚："那日，下官有朋友来京，约定晚上由我做东，到贵宾楼饮酒，我值完差后归家，向妻子要银子，妻子不给，我就打了她一巴掌，从她手中抢下银子就去了贵宾楼，与等在那里的朋友相聚，大约过了两个时辰，家人前来报信，说家中出事，夫人自缢身亡。"

纪晓岚："如此说来，你妻子死时你不在现场？"

海升回答："不在，臣在贵宾楼与朋友饮酒。"

纪晓岚："可有人为你做证？"

海升："贵宾楼的掌柜、堂倌与下官的几位朋友，均可以为下官做证！"

纪晓岚说："既如此你便回到家中，听候处理，没有刑部批准，不可擅自离家。"

海升被官差带走，押回家中看管，那边纪晓岚与杜玉林马不停蹄地兵

分两路，分别审问海升家人和海升朋友。因谁也未见到海升杀人细节，故回答的与海升所说基本吻合，于是纪晓岚和杜玉林做出裁决："乌雅氏性格执拗，因夫海升要钱而想不开自缢，其死与海升无关。"书上给乾隆皇帝，乾隆皇帝准此案了结。

贵宁见纪晓岚等人如此草菅人命，心中更为愤恨，想再告纪晓岚等人，但乾隆已发出谕令，申明此案了结，只能忍气吞声，寻找适当的人再行上告。

贵宁家中有一玉如意，上嵌十二颗珍珠，乃是世之珍品，一日，和珅的朋友伊江阿在贵宁府上见到它，喜爱无比，欲以重金购买，献给和珅。贵宁对伊江阿说："若大人能为小人的姐姐洗清冤屈，小人愿以此物献给大人。"

伊江阿摇头说："令姐的案子已结，恐难以翻案！"

贵宁泣道："小人姐姐死得冤，此冤不雪，小人死难瞑目。"

伊江阿看贵宁为了自己的姐姐，连家中的宝物都不要了，心中颇为感动，说："当朝能为您雪冤者，恐只有一人。"

贵宁问："谁？"

伊江阿说："和珅和大人。"

贵宁愁道："我与和大人无亲无故，他怎会因我得罪阿桂和纪晓岚他们，恐难实现！"

伊江阿说："这你就错了，和大人和我是朋友，我最了解他的为人，只要你有理，他绝对会帮助你，不过事成之后，你须得意思意思。"

贵宁道："只要能为在下姐姐平冤昭雪，在下就是倾家荡产，也在所不惜。"

伊江阿笑道："何人让你倾家荡产，只这柄如意便够了。"

贵宁让伊江阿把如意送给和珅，和珅拿到如意，看出这东西价值连城，同时，他想借这个机会打击一下阿桂，若能把阿桂扳倒，他向前迈一步，就是当朝首辅，领班军机大臣了。于是和珅向伊江阿耳语几句，伊江阿领命而去。

次日和珅早朝，贵宁于途中拦轿，呈上状纸。早朝之上，乾隆处理了几件事务，刚要退朝，旁边闪出和珅，道："启奏皇上，臣有本奏。"

第十五章 智断疑案

乾隆见是和珅，就和蔼地说："爱卿有何事，不妨奏来。"

和珅道："臣今日早朝途中，有京城人士贵宁，状告左都御史纪晓岚，说其断案不公，草菅人命，致使其姐含冤九泉，杀人凶手海升逍遥法外。"

站在文臣班内的纪晓岚一听，心道："和珅，你白给我当了这些年的上司了，这些年你家的大事小情我哪场也没落下礼，怎么今天弹劾起我来了？不用说，准是又收别人的礼了。"纪晓岚埋怨归埋怨，嘴里不能说出来，一则和珅比他官大，二则这朝臣中相互弹劾，也是司空见惯之事人，便竖起两耳，静听下文。

乾隆说："此案不是已经了结了么？怎么家属还告？"

和珅说："据臣所知，纪晓岚、杜玉林在审此案时，碍于海升在朝中的关系，并未遵皇上圣旨，严讯海升。"

乾隆厉声问纪晓岚："可有此事？"

纪晓岚跪伏于地，道："臣等确实未对海升用刑。"

乾隆怒道："如此疑案，却不对嫌疑者用刑，岂不荒唐？和珅！"

和珅近前一步："臣在！"

乾隆道："朕谕令此案由你重审，望你审得真相，给死者亲属一个交代！"

和珅："嗻！"

和珅下朝后，径直来到刑部，找到仵作，问他说："若要得到死者真相，该以何种方法为上？"

仵作回答："禀大人，唯有开棺验尸。"

和珅疑虑地说："死者已死多日，尸体在棺中已是腐败，如何能验得是否死于自缢？"

仵作说："大人有所不知，一个人死后，非过两个寒暑，肉不能烂净，非经十个寒暑，筋不能烂净。如今乌雅氏死不足百日，尚可辨认伤痕，是否死于自缢。"

和珅喜道："好，我等立即去坟场，开棺验尸。"

在贵宁的引领下，和珅率仵作等人来到坟场，寻找乌雅氏坟墓，令差役开掘。时正值盛夏，坟墓刚刚开掘，便臭气熏天，令人作呕，仵作请和珅远

167

离此地，以避臭气，和珅怕仵作作弊，定要亲眼一看。

很快，棺材被差役们挖掘出来，撬开棺盖，只见里面的乌雅氏浑身肿胀，不成人形，仵作用刀刚一触及尸体，尸身即爆裂开来，臭水溅得和珅满身，和珅用手巾捂着口鼻，问仵作："可否断定是否死于自缢？"

仵作说："从死者面部看，舌未外露，当不属于自缢，颈部无索沟，亦不属于自缢。"

和珅说："我知道这些就够了，你接着往下验，我实在受不了了！"

和珅说完，跑到一边的一棵柏树下，大口地呕吐起来。仵作接着检验乌雅氏胸肋，发现肋骨多处骨折，并有一根肋骨断裂后刺入肝脏，成为造成乌雅氏的死因，遂断定是乌雅氏遭外力殴打致死。

仵作把验尸结果呈报给和珅，和珅叫人拘来海升，到刑部大堂，和珅对海升说："今有仵作验明，你妻乌雅氏系遭外力殴打致死，本官谅你可能是失手所致，故给你一个坦白的机会，希望你从实招来。"

海升仍一口咬定："我只掴其一个耳光，再没动手。"

和珅怒道："大胆海升，仵作验尸单在此，你还狡辩，岂不是欠打？来人，把海升给我拉下堂去，重责一百，看他招也不招？"

海升被拉下堂，杖责一百，直打得皮开肉绽，鲜血淋漓，数次昏死，但海升仍是一口咬定："我只打她一掌，再没打她！"

和珅气得不行，想再用对付国泰的办法对付海升，又觉得时间太长，会耽误自己很多公务，这时他眉头一皱，忽然想起了一个主意。

当夜海升被押在狱里，白天被杖责的背脊让他疼痛难忍，不能成眠，他在心底呼喊着阿桂："你快出面救救我呀！我被打得受不了，你要是再不出手相救，恐怕我就招架不住，死于狱中了。我这么年轻，还不想死啊！"

海升又想到被他殴打致死的乌雅氏，自己自从与她结成夫妇以来，就没有心平气和地坐在一起说过一次话，他说东，她偏说西，他说这是公狗，她偏说这是公鸡，他们两人就像是一对仇家，聚到这一个屋檐下，除了掐架就是掐架。有时他想干脆休了这个女人算了，可是一想，这个女人除了与自己心思不一，也没有什么对不住自己的地方，便打消了这个念头，现在这个女人死在了自己的手里，竟还觉得有些对不住她，不管怎样，她也是条人命，

第十五章 智断疑案

还为自己生下两个娃呢!

明天和珅会不会继续提审自己?自己要怎样和他说,是继续死咬着没打人不放,还是把案情如实供述出来免受皮肉之苦?不,我不能说,我说了就得为那个女人偿命,好死不如赖活着,只要他不打死我,我就坚决地抗下去,反正他们不可能关我一辈子。

海升正想得如痴如醉,外面传来脚步声,海升心里一凉,是阿桂看自己?还是他们要继续审讯自己?他闭上了眼睛,装作很可怜的样子,呻吟起来。外面进来四名差人,人高马大,牢头打开牢门,差人走了进来,踢了正在呻吟的海升一脚,问:"你是否叫海升?"

海升装作很无力的样子,哼了一声,差人怒了,狠狠地踢了一脚,大声问海升:"你是否叫海升?"

海升心头火起,大声说:"是!老子就是海升!"

四名差人拉起海升就向外走,海升心里陡然升起一种不祥的感觉:"这深更半夜的,他们要把自己拉去哪里?莫不是要偷偷摸摸地把自己做掉?"海升越想越怕,他开始挣扎起来,大声问:"你们要把我弄到哪里?"

一名差役说:"你别挣扎了,皇上有命,你杀妻证据确凿,连夜问斩!你有啥话就说吧!一会人头就落地了!"

海升一听,犹如晴天霹雳在耳边炸响,他懵懂了一下,立即号叫起来:"我没有杀人,我冤枉,阿桂,快来救我呀!"

海升枷锁在身,纵有满身武功也难以施展,被差役们押着,一步一个跟跄,来到了杀人刑场菜市口。

菜市口亮着灯笼火把,人影幢幢,海升被差役押着,来到斩台前,交给了刽子手,刽子手一脚把海升踢跪在地。这时和珅带着两个官员走了过来,对海升说:"你的案子已禀明圣上,圣上震怒,说你身为朝廷三等侍卫,杀人证据确凿,却拒不认罪,着实可恼,命斩立决,本官监斩,不知你临死之前,还有何话说?"

海升此时心犹不死,大声喊叫:"我没有杀人,就是变成厉鬼,也要到阎王那里告你草菅人命。"

和珅说:"那你就到阎王那里去告吧!说世上有个和珅,错杀了你,到

时阎王会找你和乌雅氏对质！看阎王怎么处置你！"

海升闻之，不语。和珅高喝一声："行刑！"刽子手手起刀落。

海升听到刀落下的风声，两眼一闭，心道："完了！"接着他感觉有股冰凉的东西砍到他脖子上，他倒在了地上……不知过了多长时间，海升睁开了眼睛，看看天空，只见满天星斗，四野空空荡荡，唯有一阵紧似一阵的清风吹来，带着一股血腥的味道，他用手摸了一下自己的脑袋，见脑袋还在，刚要高兴起来，却见身边有一颗血淋的人头和一个没了脑袋的尸体，海升在这一刻明白过来，"完了，自己死了！"

海升刚要用手去摸死尸，看看那是不是自己，却看见两条人影向他走来，这两条人影一黑一白，手里提着哭丧棒和招魂幡，到了海升跟前，二人抖开手中的铁链往海升脖子上一套，道："海升，你阳寿已尽，阎王派我等来召你，速跟我等去阴曹地府！"

海升知道这二人正是传说中的黑白无常，遂不敢抗拒，跟随二鬼在黑暗中东趔西趄，出了城，来到郊外。

黑无常对白无常说："白弟，这海升杀妻，其妻乌雅氏已到阎王那里投了诉状，莫不如把乌雅氏也叫上，让他二人到阎王殿上当堂对质，省得你我还得回来再跑一遭。"

白无常说："如此甚妙，我们便去乌雅氏家。"

海升一听，心道："完了，阳间的官司刚完，这回又摊上了阴间的官司，乌雅氏照实一说，阎王不把自己打下十八层地狱才怪！"于是海升对两个无常说，"无常老爷，乌雅氏是小人失手打死的，烦请老爷到阎王那里通融通融！"

黑无常说："海升，你在阳间本不该死，是你拒不认罪才落得个身首分离的下场，如今到得阎王那里，若你再行阳间之法，必下油锅火海，遭万刃分心之苦！"

海升惧道："小人万万不敢！"

黑白无常带着海升来到乌雅氏坟地，此时海升内心恐惧到了极点，浑身瑟缩成一团。黑无常对着乌雅氏的坟茔喊："乌雅氏出来，你夫海升至此，我带尔等到阎王那里对质！"

第十五章 智断疑案

乌雅氏从坟包里现身，披头散发，张着两手，对海升说："海升，你这畜生，将我打死，拿命来！"

海升慌忙跪倒，对着"乌雅氏"胡乱叩头，道："贤妻，海升错了，海升没有打死夫人的意思，是海升一时失手，酿成千古大错，望贤妻看在孩子分上，饶恕海升。"

海升话音一落，四野里顿时现出一片灯笼火把，把黑夜照得亮如白昼，黑白无常脱下身上的衣服，露出官衣的底子，"乌雅氏"也撩起了披散的头发。这时和珅从黑暗中走到海升面前，不无得意地对海升说："海升，这回你还有何话讲？"

海升"哇"地一声哭出声来，道："和珅相爷，海升糊涂，经此番一劝，海升明白过来，海升认罪。"

各位看至此处，或许怀疑，明明刽子手那一刀已经落下，海升因何未死？地上的尸首又从何而来？书中暗表，此乃是和珅故意安排的，他令刽子手用刀背砍的海升，海升只是被击昏，再趁海升昏迷之际，在他身边杀了一个死囚，所以海升醒来时，才以为自己真的死了。

和珅查破海升案后，将案件上奏给乾隆皇帝，乾隆判海升充军伊犁，罚阿桂五年俸禄，纪晓岚、杜玉林、景禄等一审官员均受到罚俸处置。

和珅这一次虽然没有彻底扳倒阿桂，但是让阿桂领教了一下和珅的能力和手腕，再也不敢在和珅面前趾高气扬，以重臣、老臣自居。

不久，和珅又以管家刘全的名义在西郊买了一片地，准备在这里建一处园林，以供家人休闲玩赏。

和珅因何要用刘全的名义？他还是有自己想法的，因为他刚在后海的前面起了新宅，若是再建一座花园，一定会引起他人怀疑，你和珅哪来那么多的银子？两年盖两座宏大的建筑？你和珅官再大，人缘再好，也难免会有人议论，保不准还会有人参劾，即使是乾隆不追究，也会给他老人家添麻烦，所以就不如用刘全的名义，建起来后再说。

说干就干，和珅自己画出图纸，让刘全负责施工。刘全雇人在园中挖了一个人工湖，把玉泉山的水引进来，形成一个面积三四十亩的湖面，又在湖泊周围栽上蒲兰香草、名树花卉，堆起假山，建上廊桥轩榭，和珅为此园起

名为"淑春园",与皇家的"畅春园"仅一字之差,但其规格品质绝不亚于"畅春园"。

"淑春园"竣工之日,和珅邀福长安、苏凌阿、伊江阿等一干好友至园中游玩,泛舟湖上,和珅兴致盎然,对福长安说:"长安弟自幼在当今圣上身边长大,耳濡目染,言传身教,当深得圣上文风,何不在此赋诗一首,以助众人雅兴?"

福长安一晃他那藏獒般大小的脑袋,粗声粗气地说:"若是让我喝酒,十杯八杯不醉,唯有赋诗这东西,我从小就不通,什么韵律,阴阳平仄,一提起来我便头疼,咱们这些人中,数你和珅文才最好,要赋你赋,我等饮酒便是。"

和珅说:"当今天下,若论文采,圣上当属第一,其二便是随园主人袁枚,其三当属纪晓岚。我和珅虽喜吟咏,却不穿文凿句,故在文采方面输于他人。我之不输人之处,却在于我使用公文上,凡皇上他老人家交办我的事务,无论大小,我均能满汉蒙藏四种文字表述,且行文流畅,言简意赅,这也是当今皇上他老人家喜欢用我的原因之一。"

苏凌阿说:"和大人所言不假,其实公文受形式所拘,较其他文章更为难作,抛却诗词歌赋,单以公文论,和大人堪称天下第一。"

和珅等人正说着,刘全引一太监疾步而来,于湖边喊:"圣上口谕,宣和珅和大人至养心殿!"

和珅对福长安等人说:"看看,看看,我刚从圣上那里回来,还不到两个时辰,便又来找,扰了诸君的雅兴,诸君在此继续游玩,我去去便回。"

第十六章
祸及深远

和珅骑马进了皇城,来到养心殿,见乾隆面沉似水坐在御榻之上批阅奏章,不由心里一沉,暗自思忖:"莫非是有什么人参劾了自己?否则从没见皇上这般脸色对待自己。"便跪伏于地,道,"启禀皇上,奴才和珅晋见!"

乾隆撩起眼皮,看了一眼和珅,然后把一本奏章扔到和珅面前,沉声说:"你看看吧!有人弹劾了你。"

和珅自入仕以来,对待众朝臣均和颜悦色,从不以官位压人,因此人缘极好,从未有人弹劾过他。如今听说有人弹劾自己,心中不免惊慌,他从地上拾起奏折,双手不禁有些颤抖,捧在眼前仔细看,原来是御史曹锡宝弹劾其管家刘全。曹锡宝在奏折中说:"和珅家人刘全逾越朝廷礼制,为自己建筑堪比皇家的私人园林,一个家人如何会有这许多银两,伏乞陛下详查。"其言下之意,暗指和珅拥有更多的资产,贪污腐化。

面对曹锡宝的咄咄逼人之词,和珅并未慌张,他顿首对乾隆说:"启禀皇上,曹锡宝所指不实,盖淑春园之事属实,但那是奴才为犬子丰绅殷德所建,留待犬子与公主大婚时所用。至于刘全,他区区一个管家,哪里有钱会建园林?"

和珅此言一出,乾隆觉得内心受用无比,十公主是他的心头肉,从小

在他跟前就娇纵惯了，将来她下嫁给丰绅殷德，乾隆还真担心她会过不惯皇宫外的日子，怕她受穷、受委屈，如今他听和珅不仅给自己的女儿新建了府邸，还建了花园，怎么能不高兴呢？这说明什么？说明和珅敬重自己的女儿，也相当于敬重自己。

想到此处，乾隆对和珅说："平身吧！朕知晓了。"

和珅平身，把曹锡宝的奏折递到乾隆面前。乾隆微微闭了一会儿眼睛，问和珅："你想这件事是谁的主意？"

和珅想了想说："臣平素与人和睦，未曾得罪过什么人？一时想不出是谁。"

乾隆说："朕猜想此事主谋应该是纪晓岚，他一定是因为海升的案件记恨于你，公报私仇，指使曹锡宝弹劾你。"

和珅心里虽然觉得不能纪晓岚是，他一向待纪晓岚不薄，二人交情不错，但皇帝这么说了，他也不能反驳，只好顺竿爬道："纪晓岚城府甚深，心机颇重，这件事也许跟他有关。"

乾隆此时眼里最看不上的就是刘墉和纪晓岚两个人，前者成天嘻嘻哈哈，不务正业，后者形容猥琐，有碍观瞻。要不是他们有些功绩，年龄又大，乾隆真想把他们赶出朝廷，外放地方任职。

"朕明日就问责纪晓岚、曹锡宝！"乾隆说完，从柜子里拿出一幅卷轴，展开一看却是苏轼的手卷《水调歌头》，乾隆对和珅说，"此卷乃是福康安从云南所得，特献与朕，朕甚喜悦，卿就代朕赋诗一首，以做歌颂。"

和珅沉吟一下，乃赋诗云：

仁宗幼冲在潜邸，书赐保传当以礼。
日新其德尚可居，弼予一人岂沃启。
为臣为子两失之，今古未尝议其疵。
迨及孙曾欲炫荣，东坡不免无臧否。
睿论发明初九爻，潜龙勿用揭奥旨。
天经地义阐宸题，昭垂万世励继体。

第十六章
祸及深远

和珅吟时，乾隆捻须阖目，侧耳倾听。直到和珅读罢，乾隆才睁开双目，来到案前，把和珅刚才所赋之诗，一字不落地写在纸上。和珅十分惊讶于一个七十多岁的老人，记忆力如此超强，对乾隆愈发感到敬重。他把乾隆刚刚写完的诗拿在太阳底下，逐字逐句地看，由里到外，都透着无限的爱意，这些细节都让老奸巨猾的乾隆看在眼里，喜在心上。

第二日早朝，乾隆拿着曹锡宝的奏折，来到大殿，怒气冲冲地对朝臣们说："今有御史曹锡宝弹劾军机大臣和珅家奴刘全，称刘全逾制建园，朕已问过和珅，和珅说此园乃是为朕之龙婿丰绅殷德所建，父为子建房，乃是人之常伦，他曹锡宝以此来弹劾大臣，不知是何居心？"

满朝文武见乾隆赤裸裸地包庇和珅，皆不敢言，曹锡宝从班中出来，跪伏于地，道："臣疏于核查，请皇上治臣之罪。"

乾隆怒火不减，道："朕要重治你的罪，但是朕要弄清楚，你是受何人指使，枉加弹劾？"

曹锡宝道："此事皆是臣一人所为，并无他人指使！"

乾隆目视纪晓岚，两眼透着一股凌厉的杀气，纪晓岚短视，站在班中神态自如。乾隆觉得纪晓岚在装好人，他把曹锡宝的奏章往案上一拍，大声喝道："纪晓岚！"

纪晓岚慌忙出班，眯着一双近视眼道："臣在。"

乾隆喝问："你身为都察院左都御史，是否知晓曹锡宝弹劾和珅？"

纪晓岚是个聪明人，知道这事无法抵赖，如果抵赖，皇上就会把所有的怒火全部撒到曹锡宝一个人头上，盛怒之下，说不定会斩了曹锡宝，那曹锡宝可就冤死了。于是他据实对乾隆说："回禀圣上，曹锡宝在弹劾和大人家奴刘全前，确实曾向臣提及过，臣认为一个家奴，断断建不起园林。这其中必有原委，让曹锡宝弄清事实再说，可是曹锡宝固执己见，臣便没有再加阻拦。"

乾隆问曹锡宝："纪晓岚说得可否属实？"

曹锡宝说："纪大人说得句句属实！"

乾隆气色稍减："曹锡宝身为御史，虽可风闻言事，但其居心叵测，罗织罪名，借家人打击大臣，罪无可恕，免去曹锡宝御史之职，放逐回乡，以

后朝中再有借家人诽谤打击大臣者，绝不轻饶，退朝！"

曹锡宝被侍卫们剥去顶戴花翎，走出大殿。和珅紧走几步，赶上曹锡宝，对曹锡宝说："我有一事不明，你我同朝为官，你做你的御史，我做我的军机大臣，毫无瓜葛，不知你因何弹劾我？"

曹锡宝是个耿直忠正之人，见和珅问自己，也不避讳，气哼哼地回答："锡宝尽的是大臣之道，我因何弹劾你，想必大人也知。"

和珅"哈哈"地乐了，说："既如此，本官就祝曹先生一路走好，好好回乡养老，勿再招惹是非。"

曹锡宝从鼻子孔里"哼"了一声，一甩辫子，扬长而去。这时福长安等人走了过来，围住和珅，七嘴八舌地向他道贺：

"恭喜和大人！"

"贺喜和大人！"

和珅喜笑颜开地向众人还礼，故作矜持地说："没什么可祝贺的，不过朝堂上少了一只咬人的疯狗，也确是件幸事！"

福长安大声说："为了朝廷少了一只疯狗，我提议咱们去饮一杯如何？"

众人皆附和称好，和珅一拍胸脯，爽快地说："好，那就去我家的饭庄，我做东。"

众人又是一阵赞美，夸得和珅晕晕乎乎，王杰、董诰等几位正直的大臣从他们身边经过，皆摇头叹息。

和珅把众人带至他家开的百福堂饭庄，足足坐了两大桌，和珅对众人说："自我入仕以来，第一次被人弹劾，这种感觉真好，比洗一个热水澡还舒服、熨帖，今天我做东，大伙想吃什么，尽管点。"

福长安站了出来，道："和大人的感觉就是我们大家伙儿的感觉，皇上今天的态度说明了什么？说明他老人家在心里偏袒我们这些满洲人，那些南蛮子要想搞垮我们，做梦去吧！"

和珅拍拍福长安的肩膀，佯装一本正经地说："长安老弟，千万不能这么说，皇上他老人家提倡的是满汉团结，我们身为皇上老人家的近亲，应该以大局为重！"

福长安大大咧咧地说："满人就是满人，汉人就是汉人，皇上能把他的

第十六章 祸及深远

女儿嫁给我哥,嫁给你儿子,怎么就没嫁给过一个汉人?"

一场风波就这样平息了下来,但是和珅的心中却更加波澜壮阔。福长安说得不是没有道理,大清国的江山是满洲人从汉人的手里抢夺来的,抢劫者与被抢劫者之间心里总是隔着一层阴影,抢劫者的心中总怕自己抢劫来的东西被抢回去,被抢劫者总想把自己被抢走的东西再抢回来,这巨大的反差之间注定会水火不融,各自倾向于各自的团体。皇帝是这个团体的核心,自己是紧挨着这个核心的人,他的光芒自然不自然地会照耀着自己,何况他与皇帝之间,还有着儿女亲家这层关系,这层关系不同于被乾隆所杀的恒文,不同于被乾隆赐死的国泰,他们的关系建立在各自的儿女身上,都有着一个为儿女创造幸福的共同目标,所以自己即便是有事,皇上也不会像对待恒文、国泰那样,置自己于死地。

如果免去死亡,那自己还有什么可怕的呢?没有了,人生最恐怖的事莫过于死亡,既然自己死不了,那何必还如此谦卑地活着?整个朝中,除却阿桂,自己已属一人之下的人物,这样的地位,我该活出这个地位上人的尊严,让别人都恭敬我、孝敬我,这才是我和珅该得到的人生。

当晚,和珅归家,喝得脚步有些散乱,一进大门,便大呼小叫起来:"刘全、呼什图、刘印,都给爷出来,爷要给你们训话。"

刘全、呼什图、刘印等家人从屋里跑了出来,来到和珅面前,见和珅站立有些不稳,刚要来扶,和珅大喝一声:"跪下,给爷我统统跪下。"

刘全等人齐刷刷地跪在院子里,有个乖巧的家人进屋,取来一把藤椅,和珅坐到椅子里,习惯性地用手一伸,什么也没摸到,当即大怒:"茶呢?给老爷我拿茶来。"

家人赶紧跑回屋子,拿出一张红木小几,沏上香茗,捧到和珅面前,和珅嘬了一口,道:"你们知道老爷为什么喊你们么?"

家人齐声回答:"不知!"

和珅瞪大双眼,骂道:"你们是一群猪,没用的猪,平时只知道吃饭干活,什么事也不管,你们知道不,老爷我今天在朝上被人弹劾了!"

家人们皆不敢言,和珅指着刘全说:"知道老爷我因为啥被弹劾不?"

刘全说:"奴才不知!"

和珅一拍茶几，喝道："还不是因为你，人家御史弹劾你服饰逾制，倚仗主势招摇撞骗，可有此事？"

刘全瑟缩着说："没有！"

和珅闻之更怒，道："大胆奴才，你敢说没有？老爷我立刻把你送到衙门，打你一百大板，看到底有没有？"

刘全害怕了，连声回答："有，老爷，前日我以老爷的名义，收取了外委把总栗兆才三百两银子！"

和珅追问道："应承了人家何事？"

刘全嗫嚅着说："奴才答应在老爷面前保举他做委署护军校。"

刘全说到这里，更加害怕，真怕和珅把他送到衙门里去，重则处死，轻则充军，他一边用巴掌掴自己的脸，一边说："老爷饶命，奴才再也不敢了。"

令刘全没有想到的是，和珅并没有怒气冲天，而是向他伸出手来。刘全明白和珅的意思，立即把手伸入怀中，掏出三百两银票递给和珅，和珅接过银票，放在眼前看了看，问刘全："那人叫什名字？"

刘全说："栗兆才。"

和珅又喝了一口茶，说："明天告诉他，再拿二百两，就到委署报到。"

刘全高兴地向和珅磕头，说："谢老爷，谢老爷。"

和珅把三百两银票塞进怀里，摇摇晃晃地从椅子上站起来，说："刚才老爷我的话还没有训完，我跟你们说，老爷我今天被御史弹劾了，但是你们听着啊，但是，但是什么呢？但是皇帝他老人家非但没有查我，还把参我的御史削职为民，回乡种田去了！怎么样？你们的老爷我厉害不？"

众人连忙说："老爷万福金安，康泰吉祥。"

和珅摆摆手说："都是自家人，吉祥的话留着过年再说，我要跟你们说，从今天开始，谁有什么能耐都给老爷我使出来，每个人每个月至少给我弄五十两银子的进项，多了有赏，少了挨打，你们大伙听清楚没有？"

人群中有聪明的，立即意识到这是个发财的好机会，笑逐颜开，那些头脑愚钝的，马上苦起了脸。和珅摇摇晃晃地向屋内走，刘全和呼什图两人过来扶他，被他斥责下去。

第十六章 祸及深远

和珅没有去冯氏和长二姑的"淑春楼",更没有去卿怜、豆蔻那里,而是去了他儿子丰绅殷德的书房。丰绅殷德今年虚12岁了,生得跟他父亲一般,是个美男。丰绅殷德自幼年起,就接受吴省兰等儒士的教育,养成了良好的习惯和品质,是个品学兼优的好孩子。和珅来时,丰绅殷德正在看书,见父亲进来,他连忙跪倒在地,口中说:"儿子迎接父亲大人,愿阿玛吉祥!"

和珅抱住丰绅殷德,在他粉嫩的小脸上啃了一口,说:"好儿子,在自己家,不用那么多的礼数,阿玛看你下跪,心疼。"

丰绅殷德懂事地说:"儿子记下了。"

和珅又把脸贴到丰绅殷德的脸上,喃喃地说:"儿子,你要记住阿玛的话,好好读书,多历练本事,将来要和阿玛一样,成为国家的栋梁。"

丰绅殷德说:"阿玛放心,儿子一定好好读书,将来为国家效力,为列祖列宗争光。"

和珅放开丰绅殷德,摇晃着身体离去。

和珅连年升迁,官至大学士、军机大臣,当朝一品,可谓是红极一时,但是他的弟弟和琳还只是个巡漕御史,与弟弟情同手足的和珅时刻不忘提拔弟弟,总在暗中寻找时机,这一天终于来了。

乾隆五十一年(1786年)五月,浙江学政窦光鼐向乾隆奏述了永嘉知县席世维借诸生日粮填补亏空仓谷;平阳知县黄梅以弥补亏空为由苛敛钱财;仙居知县徐延翰毙临海马翌于狱中;布政使盛柱进京时携带财物过多,引起人们议论纷纷;总督富勒浑经过嘉兴时供应浩繁,随行人员多至千百人等。

窦光鼐的这纸奏折几乎把浙江的政要从下到上告了个遍,引起乾隆皇帝的高度重视,命大学士、首席军机大臣阿桂到江浙,会同尚书曹文埴,巡漕御史和琳等人前赴浙江处理此案。

和琳身为巡漕御史,本与查处此案毫无关联,是和珅在乾隆面前保举了和琳,和琳才有了这样的机会。当然这个机会也非普通,他带有和珅的某种政治目的,他一直想扳倒阿桂,自己成为首席军机大臣。在前番的海升案中,阿桂虽被罚俸五年,但基础并未动摇,此次,和珅闻听阿桂是平阳知县黄梅的干爹,因此他保举和琳的目的,也是为了让和琳掌握阿桂的证据,再次痛击阿桂。

阿桂等人来到浙江,阿桂并未亲临一线查案,而是住进了官署之中,让曹文埴等人下去核查。曹文埴等人核查后,阿桂把核查结果上奏乾隆声称:盛柱去京师携带的三万九千两银子并非私款,平阳知县黄梅母亲90岁生日演戏,即于归晚去世,仙居诸生马翌诬告寺僧赌博,因而下狱致死。

阿桂的结论等于向乾隆反告了一状,意思是窦光鼐弹劾盛柱等人情况不实,窦光鼐很窝火。这时与阿桂同来浙江查案的和琳发挥了作用,他向窦光鼐透露,阿桂到浙江后,并未深入实地详查。窦光鼐据此向乾隆上奏,称阿桂只是派属吏前往平阳巡访,未得实情,要自己亲赴平阳,复察黄梅案,获得乾隆皇帝批准。

窦光鼐到平阳后,深入民众之中,掌握了一些黄梅勒索敲诈的证据,以此提审涉案相关人员。但是这些人员知晓黄梅是当朝大学士、首辅阿桂的干儿子,所以众口一词,袒护黄梅。窦光鼐情急之下,不得不对这些人动以刑罚,被浙江巡抚伊龄阿弹劾,称窦光鼐为一己之私,大事刑讯逼供。乾隆下令,将窦光鼐革职,交刑部处理。

在窦光鼐命悬一线之际,和琳挺身而出,将自己所掌握的黄梅、盛柱等人证据向乾隆做了禀报,与窦光鼐所供述于刑部的证据不谋而合,于是认定窦光鼐无罪,被调任京师任光禄寺卿,负责此案的阿桂、曹文埴、姜晟、伊龄阿等人因误判受到处分,黄梅论斩,盛柱被罢职,和琳因办事妥帖升任杭州织造、湖广道御史,兼管山东漕运与监造漕船事务。

和珅自从给家人下达月供命令后,第一个给和珅带来收益的是刘全。刘全这些年在和珅手下,认识了不少官场中人,这些人哪个都想抱住和珅的大腿,作为自己升迁的擎天柱,但皆因自己地位太低,而无法接触到和珅,于是他们便把目光放在和珅家人身上,希望借助他们的渠道巴结上和珅。身为和珅府上的大管家,刘全自然成了他们的首选,他们请刘全吃饭、塞钱,好让刘全在他的主子面前替自己美言几句。刘全就这样慢慢地宝贵起来,不仅自己开了当铺、钱庄,还买了两房小妾,丝毫不比那些官员们逊色。

和珅没给家人定月供制度之前,刘全还十分谨慎,怕和珅不给自己面子,办不了事,不敢明目张胆地收钱,但和珅下达了月供的命令以后,刘全立即放开了手脚。第二天侍候和珅上完早朝,刘全就来到了几个熟悉的官吏

第十六章
祸及深远

家,向人家许诺只要给钱,就能让人家升官,这几个官员大喜,立即拿银子给了刘全,刘全把银子装好,当晚就给和珅递了五万两白银。

看到银子的和珅自然十分高兴,问过刘全人家所要的是何官职,拿笔记下人名,第二日到吏部,把这几个人的名单往桌上一放,手下的人马上就明白了,立即给这几个人全部升官。

几番过后,那些想升官的纷纷涌向和珅家门前,争相给和珅上礼,一刹时和珅家门口门庭若市,连看门的门人都神气起来,不给个三两五两的银子,门都不让你进,更甭说见到和珅本人。

为了掩人耳目,和珅派家人在府内挖了五丈长、两丈宽,一丈深的地窖,专门收藏人们送来的银两。每月下朝归来,和珅都会顺着木梯下到地窖中看一看,面对着与日俱增的白花花的银子,和珅的一颗心欢愉得像一只见到绿草的野兔,跳得欢快而又富有力量。

但是和珅的心并没有真正地放下,每到夜晚来临,他的头沾到枕头那一刻,噩梦便随之而来,他几乎每天都做着一个相同的梦:梦境中自己还是童年中的模样,穿得破衣烂衫,拄着一根棍子,端着一个破碗在沿街乞讨,当他走到一个大户人家门口时,人家放出狗来,追得他在大街上猛跑,他的心跳到了嗓子眼,待狗向他扑来的那一刻,他就会在梦中把自己吓醒。醒来时的他,心跳如鼓,遍体透汗。

"我怎么会经常做这样的梦?难道我的前生是个乞丐不成?或许真是这样,倘若我的前生真是乞丐,那么今生我有了这样的高贵,就一定要把握好这个机会,能弄到多少钱就弄多少钱,我的来生不能做乞丐,尤其重要的是,我和珅不能让我的儿子、我的孙子再走我童年的路,我要给他们攒钱,攒很多很多的钱,让他们过上优裕的生活,那样我才能上对得起祖先、下对得起后人。"每当和珅想到此处,他大脑内的神经就会变得异常活跃,"明天我干什么?从哪还能再弄到钱?再往窖中存一笔银子!"这成了他每日的功课,不知不觉中总要温习一遍。

是年闰七月,和珅补授文华殿大学士,仍兼管吏部、户部事务。

第十七章
至高荣誉

乾隆五十一年（1786年）十一月的宝岛台湾，风光依旧如夏日一般旖旎，高大的椰子树，星罗棋布地散落在海岸线上，轻轻地随风摇曳。

彰化县大里杙庄，隐藏在巍峨的群山中，显得淡泊而又宁静，忽然一队300人的清兵从山间小路上杀出，把大里杙庄包围起来。

为首的是台湾副将赫生额，长着一张黑脸，黄眼珠，黄胡子，他带领二十几个人冲入林爽文的家，捉拿林爽文。

林爽文，原籍福建平和县，少年时因家庭贫困，于乾隆三十八年（1773年），随其父迁居台湾彰化县大里杙庄，长大后随乡民屯垦农田，逐渐致富。乾隆四十七年，天地会首领严烟自福建渡海至彰化传道，林爽文于次年入会，由于其家资雄厚，为人正直，富有号召力，被推举为天地会北路首领。

林爽文此刻不在家中，赫生额率众扑空，恼羞成怒之下，赫生额令手下纵火焚烧林爽文家的住宅。乡民不知其故，见火光冲天，皆出来救火，见火乃是清兵所纵，人人愤慨，与赫生额等人争吵起来。赫生额没把这些乡民放在眼里，还勒令乡民交出林爽文，乡民们被激怒了，拿出藏在家中的武器与清兵们展开战斗。

第十七章 至高荣誉

大里杙庄尚武，无论男女老少皆通武艺，战斗开始，但见乡民们舞动刀剑，人人奋勇，很快把赫生额杀死，又把剩余的300官兵尽皆歼灭。林爽文归来，见乡民们惹起大祸，一不做，二不休，遂以"剿除贪官，拯救万民"为口号，率北路天地会起义。起义军首克彰化，杀死知府孙景燧等人，释放狱囚，开仓取械，又相继攻克淡水、诸罗等地。林爽文自立为盟主大元帅，建号"顺天"，台南天地会首领庄大田起兵响应林爽文，攻克凤山。嗣后，南北两路义军会师攻占台湾府城，台湾总兵柴大纪一面向朝廷告急，一面组织人员积极抵抗。

这个柴大纪本是个贪官，平时只知贪污勒索，不思政务，经常派家人来往于台湾与厦门之间，用公船夹带私货做买卖，致使天地会在台湾迅速发展。清廷发出解散天地会的命令后，林爽文将"天地会"改称为"添弟会"，便麻痹住了柴大纪，任其发展，直到其羽翼丰满，这才派人前往捉拿，孰料点燃了战火，把波涛暗涌的台湾弄得巨浪滔天。

林爽文率众起义的消息传到京师，正在金殿上听政的乾隆闻之一愣，这位以"十全老人"自诩的君主常以为他的天下百姓安居乐业，人人安享太平，没有料到按下葫芦瓢起来，这大大地刺伤了他的自尊。

"速给朕准备甲胄，朕要亲赴台湾，剿灭逆寇。"乾隆手拍书案，声音虽高，但下额上的胡须已在微微地颤抖。

站在下面的和珅偷窥了乾隆一眼，心道："我的皇上呀！你老人家也不想想今年你多大岁数了，还骑得动马、挽得动弓么？你就在这紫禁城里老老实实地待着，做你的皇帝好了，还折腾什么呀？"

和珅的想法也是众大臣的想法，阿桂第一个跪下来，说："皇上息怒，台湾路途遥远，皇上年事已高，不适宜亲自征战。"

阿桂说完，其他的大臣也跪倒在地，齐声说："陛下年事已高，当以龙体为重，勿再长途跋涉。"

乾隆闻听更怒："你们哪个说朕老态龙钟？可亲自到校场与朕比试一番。"

众大臣见惹了祸事，触怒了乾隆，一下子全哑了下去，眼看着乾隆就要下旨，宣布自己御驾亲征，这时和珅不紧不慢地出班，跪下，道："皇上非

您老迈,想当年廉颇年逾七旬,尚食斗米,挽二十石弓,皇上比廉颇岂不绰绰有余?实在是台湾太小,面积尚不如内陆一省,如此弹丸之地,只需派一支得力的大将便可削平,何劳您御驾亲征?让人以为我天朝无将可用?"

和珅的这番话说得极为动听,让乾隆产生一种会当凌绝顶,一览众山小的感觉,积蕴在胸口的那团怒气渐渐地平息了下来,他用混沌的目光扫了群臣一眼,说:"若论用兵,朕最信任的大臣莫过于阿桂,其人为人稳重,机智练达,然阿桂只小朕四岁,已入古稀之年,此去台湾高山险阻,朕何忍心再用其为朕效力!"

阿桂忙道:"皇上不老,臣也不老,臣愿代皇上出征,讨伐叛逆,不惜马革裹尸还。"

乾隆叹息一声,道:"自古以来,只见生老病死,谁见不老之人?卿忠心可嘉,还是在京师颐养天年,朕另派他人去吧!"

阿桂退下,和珅道:"皇上可派福康安、海兰察二人为将,定能一战功成。"

乾隆说:"朕亦正有此意。"

和珅又说:"臣还有一议,奏请皇上恩准!"

乾隆:"奏来。"

和珅说:"台湾总兵柴大纪为人贪婪昏庸,纵容手下恣意妄为,终酿成民变,臣奏请皇上,待我大军到日,便将其革职问罪,以慰台湾民心,缓解矛盾。"

乾隆:"准!"

福康安接到乾隆旨意,立即带领海兰察、鄂辉等骁将及六万清兵横渡台湾海峡,抵达台湾,兵分四路向林爽文义军发起攻击。林爽文所率领的义军皆是农民,缺少实战经验,在训练有素的清军面前,根本不堪一击,交战没有多久,就显现出溃败之相。

在前线紧张战斗的日子里,和珅昼夜不离军机处,前方每有战报传来,必在第一时间里把战报呈报给乾隆,并与乾隆商讨战机,及后勤保障事宜,为前方大军开战提供了坚实的物质保障。

前方战火连绵,后方也不平静,乾隆五十二年(1787年)春起,京城米价大涨，一些粮商囤积居奇，致使平民受饥。和珅把自家粮店所存之粮拿出，开设粥棚，赈济灾民，但因数量微薄，杯水车薪，在数量庞大的灾民面前，坚持数日粮米便以告罄。面对街上不断出现的饿殍，和珅只得将此事上奏乾隆皇帝。

"启奏皇上，现京师谷米价格高出常年五倍，百姓苦不堪言。四门之中，每日都有运尸车来往，臣请皇上降旨，开设粥厂，赈济饥民，另勒令粮商，凡存米50石以上者，一律充公，有违抗者，充军伊犁。"

乾隆深居皇宫大内，对外间的事并不知晓，听和珅奏报，颇感诧异，问："有这等事？"

群臣不语，这时刘墉站出班来，说："皇上，和大人所言不假，京城确实是发生了粮荒。"

乾隆对众人说："既如此，众卿对和珅所奏之言议议，拿出个法子，应对饥民。"

阿桂奏道："臣以为和珅所奏，开粥厂赈灾可以，但万不可强取粮商之粮，如今乃是太平盛世，若强制勒令粮商交粮，势必引起粮商不满，酿成风波。"

王杰说："臣附议阿桂大人，若粮商蓄粮一律不准超过五十石，恐粮商以后再不肯蓄粮，影响后世，于国于民均为不利。"

其他官员亦附议阿桂、王杰，和珅正要与这些人争辩，刘墉说："各位大人，如今城中饥馑遍地，百姓号呼不绝于耳，眼下救人要紧，尽快解决饥民问题，至于以后的事情，以后再说。皇上，臣附议和珅和大人，望早开粥棚，救济灾民，另降圣旨，敦促粮商交纳余粮。"

乾隆毕竟是一代明主，这类的小问题在他心中早有定论，他让群臣议政，无非是为了掩群臣之口。他心里清楚，京城中的粮店大多是朝臣们所开，让大家主动交纳余粮，无异于与虎谋皮，只有他拿出谕令，才会逼使这些人就范，于是他对众大臣说："京畿米贵，乃致出现饥馑饿殍，均是粮商囤积所致，实是不仁，朝廷若不平息，便谓失信于民，朕准和珅所奏，限每户粮商囤粮不得超过五十石，余皆收缴充公，另开设粥厂，赈济灾民。"

乾隆依照谁上奏谁负责的惯例，把收缴粮食、赈济饥民的任务交给和珅

和刘墉二人办理。消息一出，京中粮商惶恐起来，纷纷采取对策，或转移粮食，或掩埋粮食，躲避朝廷收缴。

和珅下令京城四门，凡外运粮食者，一律收缴治罪，然后与刘墉商量："粮商转移粮食该如何收缴？"

刘墉说："这个不难，派些暗哨隐于粮商家门，只要一运粮，便行收缴，只要粮不出门，挖地三尺，便可见粮。"

和珅称妙，便派出暗哨盯梢，这边派出兵丁，到各户粮商处收缴，不出数日便在京城内收缴出粮商囤积的粮食六万石，和珅在京城内开了四个粥棚，向饥民施粥。

饱经饥馑的饥民吃到热粥，回生有望，他们望着手持木瓢为己盛粥的和珅，如遇救星，跪倒在粥棚前，手捧粥碗，高呼："和青天，和大人。"和珅听了内心虽然十分高兴，但理智告诉他，这个称号自己承担不起，如果承担了，他以后的日子就会难过起来，他所惧怕的，正是这贫穷与饥饿，于是他对众饥民说："打击豪强、抑制粮商的乃是当今万岁，非我和珅，若大家要感激的话，就去感谢皇上他老人家。"

肚里有了食物的饥民们一涌赶到东华门外，向皇宫内苑高呼："皇上万岁！皇上万岁！"声音如同潮水，有太监禀报乾隆皇帝，乾隆闻之，内心喜悦异常。

福康安率领海兰察等将领在台湾打得林爽文义军节节败退，原来被义军攻占的城市全部被清军收复，乾隆五十三年（1788年）二月，走投无路的林爽文被迫率义军返回他的老家，彰化县大里杙庄。

林爽文凭借大里杙庄山川之险，命剩下的数千义军全部埋伏于此，准备在清兵到时，一举击溃清军。

不出林爽文所料，海兰察果然率军追赶到大里杙庄。待清军完全进入伏击圈，林爽文率领义军从山川田野中杀出，将清军团团包围，海兰察率领的这支队伍乃是索伦劲旅，见敌人将己包围，临危不乱，迅速摆好阵型，以强弓大弩反击义军，抵制住了义军强烈的攻势。见战局扭转，海兰察挥舞长枪，率清兵与义军决战，义军不是清军的对手，激战半天以后，林爽文的队伍全军覆没，林爽文被俘后惨遭杀害。

第十七章 至高荣誉

平定台湾义军以后，乾隆对平叛有功人员进行了封赏，福康安、海兰察等深入一线的战斗人员，指挥人员俱各受奖，同时，乾隆没有忘记在朝中做好后勤保障及调度的和珅、王杰等人，特从张廷玉例，将和珅的爵位从一等男爵晋为三等伯爵，赐以紫缰。是年，和珅年仅38岁。

欲要说明和珅所换得的荣誉，这里还要赘述几笔，张廷玉，生于1672年，卒于1755年，安徽桐城人，大学士张英之子，康熙年间进士，康熙拜官至吏部侍郎，雍正即位后，张廷玉升为礼部尚书，雍正六年，张廷玉奉命为诸皇子师傅，加太子太保衔，兼翰林院掌院学士，雍正四年，拜为文渊阁大学士，雍正七年，因对西北地区用兵，设立军机处，其制度皆由张廷玉一手制定，雍正夸奖其为"大臣中第一著力者"。乾隆即位后，张廷玉继续受到重用，因襄助有功被封为伯爵，死后配享太庙，由此可见，乾隆对和珅是何等倚重？乾隆曾亲自撰文，称赞和珅曰："承训书谕，兼通满汉。旁午军书，惟明且断。撒哈拉亦曾督战，赐爵励忠，竟成国干。"

和珅获得如此高的赞誉，他的眼界由此又抬高了一分，看满朝文武，即便是战功赫赫的阿桂，也未曾获得如此高的殊荣，这说明什么？说明在皇帝他老人家眼中，自己的地位无人可以替代，那我还拘谨什么？拿捏什么？我该使用的权利和能力就应该让它发挥到极致，让别人羡慕我、恭敬我、孝敬我，我这才不枉到人世上走一遭。

和珅在确定了新的人生目标之后，将青睐的目光第一个投向他的朋友们。他知道，自己的官做得越大，身边越需要有人帮助，这不仅缘于需要有人帮他扩大影响，增加自己的知名度，同时也需要有人为他探听消息，巩固自己在朝野的地位。

和珅最亲近的朋友莫过于福长安，但福长安是皇帝他老人家的妻侄，年仅二十多岁就做到了工部侍郎，根本用不着自己提拔；其次是伊江阿，伊江阿是已故大学士永贵之子，天生爱附庸风雅，因羡慕和珅的才华与和珅结交。永贵在日，曾经弹劾过和珅，结果伊江阿事先把消息透露给了和珅，和珅有所防范，待永贵弹劾时，和珅反戈一击，永贵非但没有弹劾倒和珅，反倒落了个诬告罪名回家养老，郁郁而终。伊江阿此时也是一方巡抚，用不着急于提拔。于是和珅想到了苏凌阿，苏凌阿年纪最大，做官的欲望也最强，

要不再及时地提拔他，今生恐怕再也没有机会了。

一日散朝，和珅与福长安这些青年才俊走在前面，有说有笑地走向军机处，他们下了大殿前的台阶，和珅忽然停下脚步，对福长安说："咱们等等老苏。"

苏凌阿拖着臃肿肥胖的身躯走下大殿，看和珅与福长安站在不远处，知道他们是在等自己，气喘吁吁地追赶上来，说："中堂，莫不是在等在下？"

和珅笑道："正是等你这老东西，你说你这把年纪了，不在家中养老，还如此辛劳奔波，所图为何？"

苏凌阿明知和珅是在和自己开玩笑，仍然装作可怜兮兮地说："中堂大人，老朽虽已老迈，但壮心未与年俱老，还想为国家尽忠，为皇上他老人家尽忠啊！"

和珅看了一眼福长安，福长安对苏凌阿说："行了，行了，偌大个大清国哪里就缺你一个人尽忠？莫唱高调了，刚才和中堂说，要到你府上走走，不知你府上有什么好玩、好吃的没有？"

苏凌阿四下望望，见左右无人，说："我前段日子刚从南边淘弄过来一个宝贝，正要献给和大人，既然和大人要过府，正好去瞧瞧。"

福长安调笑："莫不是会说话的？"

苏凌阿忙说："哪里？哪里？在下晓得和中堂家有妻妾，又爱夫人其深，怎么会弄那般无趣的东西？我这个确实是个宝贝。"

福长安催促道："那还不快走，让我也看看你那是个什么东西，值得如此神秘兮兮？"

苏凌阿带着和珅与福长安来到自家，叫家人先置办酒席，然后带和珅与福长安来到内堂，多宝阁上，盛放着商周的青铜器、唐朝的三彩、宋代的钧瓷、明代的宣德炉等。和珅用眼一看，见个个都是真品，不由赞叹道："老苏，想不到你刚做侍郎没过五年，竟弄得这么多好东西，倒真不枉为官一回。"

苏凌阿说："这都是些粗鄙之物，不入和中堂您的眼，让您见笑。"

和珅取笑道："你嫌粗鄙，我不嫌，唤人来，都运到我府上去如何？"

苏凌阿粲然一笑："我要献给大人之物，饶是这满屋子的东西加起来也

第十七章 至高荣誉

不抵它十分之一。"

和珅听了，不禁惊愕，道："老苏，虽然你这屋子中的东西都称不上精品，但哪件东西不值个几千两银子，这世上还有比这更值钱的东西？莫不是取笑老弟我不成？"

苏凌阿忙道："岂敢，岂敢！"

然后苏凌阿撩开衣襟，从里面掏出一串钥匙，打开一个柜子，拿出一个火柴盒大小的玉匣，刚要打开，和珅说："慢着，让我猜猜里面是什么东西？"

苏凌阿于是停下手，说："中堂大人，请猜！"

和珅眯上他一双俊美的眼睛，做沉思状，须臾睁开，双光咄咄放光，惊喜地道："莫非这里存放的是一枚天祚币？"

苏凌阿赞叹道："中堂大人好眼力，这里存放的真是天祚币，不过不是一枚，只是半枚。"

和珅从苏凌阿手中接过玉匣，打开一看，里面真是半枚古印，红斑绿锈，说明这是一件刚出土不久的文物，上面用契丹文和汉文同时刻着"大辽天祚"字样。

和珅把这半枚古币捧在手里，欣赏自己的儿子一样端详着他，口里喃喃地说："宝贝啊！当真是世间绝无仅有的宝贝呀！"

苏凌阿不无遗憾地说："可惜它只剩下了半枚，若是完整，它该称为是收藏界的一个神话。"

和珅摆摆手道："老兄之言差矣，饶是这半枚，便可震惊中外，富可敌国了。"

福长安从旁不屑地说："不就是半枚铜钱么？有什么值得大惊小怪？还富可敌国，真是小题大做了。"

苏凌阿说："福长安老弟，你可要睁大双眼，这可是货真价实的天祚币呀！它的出现，打破了元明以来收藏界的一个传说。"

和珅道："莫跟他说，莫跟他说，长安老弟只对银子和女人感兴趣，其他的什么古玩呀字画呀！都不入他的法眼。"

福长安说："对对对，我就认得女人和银子，女人能让我快活，银子能

让我踏实，其余什么我都不感兴趣。"

列位看官看到此处，也许心生疑窦，和珅那么大的一个人物，怎么会对一枚古钱那么感兴趣？而且还是半枚？这就有所不知，天祚皇帝是辽朝的最后一位皇帝，被金国完颜阿骨打所灭，数百年来，国人发现过辽朝各代所铸钱币，唯独没有发现天祚一朝的钱币，因此，天祚币在中国的收藏界只是一个传说，有人说终天祚一朝，根本没有铸造过钱币，也有人说，金灭辽时，钱库毁于熊熊战火，但是不管怎么说，天祚币在国人，尤其是收藏家心中是一种魂牵梦萦的梦想。

和珅把玉匣装在怀里，对苏凌阿说："兄之真情，小弟铭记于心，你且等着，明日就叫你得到回报！"

苏凌阿说："一切全赖于中堂大人。"

次日早朝，和珅向乾隆口奏，说自己掌管户部多年，朝中又有许多事务，请皇帝另觅他人，接替自己户部尚书，自己好一心一意在军机处任职。乾隆问和珅："何人可接替卿家职务？"

和珅说："吏部侍郎苏凌阿稳重持成，精心辅国，可任此职。"乾隆准奏，命苏凌阿为户部尚书。

和珅在朝中权力日盛，又兼大肆收受贿赂，经营买卖，引起其弟和琳的担忧。和琳与和珅不同，他虽然从小也受过与和珅相同的境遇，但在长期学习与读书中，已经把那些不快的往事抛诸脑后，只是把它当成一种人生的经历，过去便过去了，他清正廉明，刚直不阿，很受朝臣和百姓的爱戴。

和琳时任湖广道御史，经常到湖广两地督查巡视，家中诸事多由和珅办理。这日和琳从任上归来，未到家，便到和珅府上，见门前送礼者如同云集，不由蹙眉，暗叹："兄长贪婪至此，若让当今圣上知晓，恐会大祸临头。"

和琳叫轿夫避开正门，来到后院门，看门的门子不知来人是和琳，对抬轿的轿夫伸手道："拿小项来，否则别入。"

和琳的管家骂那门人："你瞎了狗眼，轿里坐的是二老爷，本家之人，要什么小项？"

门人回骂："我不管什么二老爷大老爷，就是当今的皇上来，路过我这

第十七章
至高荣誉

也得交小项,这是我们家老爷订下的规矩。"

和琳在轿里听门人越说越不像话,不由怒火中烧,下得轿来,劈手给了门人一记耳光,打得门人口鼻窜血,和琳骂道:"狗东西,信口雌黄,你家老爷何时订下这个规矩?我怎不晓?钮祜禄家早晚要败在你们这些人手上。"

和琳教训完门人,回到轿上,由家人抬着进入后院。和珅此时正坐在堂中接见太仆寺卿李潢,李潢的面前放着一个箱子,里面有银子三千两。闻听和琳到来,和珅对李潢说:"你的事明天我就启奏皇上,保你做到礼部侍郎,时下舍弟远足归来,我当与其共叙离肠。"

李潢告退,和琳从门而入,正遇李潢,二人打过招呼,和琳进入内堂,见到堂中摆放的箱子,顿时什么都明白了。

"大哥!"和琳跪在地上,失声痛哭起来。

和珅以为和琳遇到了什么委屈,便过来搀扶和琳,说:"老弟,你这是怎么了?有人欺侮你吗?可说来与哥哥听,哥哥给你做主!"

和琳哭道:"欺侮小弟者不是别人,正是哥哥你也!"

和珅惊道:"此话怎讲?"

和琳说:"钮祜禄家族世代为官,虽未有似兄高位者,然个个恪守为官之道,清正廉明,得以善终,及到兄时,却大开四门,收礼受贿,若被圣上得知,钮祜禄家族恐是不保矣!"

和琳说罢又哭,和珅道:"弟弟此言差矣,前来府上之人,皆是找哥哥我办事,哥哥有此能力,岂好推脱于人,至于他们拿些银子酬谢哥哥,亦是人之常情,非我婪索,即便圣上得知,又能如何?"

和琳争辩:"兄未婪索,而兄之门人却要小项,难道兄忘却当年曹锡宝弹劾刘全之事吗?"

和珅:"门人索银,是门人不对,明日我将其开逐出府,你我兄弟数月未见,还是叙些家事,至于其他,为兄收敛些便是,以免伤小弟之心。"

和琳见自己的话还算起了些作用,便不再言,和珅叫家人置酒,与和琳对饮,席间问和珅说:"非为兄贪得无厌,实是世事所逼至此,为兄无可奈何。"

和琳道:"弟弟不信,哥哥若不取,人家还硬往你怀里塞?"

和珅正色说:"你还别不相信,还真有这样的人,你没看到门外那些人,他们干啥来了?就是往我这里塞东西来了,他们塞东西不算,有的还给你塞女人,塞那些肉麻的好听的话,让人听了都感到恶心,可是这有什么办法呢?人家信任你,敬慕你,你总不能把人往外推吧?"

和琳心中气愤道:"这些人尽是些无耻之徒,早晚会连累哥哥。"

和珅叹道:"哥哥我也想了,若真有那么一天,这个家就托付给你了,从今以后,我做文臣,你做武将,我为贪官混官,你做廉官、清官,怎么也得把钮祜禄氏的香火传递下去!"

和琳以怯弱的目光看看和珅,说:"哥,我怕!"

和珅以手抚着和琳背脊,像幼年时一样安慰他说:"莫怕,有哥哥在,有皇上老人家在,咱们就是大清国的皇亲国戚,中流砥柱,何所惧哉?"

第十八章
公主大婚

乾隆五十四年（1789年）正月，廓尔喀以西藏地方政府征收商税过重为由，出兵入侵西藏，占领了聂拉木、济咙、宗喀地区。西藏官员未等朝廷出兵，在钦差大臣巴忠授意下，私自与廓尔喀军议和，以每年300个银元宝为岁赋，要求廓尔喀撤军。廓尔喀军队撤退后，巴忠与统兵将领鄂辉勾结，向朝廷口奏，称廓尔喀举国投降，乾隆信以为真，大喜，升巴忠为理藩院侍郎，改派和琳为驻藏钦差大臣。

和琳入藏之后，依朝廷的惯例从四川转运军粮。一些贫困的川民往往把粮送到，即再无回家之资，只能流落西藏街头，客死他乡。和琳得知这一情况，每次川民前来送粮，他都拿出自己的钱派兵丁将这些川民送回四川。一次，川民感谢和琳之德，千里迢迢，用棉衣棉被给和琳捎来黄瓜与茄子，和琳兴奋地写下诗句："更欣黄瓜与紫茄，强于两域得佛牙。"

和琳的升迁对于和珅来说，比他自己升迁了还要高兴，他所设计的兄弟二人一文一武的目标就要实现了。他找来昔日在咸安宫官学教书的吴省兰、吴省钦兄弟到家中对饮，由卿怜、豆蔻作陪。

吴氏兄弟是名满天下的大儒，在咸安宫教书时双双中举，现同朝为官。酒过三巡，和珅举杯对吴氏兄弟说："昔年在咸安宫求学，与舍弟相依为

命，幸有二位师长常助，余兄弟二人方有今日之荣，无甚报答之处，只在家中备以薄酒，以谢二位恩师传道授业之恩，望二位师长开怀畅饮，今日一醉方休。"

吴省兰道："承蒙中堂大人不弃，邀家宴饮是我兄弟二人之荣幸也，焉敢以师长相称？"

吴省钦道："吾兄言之有理，中堂大人现为经筵讲官，论辈分当为我们兄弟二人的老师才是！"

吴省兰听弟弟如此一说，灵机一动，跪下身来，对和珅说："学生吴省兰拜见恩师！"吴省钦亦跪下拜见。和珅连忙跪下，道："二位恩师，使不得使不得，折煞学生也。"

吴省钦说："哪里是学生折煞中堂？分明是中堂折煞学生，中堂大人充任经筵讲官，乃是全朝大臣的老师。我等教中堂在前，中堂教我等在今，师生之谊，即在眼前。安敢乱了辈分？"

和珅听吴氏兄弟二人讲得似乎也有几分道理，便以目视卿怜，说："卿怜，这二位先生乃是我和和琳少年时的老师。而我当今，又成为他们的老师，你来给我等评判一下，相互之间该如何称呼？"

卿怜思忖了一下，说："古人云，一日为师，终身为父。既然老爷拜二位先生为师在先，理当尊二位先生为师才是！"

和珅鼓掌大笑道："卿怜说得有理，还是我尊二位先生吧！"

豆蔻在旁边说话了："不对，不对，老爷现在是这二位先生的老师，按古人的说法，老爷现在就是二位先生的父亲，世间焉有认故父而不认现父的道理？"

吴省兰、吴省钦二人马上附和豆蔻，道："小夫人说得有理，我等当尊中堂大人为师，中堂大人就不要推卸了。"

和珅连忙摇手道："不可不可，辈分不明，如此传出，岂不让人笑我和珅不懂礼数，轻慢师长，罪莫大焉？"

卿怜蹙眉说："那该怎么办？如此公说公有理，婆说婆有理，只怕理论到明年黄瓜秧子黄了，也理论不出个头绪来呢！"

豆蔻说："我倒有个办法，不知使得使不得？"

第十八章
公主大婚

和珅笑道:"平素咱家就你精灵古怪,鬼点子多,不妨说出来,看到底使得不使得?"

豆蔻到怀里摸出一枚铜钱,放到桌上,说:"咱们以此物为宝,向空中抛,若字在上面,二位先生便尊我家老爷为师,若背在上面,我家老爷便尊二位大人为师,一切全凭天意,未知可否?"

和珅心存顾虑道:"如此严肃之事,寄于一文铜钱之上,似有不妥。"

吴省钦说:"既是天意,有何不妥?只是这枚大钱,该由何人来抛?"

豆蔻说:"既在我家,就由我家老爷来抛!"

豆蔻说着把钱递给和珅,和珅迟疑地接过,正在思索该抛不该抛时,外面响了一声炸雷,把和珅手中铜钱惊落在地。吴省兰、吴省钦一看背面在上,欣喜若狂,跪倒在地,对和珅叩首曰:"学生拜见恩师。"

和珅看着那枚大钱,尴尬地笑了,说:"既是天意如此,这个老师我就勉强当了,今后二位在朝中有什么难事,就来找我。我在皇帝面前保举你们,青云得志,大展宏图。"

这年的农历八月十五,和珅带丰绅殷德入宫,去给乾隆祝贺。目睹着儒雅俊秀的丰绅殷德,乾隆内心十分欢喜,考问了丰绅殷德几句学养方面的问题。丰绅殷德对答如流,乾隆十分满意,对和珅说:"如果朕没有记错的话,丰绅殷德该有15岁了吧?"

和珅答道:"皇上圣明,犬子刚好15岁。"

乾隆说:"朕15岁大婚,丰绅殷德今年15,也该大婚了。传朕旨意,叫司天监看一下,择一个日子,为十公主与丰绅殷德大婚。"

和珅闻之大喜,与丰绅殷德共同拜谢乾隆说:"谢皇上恩典!"

司天监官员经过一番严密的观察,认定十一月二十七日是个黄道吉日,便把日期禀报给乾隆。乾隆发出谕旨,十一月二十七日为十公主和丰绅殷德的大婚之期。

十公主官称为固伦和孝公主,生于乾隆四十五年,与丰绅殷德同庚,只比丰绅殷德大一个月,她的母亲汪氏,是乾隆册封的十八个贵妃中第十七位,称为惇妃。惇妃生于乾隆十一年三月初六日,二十八年十月被选入宫。先被乾隆封为"永常在",后被封为"永贵人",三十六年十月晋升为"惇妃"。

按照清朝旧制，只有皇后所生之女才能被封为"固伦公主"，品级当于亲王，其他妃嫔所生，只能封为"和硕公主"，品级相当于郡王。这个十公主是乾隆65岁时才生的，长得聪明伶俐，模样酷似乾隆，因而被乾隆视为掌上明珠，在她13岁时，就被乾隆破格封为"固伦和孝"公主。

固伦和孝公主自幼便有阳刚之气，经常把自己打扮成男孩子模样，和男孩子一起玩耍，而且特别喜欢骑马、射箭。每当乾隆皇帝木兰秋猎，她都以男装跟随左右，射鹿伏獐，经常得到乾隆的优厚赏赐。

皇上指定了婚期，和珅府中上下开始忙碌起来。公主的婚房虽在几年前就已准备好了，但经久未用，屋子里已产生了潮湿之气。和珅命下人们用上等的檀香木升火，把屋子薰得干干爽爽、香气袭人。屋中的丝锦用度，全由石远梅和汪如龙从南方选购，专车运送进京。床则用暹罗进口的象牙，选特等的匠人雕镂制作。

在和珅全心全意为儿子的婚礼操持的时候，乾隆那边也在为自己的女儿出嫁积极地准备着。为了让自己的女儿嫁得风光无限，他首先提高了丰绅殷德的政治地位，封其在御前行走，然后命宫廷造办处，为固伦和孝公主量身赶制嫁妆和陪嫁物品。

十一月二十七日这天，天空特别晴朗，一丝风也没有。从皇宫通往和珅家的这一段路都新铺了黄土，上面泼着净水，碾轧得瓷瓷实实，脚踩上去，连个灰印也不会留下，沿街的商铺货栈、居民住宅、门口都挂着红色帷幔，窗户上也粘贴着鲜艳的窗花。

到了吉时，只听十八声礼炮响过，紫禁城门大敞四开，率先而出的是銮仪队伍，高举着幡竿旌旗，其后是由文武百官组成的送亲队伍，手捧着锦盒漆盘，里面盛放着各种陪嫁妆奁。再后是固伦和孝公主的红呢大轿，由三百卫兵护卫，五百宫女彩娥簇拥，一路吹吹打打，逶迤走向和珅府门，引得京师百姓沿途观看，欢呼喝彩不绝。

在送亲队伍中，最为引人注目的是阿桂，阿桂时年已有七十有余，须发皆白，走路都有些吃力。这位战功赫赫、贵为当朝首辅的人物平日里憎恶和珅，可是敢怒而不敢言，今日他又奉皇命来为和珅家的喜事增光添彩，其内心的痛苦可想而知。他用双手捧着一个朱漆木盘，盘里装的是什么东西他

第十八章 公主大婚

不知道，因为盘子上面用红色的丝帕盖着，但是他觉得盘子里的东西异常沉重，重得赛过他战场杀敌用的鬼头刀，更让他感到惊惧的是，这只盘子一会儿幻化成和珅的脸，对他发出戏谑的笑，一会儿又幻化成乾隆的脸，对他横眉冷对。

和珅家门口，以和珅为首的迎亲队伍披红挂彩，翘首企盼，待銮仪队伍一出现在视线中，和珅率新郎丰绅殷德便迎上前去，他们身后，鞭炮开始炸响，蓝色的烟柱腾空而起，弥漫了半个京城。

和珅在人群中看到了阿桂，阿桂正努力地挺直腰身，将步履迈得艰辛而又沉重。在这一刻，和珅的心开始膨胀起来，他用不屑一顾的眼神瞄看阿桂，内心念道："阿桂呀阿桂，你不是当朝的首辅么？你不是当朝的第一功臣么？不也照样手捧礼物，来为我的儿媳送亲？你和我一样，是皇上他老人家的奴才，甚至还不如我，我起码是这场人生游戏的主角，而你连个配角也谈不上，只是这千人队伍中的一个老叟而已！"

送亲的队伍继续前行，前方的銮仪队伍到达和珅府门以后，分列两厢站立，送亲的官员手捧礼物亦立于两厢。候新娘固伦和孝公主的红呢大轿抬入，百官才尾随其后进入，宫中司礼太监扯着尖细的嗓子，大声地念诵乾隆皇帝陪嫁女儿的礼单：

"御赐红宝石朝帽顶一个，嵌二等东珠十颗。金凤五只，嵌五等东珠二十五颗，内无光七颗，碎小正珠一百二十颗。内乌拉正珠二颗，共重十六两五钱。金翠鸟一只，嵌子一块，碎小正珠十九颗，金镶青金桃花垂挂一件，嵌色暗惊墨小正珠八颗，穿色暗惊墨小正珠一百八十颗，珊瑚坠角三个，连翠鸟共重五两三钱。帽前金佛一尊，嵌二等东珠二颗。帽后金花两枝，嵌五等东珠五颗。金珊瑚头插一围，嵌二等东珠七颗，重四两七钱……"

太监每念诵一件，便有托送礼品的大臣送进屋子里一件，这份礼单念了足足有一个时辰，才把乾隆赏赐给女儿的念完，接下来又念乾隆赏赐给额驸丰绅殷德的礼单：

"御赐椰子朝珠一盘，珊瑚佛头塔，银镶蓝宝石背云，嵌红宝石四块，碧牙记念，蓝宝石小坠角，加间养珠四颗。蜜蜡朝珠一盘，碧绿牙佛头塔，银镶碧牙背云，大小坠角，珊瑚记念，加间碎小正珠四颗。红宝石朝帽顶一

个，嵌二等东珠六颗。帽前金佛一尊，嵌五等东珠二颗。帽后金花一只，嵌五等东珠一颗……"

这份礼单又是足足的几页纸，阿桂和那些官员们站在和珅家的院子中，站得脚发麻、腿发酸，那滋味真比上刑还难受。但是他们谁也不敢乱动，因为他们心里清楚，这可是皇帝女儿的婚礼，万一弄出点岔头，皇上一准不会饶他。他们只能在这捱着，期盼那份冗长的礼单，早点在太监的口中结束。

太监在这边宣读礼单，那边固伦和孝公主和丰绅殷德举行隆重的婚礼。按照满洲人的习俗，固伦和孝公主下轿后，在两名侍女的搀扶下，踏着猩红的地毯，迈过通红的炭火盆，在飞扬的拌着五色的纸屑中，走进屋内。披红挂彩的丰绅殷德走了过来，跪在固伦和孝公主面前，把象征着连接彼此心灵的红色扎花缎带放到固伦和孝公主手上，双方各执一端。走向燃烧着红烛的堂前。和珅和妻子冯霁雯先行跪下，向公主问安，然后再回到座位上。司仪扯着嗓子喊："一拜天地，二拜高堂，夫妻对拜，送入洞房。"

接下来，就是女人们的事了，什么压箱的银子，净脸的水，吃四喜饽饽，离娘饺子等等。和珅参加完这边的仪式，来到接待宾客的跨院，与前来贺喜的宾客们寒暄。那些带着皇命而来的文武百官，在扮演完送亲的角色后，迅速摇身一变，成为和珅家的座上客。他们一个个笑逐颜开，向和珅说着肉麻的贺词，并从怀里掏出银票，堂而皇之地写在和珅家的账簿上，就连阿桂、王杰、刘墉之流，也不得不掏出银票，在这似乎并不光彩的账簿上，留下他们正直的名字。

这一天，人们不知喝了多少酒，吃了多少肉，酒席散后，和珅府上的家人连同临时雇来的伙计不下一千人收拾到半夜，才把内院里外收拾干净。

次日一早，和珅醒来，第一件事就是叫醒冯氏和长二姑，到账房那里查看账簿。账房那边昨夜通宵未眠，和珅与两位夫人来时，还在扒拉着算盘珠子。

"怎么样？收了多少银子？"和珅问。

"禀老爷，只算了八成，还有两成没有算出。"一位账房先生用手指着像小山一样高的账簿说。

"八成有多少？"和珅问。

第十八章
公主大婚

"三百七十万八千二百一十六两五钱五分三厘四。"账房先生回答。

和珅一听，立时瞪大双眼，问账房先生："有没有算错？这是礼账，又不是典当利息，怎么会出现几厘几毫的银子？"

账房先生说："禀老爷，没有搞错，账本中的确是有人随了几厘几毫的份子。"

和珅愣了一下，马上意识到这是有人借他儿子的婚礼戏弄他。他对账房先生们说："快把那个账本给老爷找出来，我看何人如此抠门？"

账房先生们一通翻找，终于在山一样高的账本中找出那本账。和珅翻开一看，只见上面写着"刘墉贺礼二百一拾六两五钱五分三厘四毫"。和珅见数字开头是二，后面缀着两个五，认为刘墉这是骂他二百五，遂觉得心下不爽，把那本账掖到怀中，心说："刘墉，连皇上女儿的婚礼你也敢无理取闹，看我不到皇帝那里告你去。"便未露声色，继续问账房先生，"礼单之中，何人贺礼最多？"

账房先生说："有个叫汪如龙的，贺银三十万，还有个叫石远梅的，贺银二十万。"

和珅听了满意地点点头，又问账房："何人贺礼最少？"

账房先生说："军机大臣王杰，吏部尚书董浩，每人只贺银五十两。"

"阿桂呢？"和珅问。

"阿桂贺银三百两！"账房先生答。

和珅思考了下，吩咐账房先生："核准账目后，把贺银五百两以下的给我留下，五百两以上的全给烧了。"

冯霁雯感到十分诧异，连忙说："老爷，不能烧，这些账还留待将来给人家还礼的！"

长二姑对冯霁雯说："姐姐，将来还多少，老爷他心里有数，咱们姐妹就不要操心了。"

和珅带着冯氏、长氏从账房那里出来，又去了堆放贺礼的屋子，只见里面银子成山、珍宝遍地。和珅的笑容浮上脸来，不无自豪地对冯氏说："霁雯，当年你嫁我时，可曾想到会有今日的荣华富贵？"

冯氏被这些银子吓得心惊肉跳，用手抚着胸口说："老爷，为妻未曾想

到，这许多银子，咱们这辈子怕也花不完，恐非吉事。"

和珅娓娓对冯氏说："那就留给德儿花，德儿花不完，就留给孙子。我想好了，今年德儿和公主成婚，明年再给德儿娶上几房妾。我要你看到咱家子孙满堂，天天围着你我，叫爷爷奶奶。"

冯氏被和珅这席话逗乐了，说："这日子真不敢想。想起来，你我成婚生子仿佛就在昨天，今天一觉醒来，咱们的儿子就成婚了，公主啊公主，你快给我生个大孙子吧！"

长氏说："姐姐莫急，我看那公主白嫩如膏，是个有福气的模样，保你明年这个时候就能做上奶奶。"

和珅三人正说笑着，冯氏的侍女跑过来，说："老爷、大奶奶，公子、公主正在房中，等候给老爷、大奶奶请安呢。"

和珅一拍脑门，道："坏了，咱们光顾着来数钱，把这茬忘了，按照朝廷礼制，应该是咱们先给公主问安才是！"便拉着冯氏向房内走。到了房内，只见丰绅殷德与固伦和孝公主站在屋内，手拉着手，观摩墙壁上的书画，忙跪下道："奴才和珅、冯氏，叩拜公主金安。"

固伦和孝公主和丰绅殷德也给和珅与冯氏跪下，说："儿子、儿媳给父母大人请安。"

一家人一起用过早餐后，和珅穿上朝服，坐上他那顶蓝呢大轿，赶往宫中向乾隆谢恩。想起昨天儿子婚礼那盛大的场面，和珅心里美滋滋的，满朝文武，上至王公大臣，下至各部郎官，谁人儿子的婚礼有我儿子的婚礼排场？咱不说别的，单说皇上他老人家颁给的赏赐吧！足足几马车，比他任何一个女儿的陪嫁都要多。这不仅说明皇上他老人家看重这个女儿，同时也看重我们和珅父子。还有那个倔老头阿桂，他平时在自己面前一脸严肃，装成一副元老重臣的模样，不也照样手捧漆盘走在前面，为我和珅壮大声势与场面么？"

和珅想到这里，不由"扑哧"地笑出声来，跟随在旁边的刘全连忙喊："停轿。"

轿子停了下来，刘全躬身上前，问："老爷，有事？"

和珅说："能有什么事？走你！"

第十八章
公主大婚

刘全喊："走！"

轿子又行走起来。和珅坐在轿中，又开始了新一轮的思考："从今天开始，我就是真正的皇亲国戚了。诀诀大清国，除了皇上他老人家，说话最好使的就是我和珅。打今儿以后，我要拿出点皇帝亲家的派头，帮皇帝管好这些朝臣，打理各项事务，像阿桂、王杰、董浩、刘墉这些刺头，自己要给他们点颜色看看，以免他们惹是生非，处处惹皇帝他老人家不高兴。"

想到刘墉，和珅心里不禁"咯噔"一下，从怀里掏出账簿，看看刘墉贺礼的数字，口中念叨："二百一拾六两五钱五分三厘四毫，到底是什么意思呢？是盼望着我要出事？这该死的山东驴，葫芦里装的是什么药呢？肯定不是什么好药！"

和珅正想着，轿子已经到了紫禁城外，轿夫停下轿子，和珅把账本揣到怀里，走下轿来，对着阳光打了两个喷嚏，感觉今天的天气真是好极了。

乾隆坐在养心殿内，闭目养神，平静的外表之下，一颗心正在波澜起伏，他想起几天前他在这里召见呼什图的场景。

"呼什图，你多长时间没有来见朕啦？"乾隆倚在炕上，问跪在地上的呼什图。

呼什图掰掰手指头，说："奴才已经有小半年没有进宫了。"

"你是不是把朕交给的任务忘了？"乾隆平静地问。

"不敢，奴才不敢违抗圣命，正在时时刻刻地盯着和大人。"呼什图说。

"大胆奴才，还说不敢？这半年没有进宫，你干啥去啦？"乾隆"忽"地从炕上坐了起来，怒视呼什图。

呼什图此刻才明白他的真正主人是谁，他的命运到底掌握在何人手里！他哆哆嗦嗦地对乾隆说："皇上饶命，的确是和大人家里事情太多，奴才脱不开身进宫。"

乾隆沉声问："说，和珅他每天除了上朝以外，还干些什么？"

呼什图见皇帝怒火稍息，便又想替和珅说好话，说："和大人每日都在忙着张罗公主与公子的婚事。"

乾隆一听，怒火再次烧到了脑门，骂呼什图道："胡扯！朕问的是平时，平时每天和珅都在张罗公主与额驸的婚事么？简直是无稽之谈。"

呼什图知道，向皇上说真话的时候到了，如果此时他再不说真话，乾隆就有可能永远地让他闭嘴。他战战兢兢地对乾隆说："和大人平日除了在家接待那些前去找他办事的官员，便是到市上视察他家的买卖。"

乾隆听后，犹如一个晴天霹雳在耳边炸响，他最宠信的人还是没有逃脱官场的潜规则，腐化堕落了。他有些不敢相信，自己统治下的大清官场怎么就会沦丧到这步田地？贪官如秋日之蝇，屡扑不绝呢？

"和珅他贪占了多少？"乾隆痛苦地闭上眼睛，问呼什图。

呼什图浑身打了个激灵，说："奴才不知，但和大人家有个地窖，里面装了满满的一窖银子，不下千万两，其中有他做生意赚的，也有一些是官员送的。"

乾隆闻之一惊，他没有想到，自己惩治了一辈子的贪官，如今这最大的贪官就伴在自己的身边，自己竟浑然不知，还屡屡地为他升官晋爵，让他位极人臣，享受史所罕见的荣耀。

"和珅他私蓄那么多银两，是什么目的？难道他是想造反不成？"乾隆想到此，不由打了个冷战，他问呼什图，"和珅他平日净与一些什么人来往？"

呼什图说："和大人经常往来的有军机大臣福长安、山东巡抚伊龄阿和户部尚书苏凌阿。"

听说这几个人，乾隆放下心来，因为这些人都是忠良的后代，资质也甚平庸，不会兴起什么风浪的，便对呼什图说："别忘了你的身份，继续给我盯紧和珅，有何异常，立即进宫向我报告，倘有任何差池，定将你凌迟处死，祸灭九族！"

呼什图唯唯诺诺地走了，乾隆气得一脚把地上的痰盂踢翻在地，大骂和珅口蜜腹剑，厚颜无耻，他甚至想解除公主与丰绅殷德的婚约，捉拿和珅问罪，后来他的脑袋灵光一闪，心道："既然他和珅能贪，何不让他贪去呢？反正他的家业也运不到外夷，早晚这些钱仍是我大清国的，等国家用时，随便给他安个罪名，取来便是。"乾隆想到这里，又开始为自己刚刚出嫁的女儿担心了，如果有朝一日抄了和珅的家，朕的女儿不就一贫如洗了么？不，朕不能让自己的女儿受苦，朕要让她一生享受荣华富贵。

第十八章 公主大婚

乾隆想到这里，外面太监进来，奏报："大学士和珅和大人前来谢恩。"乾隆说："宣！"

和珅进来，"扑通"跪倒在地上，喜滋滋地说："奴才和珅叩见。吾皇万岁、万万岁！"

乾隆从炕上坐起身来，说："爱卿平身吧！家里那面都忙完了？"

和珅笑着说："托皇上和公主的福，都忙完了，一忙完，奴才就过来向您老人家谢恩来了。"

乾隆准备下地，和珅连忙拿过鞋子，替乾隆穿上，乾隆问："公主在你家有没有什么失礼之处？"

和珅道："公主深明大义，今天一大清早，就过来给奴才和拙荆请安，仁义之至，礼貌之至。"

乾隆说："那就好！公主虽出生于皇宫大内，但终究要嫁入普通人家为人媳、为人妻。这三从四德，首当恪守。"

和珅奉迎道："皇上说得是，公主在这方面堪称典范。"

乾隆满意地点了点头，然后用关心的口气问："一切还都顺利？"

和珅讪笑道："诸事皆顺，唯有一事一人给奴才添堵。"

乾隆问："何事？何人？"

和珅从怀里掏出账簿，翻到刘墉贺礼那一页，指着上面的数字说："公主与额驸大喜之日，那刘墉贺礼贺这么个数字，不知他是什么心肠？"

乾隆看着上面数字，二一六五五三四，这不分明是说儿要溜，吾闪死么？不由勃然大怒，喝令太监："速诏刘墉到南书房问话。"

很快，刘墉到了南书房，乾隆把账簿摔到刘墉面前，说："刘墉，你把这串数字给朕解释下，到底是何意思，你又是何居心？"

刘墉一看，乐了，说："皇上，这几个数字是微臣为了庆贺公主与额驸大婚，想了一天一夜，绞尽脑汁，才想出来的吉祥数，有什么不对的地方么？"

乾隆说："吉祥数？怎么个吉祥啊？你与朕说来。若说不出，就定你诅咒公主额驸大婚，取了你项上人头。"

刘墉说："皇上，你冤枉微臣了，听微臣给你道来。这二、儿也，拾、

203

子也，六即是有，五是福，三是万，四即是世。这几个数字连起来是说儿子有福万世，岂有诅咒亵渎之意？皇上就是给臣八个胆，臣也不敢拿公主和额驸开玩笑啊！"

乾隆咂摸咂摸，感觉刘墉说得在理，就对和珅说："如此是朕误会刘墉了，这事就这样过去吧！"

和珅虽内心有所不甘，见皇帝发话了，也只能如此。

第十九章
智斗英使

乾隆五十五年（1790年），清高宗爱新觉罗·弘历迎来了他人生第八十个寿辰。

俗话说，人到七十古来稀，何况是八十岁。作为中国历史上第三位长寿君主，弘历本人和满朝的文武大臣都十分重视这个日子。弘历命令阿桂、和珅、福长安、胡季堂、金简、李俊、伊龄阿七位大臣总办庆典，其中和珅与金简二人专司庆典的工程事宜。

和珅接到皇上命令，略加思考，决定在紫禁城外为皇帝建一座万寿楼。该楼不使用土石，完全由木工使用榫卯搭建而成，楼高三层，方圆几十丈，在使用过后，可以自由拆卸，留待皇帝九十、一百寿辰再用。方案上奏给乾隆，乾隆认为此法甚是节俭，便欣然同意。

其实这是和珅故意使出的手段，他经过一番精密的计算，算计出如果建土石结构的楼所需资金不过百万两银子，而使用木材，便很难估价，因为这木材之中，多加上一块名贵木料，价格便会增加不少，自己于其中才会有利可图。

方案确定以后，和珅开始在全国范围内广征能工巧匠，又命汪如龙、石远梅以官府的名义从江南收购木料，低价购进，再以高出进价一倍的价格卖

给内务府，从中赚取了数百万两银子，最后把施工一事扔给金简，自己随乾隆巡幸山东去了。

乾隆一生喜欢游历，六下江南，六登五台，至于山东，他更是情有独钟，往复不计其数。到达山东后，乾隆照例先去曲阜拜谒了孔庙，又赴东营察看了黄河水势，这才回到济南，夜宿于早年官员为其建设的行宫之内。

由于连日舟车劳顿，乾隆到了行宫便就寝了。睡梦中，乾隆梦到黄河从睢口决堤，大水瞬间吞没了两岸的庄稼和村庄，许多男女在水中号呼救命。乾隆大喊救灾，可是府库中只有老鼠奔走，连一两银子也没有，他大喊："和珅，和珅，朕的银子哪里去了？"

乾隆急迫之时，从梦中醒来，醒来时只有满屋子的寂静。一抹月光从窗帘的缝隙中透了进来，照在屋角的一盆茉莉花上，楚楚动人。

外表上的乾隆，风流倜傥，有处巨变不惊的风度，其实他的内心中，却有一块极柔软的地方，那就是黄河。历史上多少次黄河决堤，给人民带来极其深重的苦难，给国家造成巨大的损失，作为一代明君圣主，他不得不知，不得不防。为此，他每年都派他认为最稳重持成的大臣阿桂，代他巡视黄河，以防黄河再次决堤，让历史的悲剧在他这一朝上演。

这个梦太恐怖，也太真实了，真实到决堤的地方，就在睢口，这是上苍在暗示着什么？还是黄河真的要从睢口这个地方决堤？乾隆再也睡不着了，他叫当值的太监立即召唤和珅。

和珅来后，乾隆并没有立即向和珅说起自己刚才所做的梦，而是问和珅："今年下拨黄河水务的银子是否发出？"

和珅回答："早于正月初三，即发出八十万两，以防黄河凌汛。"

乾隆闻之，稍稍放心，又问："户部库存现存几何？"

和珅回答说："户部存银两千二百一拾万两。"

乾隆这才向和珅说起他刚才所做的梦，乾隆说："当年朕视察黄河河道，确实到过一个叫作睢口的地方。那里浪大水急，确有决堤之险，今成此梦，未知吉凶。"

和珅劝慰乾隆道："都是您老人家忧国忧民，方有此梦。依《周公解梦》之言，梦见大水主官至，没有什么不祥！"

第十九章 智斗英使

乾隆叹息:"话虽如此,朕仍是不能释怀呀!"

和珅试探道:"若您老人家真不放心,就由奴才代您再去巡视一番黄河?"

乾隆摆摆手道:"不必了,阿桂巡视归来不久,何况银子已经拨付,就不必再去,你还是留在朕身边替朕办差吧!"

君臣二人稍稍沉默了一会儿,乾隆又说:"和珅,若他年黄河真的从睢口决堤,国库中又无银可拨,你当如何?"

和珅未做思索,脱口而出:"若真如此,奴才愿倾尽所有家产,交付朝廷,以救万民。"

乾隆说:"好,咱们君臣二人以窗外明月为誓,若黄河决堤,朝廷无银,就由你交出家产,代朕救济灾民。"

和珅道:"奴才记下便是!"

四月,乾隆游历完山东,回到京师,两广总督福康安向朝廷发来奏报,称英国马戛尔尼使团已抵达澳门,准备进京给乾隆皇帝祝贺八十大寿。乾隆皇帝大喜,谕令福康安"接待远人道,贵于丰俭适中,不卑不亢,不可意存玩忽,亦不可张大其事"。

福康安出身贵族,不仅非常擅于用兵,亦是一位治国之能臣。他在接见马戛尔尼时,完全遵照乾隆旨意,对马戛尔尼说:"我大清国大皇帝陛下已同意尔等入京,为他老人家贺寿。"

马戛尔尼此番是带着一颗强大的政治野心来的。他想用他的手腕与阴谋推开锦绣中华的大门,把这一方土地变成他们英国的殖民地。因此当他听说乾隆皇帝允许他进京之后,显得异常兴奋,说:"感谢中国大皇帝陛下,感谢福康安将军,我相信,英国和中国会有很美好的未来。"

福康安不咸不淡地说:"使臣大人别高兴得太早,我还没有说完。你们英吉利是属番帮蛮夷,缺少礼节教化,若要进京朝觐天子,须在我这里学会礼仪,方可进京面圣。"

马戛尔尼耸耸肩,摊摊手,说:"这没有问题,我愿意学习中国的礼仪。"

福康安便指了一名官员,叫他教马戛尔尼礼仪,学到跪拜这一节时,马

戛尔尼言辞激烈地表示反抗:"不,我不跪下,在我们大英帝国,只有临刑的囚犯才跪下,这是对我人格的污辱,我坚决不跪。"

福康安威严地说:"这里是大清帝国,不是英吉利。见了皇帝必须下跪,这是我大清国的礼制,你若不遵守,就别想见到我们的皇帝!"

马戛尔尼嚷道:"我是大英国的使臣,不远万里来到中国,难道因为礼制不合就拒绝让我朝见皇帝,这太不友好,也太可笑了吧?"

福康安严正地说:"要想友好,必须跪拜,否则无法续谈!"

福康安说完,扔下马戛尔尼一个人走了。马戛尔尼见无法动摇福康安,只好撇开广州,绕道天津港,准备从这里登陆进京。

福康安把马戛尔尼不接受跪拜的事上奏朝廷,乾隆对此很生气,认为马戛尔尼太过嚣张,想拒绝他的朝见,又怕影响与英国的关系,就把这件棘手的事交给了和珅,叮嘱他务必说服马戛尔尼,让他遵从华夏礼仪,行跪拜之礼。

和珅自乾隆四十五年(1780年)出任大清国理藩院尚书以来,一直总理清政府的外交事宜。他先后接待过朝鲜、安南、暹罗、缅甸、琉球等外国使臣,深谙各国之间礼仪不同,若真让一个不同国家的人改变他的风俗习惯,甚至是放弃自己的人格尊严,是对人家大大的不敬。但是皇帝已经发令,坚决要让对方持跪拜之礼,作为皇帝的臣子,他又能说什么呢?只能遵从皇帝的意愿,与马戛尔尼谈谈再说了。

和珅没有像福康安那样,摆出一副生硬的拒人于千里之外的架势,那样只会把马戛尔尼吓走,到时候皇帝见不到英国使臣,会责怪他这个理藩院尚书无能,同时也有损中华礼仪之邦的文明形象。他展现的完全是一副成熟外交家的气质,让马戛尔尼的船队停靠在天津港口,派出官员赶着猪羊到船上慰问这些远道而来的客人,使马戛尔尼真切地感受到东方文明古国的大度与胸怀。马戛尔尼也回报给和珅大英帝国的雪茄、卷烟及印度香料等。

双方在建立了良好关系的基础上,和珅这才赶到天津,与马戛尔尼谈判。和珅说:"英使大人,看您气质不凡,一定代你们的国王出使过许多国家,但是您没有来过中国。中国是个有着数千年文明的国家,礼制森严,声名远播,皇帝在这个国度里,是最高的统治者,他是人民的父母,天的儿

第十九章 智斗英使

子，因此应该受到所有人也包括英使大人您的尊重。"

马戛尔尼狡猾地说："我没有不尊重贵国的皇帝，我只是提出不能向他跪下，福康安将军因此驱逐了我。"

和珅笑了笑，道："见到皇帝下跪，这是中国人最普通的礼节，连三岁小儿都知晓，这点福康安将军做得并没有错。"

马戛尔尼半开玩笑地说："如果我不遵从贵国的制度，想必和大人也会像福康安将军那样，将我赶回英吉利？"

和珅说："那倒不会，只是那样英使大人一定不会见到我朝天子，到时恐辱了贵使使命。"

马戛尔尼沉默下来，眨巴着他的一双蓝眼睛在思考对策，和珅趁机说："中国有句古话，叫入乡随俗，不知英使大人听过没有？"

马戛尔尼摇头说："闻所未闻。"

和珅说："这句话的意思是一个人不管到哪里，都要遵从地方的风俗，这样才不会吃亏。"

马戛尔尼连连摇头，说："其他风俗我都可以遵从，唯有这一条我不能遵从。它太不文明了，是对我人格的污辱与亵渎。"

和珅闻听，既不恼也不急，笑着对马戛尔尼说："我不强迫英使大人必须向我们皇上他老人家行三拜九叩之礼。但是您不这样做，是一定见不到皇上的，还请您三思吧！离皇上圣诞的日子可越来越近了。"

和珅说着，和马戛尔尼告别。回到他的住处，他的属僚们一致对他说："这个马戛尔尼太不懂礼数，就应该像福康安那样把他赶回英吉利算了。"和珅从马戛尔尼给他的烟盒中抽出一支雪茄点燃，吸了一口，说："这外国烟够味，看来这个国家的人也跟他们的烟草一样又冲又辣。"

众属僚不知和珅的话是什么意思，便洗耳恭听。和珅这才说："自前明郑和下西洋以来，中国便声名远播。今英使来此，早已惊动天颜，若不使其朝见皇上他老人家，岂不有损我大清国名声？"

一个叫王三太的属僚说："英使如果拒不下跪，岂不触怒天威，责怪我等办事不力？"

和珅慢悠悠地说："此事勿急，英使远渡重洋，不远万里，目的就是朝

209

觐皇上他老人家，如果见不着，损失的是他们的利益，于咱们何干？"

众属僚这才不作声。

却说马戛尔尼离开之后，知晓这件事再不做让步，自己的愿望就会化作泡影。这个长着鹰钩鼻子、金色胡须的英国佬在大骂了一阵东方礼仪之后，眉头一皱，想出了一个新的鬼点子。他亲自登岸，来到和珅住处，面见和珅。

"和大人，我想到了一个两全其美的办法，特来向你报告。"马戛尔尼用生硬的汉语对和珅说。

和珅不失热情地说："公使大人请讲。"

马戛尔尼手舞足蹈地说："是这样，为了表示我对中国大皇帝陛下的忠诚，我同意跪下，但是在朝见现场，必须同时挂上我们英国女王的头像，你看如何？"

马戛尔尼说完，和珅的脸上现出不悦之色，绵里藏针地说："公使既然如此崇拜你家女王，何不把你家女王也带到中国与我天朝大皇帝平起平坐，何苦拜那图像？"

马戛尔尼被和珅噎得一哽。见马戛尔尼有些羞愧，和珅笑了，温和地说："公使大人，不要再说了，如果你不改变自己的初衷是断然见不到我朝天子的，本官还有别的事，恕不奉陪公使大人啦！"

马戛尔尼见和珅下了逐客令，只得悻悻地离开。眼见离乾隆的寿辰越来越近，不仅马戛尔尼着急，就连乾隆也有些着急，一月连下三道圣旨给和珅，敦促马戛尔尼进京朝觐。

和珅见火候已经差不多了，这才派人召见马戛尔尼，对马戛尔尼说："公使大人是否想明白？到底是跪还是不跪？"

马戛尔尼见功败垂成，再不让步便会功亏一篑，只得说："我同意跪下，但是我得用我们大英帝国的方式，而不是大清帝国的方式。"

和珅对英吉利的礼节早有了解，知晓英国人下跪的方式是单膝跪地，一手放在胸前，他故意装作不知，问："哦？这有什么不同么？"

马戛尔尼说："当然有所不同，我们朝见我们尊贵的女王陛下时，也只是一只膝跪在地上，另只膝曲着。"

和珅有意戏弄一下马戛尔尼，便装傻道："既然那条腿已经曲了下来，

第十九章
智斗英使

还在乎再曲一些跪到地上么？"

马戛尔尼被和珅戏弄得面红耳赤，言辞激烈地说："和大人，这完全不一样。在西方，只有怕死的懦夫才会跪在别人的脚下，我不是懦夫，我是大英帝国的公使，代表的是尊贵的女王陛下，我不能跪。如果硬要我双膝跪地，那就不如杀了我。"

和珅笑道："公使大人言重了，你既到了中国，便是我休闲的客人，哪个会让你去死？既然你同意以觐见你们女王的方式，单膝跪地觐见我天朝大皇帝，那我们也尊重你们的习惯，单膝跪地就单膝跪地吧！咱们即刻启程赶赴京师，朝见皇帝他老人家。"

农历八月十三，是乾隆皇帝的诞辰。八月初，各省督、抚、藩、臬便携带礼物及具有本地特色的艺人进入京师，为乾隆皇帝贺寿。此时，万寿楼早已建成，虽不甚巍峨高大，却是典雅秀气、富丽堂皇。楼外扎着提红彩带，楼内铺着猩红地毯，一派喜气洋洋的景象。

和珅把马戛尔尼一行安置在专供外国使节休息的馆驿，然后上朝向乾隆复命。乾隆听了虽不太高兴，但作为一国之君，也知晓天下非是大清一国，各国各有成规，便准许马戛尔尼以单膝跪地之礼朝觐。和珅谢完圣旨，立即赶回家中，按照他的猜想，此刻他的府门前应该是万头攒动、人山人海。

事实果真像和珅预料的那样，各地官员一进京还没有去朝见皇帝，就先来到他家门前：受过他通风报信的，给他拿孝敬银；受过他提拔的，给他拿答谢银；还有渴望得到他帮助，指望他当靠山的，给他送见面礼。一刹时，他家的门口比市场还热闹，用车拉箱子的、怀抱瓶子的、手臂下夹字画的，应有尽有。和珅的管家刘全站在大门口，瞪着一双斗鸡眼儿喊："今天老爷不在家，要办事的明天来。"

这时和珅出现在门前的官道上，骑着高头大马，一副趾高气扬的模样。人们看到和珅，"呼啦啦"跪倒一片，口称："给和大人请安！"

这要是放在丰绅殷德大婚以前，和珅即使不跳下马跪在众人面前，也会跳下马向众人做几个揖，以示答谢。可是自从丰绅殷德大婚以后，和珅就变了，他感觉自己已经是当今皇帝的对头亲家了，连阿桂那样的首辅军机大臣都给自己的儿媳端礼盘子，面前这些人又算什么？他们有求于己，孝敬自己

那是应该的，所以他却连马都没下，只在马上向众人拱拱手。众人给他让开一条道，他骑马径直进入府中。那些等着接见的人又"忽啦啦"站起，一齐向门口涌来。刘全扯着嗓子喊："别挤、别挤，把宝贝挤坏了可没人赔。"

和珅进了院子，未等下马，汪如龙就从豆蔻的楼里走了出来。

"妹丈，一向可好？"汪如龙率先向和珅施以一揖，问好。

"如龙兄？你是何时到的？"和珅跳下马来，拉着汪如龙的手兴奋异常。

"我于昨日赶到。闻听妹丈去了天津与洋鬼子谈判，不日将归，这就在家等着，果然把你盼了回来！"汪如龙说。

"走，进宅叙话！"和珅拉着汪如龙的手，来到豆蔻的房内，吩咐豆蔻，"速叫厨房备酒，我要与如龙兄畅饮。"

汪如龙用手指指门外，说："妹丈刚刚归来，有那么多人等着办事，我们还是晚上再喝吧！莫让人家空等。"

和珅不屑一顾地笑了，说："如龙兄有所不知，似门外那干人，皆是追名逐利之徒，犹如那夏日的蚊虫，不吸到血绝不会散去。你我只管放心饮酒，我不发话他们决计不会离开。"

汪如龙不再言语。少顷，仆人端上酒菜，和珅与汪如龙、豆蔻三人畅饮。饮着饮着，和珅突然来了兴致，对汪如龙说："如龙兄，我让你见识见识大清官场如何？"

汪如龙不懂何意，问："如何见识？"

和珅微笑不语，对仆人说："去告诉刘全把外面那些人带到这里来答话。"

仆人答应一声，下去，少顷便见到刘全带着门外的人们进来。排好队，一个个站在豆蔻楼前，翘首企盼。

第一个进来的是山西的一个道台，手里捧个成化年间的斗彩杯，乃是个稀罕之物。一进屋，他便跪在和珅脚下，说："下官钟离焕拜见和大人。"

和珅口里吃着菜，手里端着酒，开门见山地说："你有何术，快快说来。"

钟离焕说："下官现任山西大同道台，欲谋求山西布政使一职，请大人成全。"

第十九章
智斗英使

　　和珅看着那只成化斗彩杯，未言语，那钟离焕又从怀中掏出一张十万两的银票，一并放到和珅面前，和珅这才启齿道："回家等着去吧！不出三月必叫你如愿以偿。"

　　钟离焕下去。接着进来一位老翁，须发皆白，连走路都要人扶着，进得门来，刚要给和珅跪下，和珅说："老人家年事已高，免礼。有什么事快快说来，我这座间有客。"

　　老翁说："我乃河南童生，屡试不第，今已迈入古稀之年，行将就木，若再不中举，恐死后无颜去见列祖列宗，因此向和大人告求，赏在下一官半职，以偿毕生所愿。"

　　和珅问："老人家欲谋何职？"

　　老翁说："能做个知府便做个知府，知府做不得，做个知县也行。"

　　和珅："若知县也做不得呢？"

　　老翁："那便做个河伯所所官亦可。"

　　和珅笑道："这个职位与你甚是相当，那便赏你一个河伯所所官吧！"

　　老翁从怀里掏出一副玉镯，放到和珅面前。和珅拿起笔来，在老翁手上写下"和珅"二字，对老翁说："老人家请回，到巡抚那里，以此示之，必能如愿。"

　　老翁哆哆嗦嗦地谢过和珅，又哆哆嗦嗦地走了。和珅接着继续办理所谓"政务"，只见他面对来者，只是三言两语，许多在常人眼里看来是势比登天的难事，在他这里只一句话，然后交出银子、珠宝走人。汪如龙在惊讶于和珅能力的同时，也深深感受到这大清朝官场的昏暗，于内心暗自念诵："这大清快完了！"

　　八月十三这天，皇子皇女皇孙，王公贝勒，朝中大臣，各省督抚藩臬，外国使节，齐聚于万寿楼前，高呼"万岁"，为乾隆皇帝贺寿。

　　马戛尔尼夹杂在人群里，目睹这盛况空前的场面，深为泱泱中华而叹服。轮到他拜寿时，他恭恭敬敬地以单膝跪在乾隆脚下，以生硬的汉语说："英国使臣马戛尔尼拜见尊贵的中国大皇帝陛下，恭祝中国大皇帝身体康健，万岁，万岁，万万岁！"

　　乾隆因为马戛尔尼没有按中国的礼节跪拜，心中不悦，只是碍于今天的

场面，表面上没有流露出什么，敷衍马戛尔尼说："贵使远道而来，甚是劳顿，请代朕向贵国女王问安。"便不再理会马戛尔尼，与朝鲜、暹罗、安南等国的使臣谈笑。

马戛尔尼在乾隆这里受到冷遇，贼心不死，又把目光盯上了大清国第一权臣和珅。马戛尔尼私下里打听到，和珅这人喜欢钱，喜欢别人送礼，就准备了一些西洋钟表和从东印度公司那里换来的黄金一并送到和珅府上。

和珅这几日腿疾发作，兼之腹痛，没有上朝。他听到刘全禀报，说英使携带礼物来了，就带病接见了马戛尔尼，一入座，马戛尔尼发现和珅脸色不对，便问和珅："和大人身体是否不舒服？"

和珅忍着腹痛说："我早有腿疾，近日又染上腹痛，雪上加霜，着实是苦不堪言。"

马戛尔尼说："我随船带来英国医生，医术甚好，不妨把他叫来为大人治疗。"

和珅虽信不着西洋医生，但出于礼貌，还是勉强同意了。英国医生来后给和珅做了一番诊疗，认为和珅腹内有肿瘤，要给和珅开刀手术。和珅没有同意，医生便给了和珅几片西药，和珅服下后，腹痛顿时缓解。

看和珅身体见好，马戛尔尼趁机向和珅提出要单独会见乾隆皇帝。和珅明知乾隆不会再见马戛尔尼，但碍于影响，对马戛尔尼说："英使大人不要着急，我天朝皇帝陛下刚刚过完寿诞，政务繁重，还是等忙过这段时间，我再向皇帝奏报，请他老人家接见公使大人不迟。"

马戛尔尼见和珅说得有理，只得告退，临走时，和珅向马戛尔尼赠送了一幅他自己作的画，以做回馈之礼。

马戛尔尼在北京住了两个来月，眼看冬天来到，天气渐寒，使团中有不服水土者，染病死去的有三四个人，就再也待不住了，数次到和珅家去拜见和珅，都被和珅家人以主人不在家为由挡了回来。马戛尔尼无奈，只得给和珅留下一封书函，请和珅转呈乾隆皇帝。

马戛尔尼在书函中提出了七点要求：一是英国派使臣长驻北京；二是清朝增开通商口岸；三是允许英国商人在北京设立商行；四是割让沿海岛屿供英国商人存放货物；五是清朝拨地在广州给英国商人居住；六是减轻英国商

人税收；七是允许在中国传授天主教。

和珅看过此函，在心里"扑哧"一笑，骂道："这个英国佬莫不是疯了。你当我们大清国是好欺侮的么？提出这许多不着边际的条件？"他把马戛尔尼的书信报给了乾隆。乾隆给马戛尔尼回信道："此则与天朝体制不合，断不可行。向来西洋各国有原来天朝当差之人，原准其来京。但既来之后，即遵用天朝服色，安置堂内，永远不准复回本国。此系天朝定制，想尔国王亦所知悉。今尔国又欲求派一尔国之人住居京城，既不能若来示当差之西洋人在京居住，不归本国，又不可听其往来常通信息，实为无益之事。

"另，向来西洋各国前赴天朝地方贸易，俱在澳门设有洋行，收发各货，由来已久。尔国亦一律遵行多年，并无异语。其浙江宁波，直隶天津等海口均未设有洋行。尔国船只到彼，亦无从销卖货物，况彼处并无通事，不能谙晓尔国语言，诸多不便。除广州、澳门地方准照旧贸易外，所有尔使臣恳请向浙江宁波、珠山及直隶天津地方泊船贸易处，皆不可行。"

和珅差人把乾隆书函交给马戛尔尼，马戛尔尼见阴谋难以得逞，只好绕道印度，返回英吉利。

第二十章
此消彼长

又一个春天降临，淑春园内，鲜花竞放，姹紫嫣红。和珅与妻子冯氏以及儿子、儿媳等人坐于画舫之内，泛舟湖上。

湖上水波潋滟，鱼儿成群结队地在水中游来游去，给这和煦的春光平添了几分盎然的生机。和珅叫豆蔻唱几首江南的小曲，以助雅兴。豆蔻张口唱道："孤人儿最怕是春滋味。桃花红、柳儿绿，红绿他做甚的。怪东风吹不散人愁气。紫燕双双语，黄鹂对对飞。百鸟的调情也，人还不如你。"

豆蔻唱罢一曲。和珅叫卿怜给豆蔻倒酒，道："今日大家游春，个个兴致极高，你却唱什么孤人儿，分明是败大家的兴。罚酒，罚酒。"

豆蔻赖道："老爷分明地欺我年少，那歌儿便是这么唱的，哪里是奴家有意？不喝不喝。"

卿怜说："哪里是老爷欺你？江南的小曲何止千万，你偏拣这一首唱，不是败兴是何？该罚该罚！"

长二姑也说："老爷、少爷、公主和众姐妹都在陪你，你却唱什么孤人儿，的确该罚。"

豆蔻向冯氏求道："大姐，老爷和众姐姐欺我，求你给主持公道。"

冯氏笑道："小妹有所不知，老爷哪里是欺你？这酒乃是德儿结婚皇帝御赐的喜酒，只剩下这一坛，老爷先让你喝，分明是老爷偏向你呢！"

豆蔻乐了，端起酒来，说："真是德儿的喜酒，饶是这一坛，我也喝。"言毕，将酒喝下。

卿怜那边埋怨说："原来如此，我道老爷平素最爱听昆曲，今日怎么忽然要听南地的曲子了？原来是偏心豆蔻妹妹，该罚老爷一杯。"

长二姑道："该罚，该罚。"

和珅目视冯氏，冯氏笑道："祸是你自己惹的，看我做什么？"

丰绅殷德在旁说："父亲大人若是喝不下，便由孩儿代喝吧！"

和珅指着众人说："看看，看看，古人说打仗亲兄弟，上阵父子兵，果然不错，到底是德儿疼我。"

冯氏与众人乐，和珅把酒一饮而尽，说："德儿的心为父记下，赶明日德儿当了爹德儿再喝！"

和珅话音一落，卿怜、豆蔻便把目光转向固伦和孝公主，叽叽喳喳地说："公主可否有孕，何时能让我们当上奶奶？"固伦和孝公主害羞地低下头来。

一家人从早晨闹到黄昏，直到明月初升，这才离开淑春园回城。刚入城门，和珅便见许多人席地而坐，身上披着麻袋或破被，在寒风中瑟瑟发抖。

和珅停下轿来，下轿问："如此寒夜，你们不居于家中，来此城门做甚？"

人们看来人衣装华丽，又坐着蓝呢大轿，知晓是个贵人，便一齐跪倒在地，说："老爷呀！您有所不知，我们原来都是有房有产，有家有业的，后来朝廷盖马圈，把我们的房子全扒了，我们无处居住，才不得已来到此处，露宿街头。我们这些大人还忍受得了，可怜这些孩子，他们熬受不起，已经冻死十几个了。"

人们说完，放声痛哭，在一片哀声中和珅义愤填膺，心中骂道："是哪个混账东西，竟然做出如此丧尽天良之事？扒人住的房子盖马圈，这与剥人衣做地衣何异？"他大声对人们说，"诸位莫悲，发生这样的事，皇上他老人家一定不知晓，我明日就上奏皇上，拆除马圈，让各位居有定所。"

众人谢道："谢青天大老爷，谢青天大老爷！"

和珅回到家中，越想此事越气，准备明日上朝弹劾拆民房盖马圈的官员。转念一想，即便是弹劾倒了他，也是于事无补，还是想办法让那些被拆房子的人居有定所才是上策，他想来想去，终于想出了一套方案。

次日早朝，和珅向乾隆奏报："有京郊之民露宿于城门之内。"

乾隆听完相当惊讶："他们的房子哪里去了？"

和珅回答："被兵部拆除，盖了马圈饲养马匹。"

乾隆责问兵部尚书："有这等事？"

兵部尚书战战兢兢地回答："前线撤下马匹甚多，无地饲养，不得不拆民房以建马厩。"

乾隆大怒道："荒唐，身为兵部尚书，竟不知以民为本，做出此等本末倒置之事，实不堪为兵部尚书。"

这时和珅道："皇上息怒，京中人口众多，地域狭窄，兵部尚书拆民房而建马圈亦是无奈之举，现亡羊补牢，为时未晚。"

乾隆又问："卿可有良策？"

和珅回答道："臣以为将马匹分散养于各大臣家中，由兵部供奉草料，再由户部出银，为拆房者建房，可平民怨。"

乾隆想了想，认为和珅所说不失为一良策，便准和珅所奏，令和珅全权负责建房一事。

和珅亲自带属员来到京郊，对所有拆房者进行登记。登完后，和珅大吃一惊，被拆的房屋有六百余间，三百余户。在工程上尝到甜头的和珅立即意识到这又是一桩不错的生意，做好了，还会有大笔的银子进账，心中不由动了起来。

从京郊回来，路过城门，和珅眼前浮现出那日晚上的景象，众人露天而居，浑身瑟缩，哭声一片。

"不，这桩买卖不能做，这钱是皇上拨给老百姓盖房子的，那些老百姓多穷啊？我和珅可以拿公家的钱，可以拿当官的钱，千万不能拿老百姓的钱。"和珅想到这里，感觉自己的腰杆直了，人也精神了不少。

回家吃过晚饭，和珅借故把长二姑叫到外面，说："有这样的一桩买卖，但我不想做了，你看如何？"

第二十章 此消彼长

长二姑问和珅是什么买卖？和珅就把朝廷建官房的事说了，长二姑坚决地说："做，一间房赚十两银子，就六千多两，干嘛不做？"

和珅说："我想这钱是皇上给老百姓的，咱不好赚老百姓的钱。"

长二姑讥笑："哪个钱不是老百姓的？咱家的钱包括皇上的钱全是老百姓的，老爷不还是拿了？"

和珅申辩："我是拿了，可不是直接从老百姓手里拿的，这不一样。"

长二姑思索了一下，说："既然老爷不愿意，那便不拿。"

和珅笑道："这就对了，我和珅是爱钱，可是不能谁的钱都拿，像这样劳苦人的钱不赚也罢。"

在和珅的亲自操持下，京郊的马圈被扒倒，马匹全部分散到各个大臣家中。在马圈的旧址，盖起了六百间新房，二十间一幢，共有三十余幢。清一色的青砖灰瓦，整整齐齐，那些失去住房的百姓搬到其中，纷纷称颂皇上圣明。

七月，乾隆议定大学士行走班次，阿桂居首，和珅居次，王杰次之，福康安再次，孙士毅又次。

这个班次对和珅来说，并没有什么改变。自从他成为御前大臣、大学士、军机大臣以后，他就行走在阿桂的后面，看着阿桂消瘦的身影和日渐不稳的脚跟，他在心中常常产生这样想法："这个老东西什么时候能退去？他退去自己就会替代他的位置，成为领班大臣、当朝首辅。"但是阿桂就像一个不倒翁，在他数次弹劾之下，明明已经摇摇欲坠了，却始终没有倒下来。这让和珅感觉到乾隆犹如一潭水，深不可测。他的外表已经衰老，甚至有些糊涂，而在这潭水的底部，蛰伏的是龙是鱼，谁也无从得知。

和珅突然想起满洲的一句谚语，再坚固的石头也会被人踩在脚下。阿桂今年已经76岁了，他再长寿，还能再活一个76岁吗？不能，我和珅只在44岁，面对着岁月的煎熬，他阿桂的位置早晚有一天是我的，我急什么？何况在这朝中，有许多差事，皇帝已经不让阿桂办了，能办事的人是自己。阿桂所谓的首辅，早已名存实亡，自己才是大清国的擎天一柱，居一人之下，万万人之上。

想到这些，和珅一颗躁动的心渐渐平静下来。早朝过后，和珅回到家

中，习惯性地先去了冯氏与长二姑的"淑春楼"，见丰绅殷德与固伦公主都在，而且个个喜气洋洋的样子，便觉得有几分纳闷，对冯氏说："家中有什么喜事？何不说与我听？"

众人皆掩口而笑，不语，少顷长二姑道："喜事固有，我等不说，请老爷猜。"

和珅转转脑袋，他想丰绅殷德与固伦和孝公主都在。这桩喜事莫非出自于他们身上？便说："我猜到了，莫非公主有喜？我要当爷爷了？"

长二姑与冯氏俱摇头，固伦和孝公主说："公爹猜对了一半，是有人有喜，但不是儿媳。"

和珅立即想到此人必是冯氏。这些年他虽妻妾成群，但因公务繁忙，兼之疾病缠身，对床笫之事不甚喜欢，唯有冯氏这里，因为多蒙其恩，他常来住，自然少不了一些亲热。于是他看着冯氏说："莫非是夫人有喜？"

长二姑这才说："老爷猜对了，今早老爷上朝后，夫人感到身体不适，叫人找来张三郎中，郎中诊脉说夫人有喜，已近四个月了。"

和珅平时正愁子孙不旺，闻听此信，顿时双目放出光辉，对众人说："你等照顾好夫人，我去佛堂，为夫人烧香祈福。"

冯氏担心和珅的腿疾，对和珅说："老爷不可跪得太久，只点燃香念几遍灵感神咒便罢。"

和珅含情脉脉地对冯氏说："夫人莫要担心，我会量力而行。"

和珅先去内室淋浴更衣，然后来到自家的佛堂，堂上供着佛祖如来、弥勒佛、观音大士三尊佛像，个个是黄金铸就，金光闪闪。

和珅点燃香，将香插入香炉之中，躬身叩拜，拜毕，跪到蒲团之上，开始念观音大士灵感神咒。念了三遍，这才对着观音大士祈祷："我和珅自幼孤苦伶仃，承蒙菩萨保佑，我方有今日之荣华富贵，唯一美中不足，就是弟子家中只有德儿这一个男丁延续香火，如今从夫人那里传来喜讯，说又身怀六甲，弟子十分高兴，感谢菩萨再赐后嗣与我和珅。但愿菩萨保佑，让夫人再生一男孩，延续我和珅香火后代，弟子定为菩萨重修庙宇再塑金身。"

祈祷完毕，和珅担心自己腿疾发作，便念了回向文，起身离开佛堂，回到嘉乐堂中，铺开纸笔，想赋诗一首，以记述此时此刻心情。这时，家人刘印进来报告，说："滃理郡王求见！"

和珅闻之一愣，心想："滃郡王来做什么？"遂吩咐刘印道，"快请！"

理郡王爱新觉罗·弘曔是康熙王朝七阿哥胤祐允祥的儿子，雍正五年封世子，雍正八年袭滃郡王。

弘曔长着一双醉眼，耳后能见双腮，走路却轻得像棉花一样，没有一点儿声响。他见到和珅直呼和珅乳名："善保，你老婆又要给你生儿子咋的？连门前的狮子都披上了彩绸？"

和珅此时早已今非昔比，甭说他一个郡王，就是那些亲王见到他都得恭恭敬敬，见滃郡王和自己开玩笑，和珅也笑着说："还真让你猜准了，善保的夫人真的有喜了。"

滃郡王瞪大一双醉眼，说："真的？"

和珅喜滋滋地说："那还有假！"

二人说话间进了客厅，有婢女奉上茶来。和珅看了滃郡王一眼，笑道："郡王光临寒舍，怕是有什么要事吧？！"

滃郡王喝了一口茶，把茶叶吐到旁边的玉盏里，正色说："和大人，本王今日登临三宝，乃是为犬子求婚而来。"

和珅一听就明白了，原来滃郡王是奔着他的宝贝女儿明珠来的，便说："小女今年年方十四，我不想让其早早出嫁，欲等两年再说。"

滃郡王急了，说："善保，别瞧我这老头子这辈子没出息，只做个小小的郡王，可我的老儿子永鋆，绝对强我百倍，你的女儿嫁他委屈不了。"

和珅转念一想，自己的儿子娶得公主，和琳的女儿许给了乾隆的孙子绵庆，若自己的女儿再嫁给贝勒永鋆，那我家满门皆是皇亲国戚，让阿桂那些人绝对望尘莫及，便对滃郡王说："非是我有藐视王爷之意，只是两个孩子未曾见面，不知他们是否合意！"

滃郡王大大咧咧地说："管他是否合意，只教咱兄弟合意便中。"

和珅道："王爷此言差矣，你还记得当年海升与乌雅氏之事吗？孩子性格不合，乃是悲剧之源。"

滃郡王点点头，说："和大人说得甚是有理，如此便让孩子见见，中意与否凭他们自行决断。"

和珅的女儿钮祜禄·明珠今年14岁，长得花容月貌，温柔贤淑，琴棋书画，无一不能。她身上既有父亲和珅的宽容大度，又有母亲长二姑的精明能干，和珅对她的喜爱不亚于丰绅殷德。

和珅送走湉郡王，来到冯氏和长二姑的房中，对二位夫人说："方才湉郡王亲自登门求婚来了！"

冯氏问："是哪个湉郡王？"

和珅说："是七阿哥胤祐之子。他的儿子永鋆，今年十八，被封为贝勒。"

冯氏向长二姑道贺："恭喜妹妹！"

长二姑说："明珠能嫁到王府，婚配贝勒，的确是一件幸事，对日后老爷在朝也有好处，但是不知这永鋆人品如何？"

和珅不无担忧地说："我亦为此忧虑，这些王孙公子，贝子贝勒自幼成长于福窝之内，未历人间艰辛，不学无术，放浪不羁。恐不知珍惜妻孥，对女儿日后不利。"

长二姑问："不知老爷如何答复湉郡王？"

和珅答曰："我未应允，只是叫永鋆过府，让两个孩子见见，看他们彼此是否合意，再做定夺。"

长二姑听后，感动地落下泪来，说："老爷如此看重明珠，乃是明珠之福，我代女儿谢谢老爷。"

和珅道："看你说的哪里话？好像明珠是你一个人的女儿，不是我的女儿一样。我和珅贵为当朝一品，别说我的女儿嫁给一个贝勒，就是嫁给亲王，入宫为妃为后亦是合情合理，无须担心，待那永鋆过府，我一定要亲自勘问，学问、人品一样不中，便不会允婚。"

话说那湉郡王回府，王府福晋问他："老爷，和珅是否同意结亲？"湉郡王把和珅说的话对福晋说了，福晋怒道："想那和珅，位置再高、权再大，也不过是我爱新觉罗家族的一个奴才，竟敢挑剔我家永鋆贝勒，实是无理！"

湉郡王慌道："夫人噤声，当心墙外有耳。和珅乃是当今圣上身边的红人，圣上对其言听计从，说一不二，若得罪了他，说不定挑出咱家的毛病，那时别说贝勒，恐怕我这个郡王也做不成矣。"

第二十章 此消彼长

福晋道:"那就让永鋆贝勒过府,由他挑来拣去?万一再相不中,我看你这个王爷的脸往哪放?"

滇郡王高深地说:"古语说得好,忍一时风平浪静,让三分海阔天空,永鋆真能娶上和珅之女,和珅定能在皇上面前保举自己的女婿,赏给他一个好差事。待永鋆建功立业,便可加封为郡王、亲王,否则这爵位越来越低,几代这后,没准我们的后人就沦落到贩夫走卒,威风不再了。"

福晋这才不语。第二日,滇郡王亲自带贝勒永鋆来到和珅府上,和珅见这永鋆面如冠玉,身长七尺,已有几分欢喜,再考了一些学问上的事,见其虽非饱读诗书,亦是通情达理,便唤女儿明珠与永鋆见了。二人甚是中意,便皆大欢喜,将此门亲事订下。

和琳在西藏为钦差大臣三年,励精图治,克己奉公,在藏地赢得了良好的口碑,获交部议叙,乾隆降旨,封和琳为四川总督。

和琳从西藏入川,见四川民生凋蔽,军务废弛,便没有回京,就地留在四川,整顿军务,调理民生。就在此时,和琳收到家中书信,称质亲王永瑢给家中下得聘书,备于冬月二十一日迎娶和琳之女,与其子绵庆成婚。和琳想要回京,为女儿操办婚事,又担心任所之事,便修书一封,把嫁女这事,尽数委托给其兄和珅办理。

和珅这两日运气颇为不顺。前两日刘墉到户部办差,见几名看库的士兵鬼鬼祟祟,怀中鼓鼓囊囊,便叫手下差役拿下这几名士兵搜查,没想到竟从他们身上搜出国库的银子。刘墉大惊,忙把此事上奏给乾隆,乾隆震怒,将偷银子的海旺等几名士兵充军伊犁,对管库大臣和珅降两级留用。未已,吉林将军恒秀贪污军饷,和珅因是军机大臣,包庇恒秀,又被降了两级留用。

数日之内,和珅被连降四级,这让和珅政敌阿桂、王杰等人心中暗喜。但在喜悦之余,他们却看出一件自己不愿看到的事,那就是和珅虽被连降四级,但仍是大学士、御前大臣、军机大臣,这说明什么?说明乾隆处理和珅只是表面现象,他的内心中仍在偏袒、保护和珅。

和珅自然也看到这一节,他知道,这两件事发生在别人身上,乾隆决不会以降级了事,即使不被革职查办,也极有可能被赶出朝廷,而乾隆连起码的罚俸都没有罚,这已充分说明自己在乾隆心中的地位非阿桂、王杰

等人可比。

通常人被降级，是件难堪且难过的事情，可到了和珅这里，性质全变了。这些处分非但没有打击到他，反倒成了他验证皇上态度的试金石，让他更加有恃无恐、私欲膨胀、忘乎所以。

和珅收到和琳的来信，点燃了他内心中的灵感，自己不是被降级了吗？阿桂和王杰他们不是高兴吗？如果趁这个机会，把自己的侄女嫁给乾隆的孙子绵庆，再把自己的女儿嫁给永鋆贝勒，让自己与皇室的关系再贴近一层，亲上加亲。那这些人会怎么看自己？他们看到的将是愈挫愈勇的和珅、永不言败的和珅。

和珅想到这里，连忙找到自己的亲家滀郡王弘璟，向他说明来意。弘璟大喜，遂定于农历冬月二十一日，为儿子永鋆举办婚礼。

农历冬月二十一日，两乘花轿分别从和珅与和琳府中抬出，一路吹吹打打，走向质亲王府和滀郡王府。乾隆皇帝亲颁谕旨，为和珅、和琳兄弟二人祝贺。目睹着此情此景，阿桂、王杰等人已经深刻地认识到，此时的和珅已如千年古树上的藤萝，与皇室亲族盘根错节，缠绕不清。若非是一场雷霆大火，已经很难将他撼动了。

和珅嫁女未出七日，其妻冯氏又临盆生产，诞下一名男婴。和珅喜不自胜，为其取名为"小保"，是谓延顺其父"常保"，自己"善保"之意。

和珅此子甚为灵通，每逢啼哭，家中婢女将其抱到屏风前，向其指点书画，必停止哭泣，笑逐颜开，面对书画，咿呀有语。和珅认定其日后必成大器，加倍爱惜。

第二十一章
乾隆禅位

乾隆六十年（1795年）正月，贵州松桃苗民石柳那，湖南永绥苗民石三保率众起义。乾隆派云贵总督福康安，四川总督和琳会同湖广督抚率兵镇压。

在前方风起云涌的日子里，居于后宫之中的乾隆内心隐隐有一丝不安。他一生中最仰慕的人莫过于他的祖父清圣祖康熙皇帝。康熙自8岁登基，铲鳌拜、平三藩、文治武功，可昭日月。这位伟大的帝王亲手缔造了在位六十一年的神话。那六十一年，是国富民强的六十一年，是天下太平的六十一年，他深深得到人民的拥戴，乃至他过60岁生日时，全国各地的老人自发汇聚于京城，为他老人家庆生祝寿，那是何等的荣耀与荣光！

过了今岁，明年自己在位也是六十一年了。同样是六十一年，祖父把一个风起云涌、杀机四伏的乱世变成了一个太平盛世，而自己这六十年，却将父亲留下的太平盛世变成了按下葫芦浮起瓢的乱世。以前自己曾以为荣的文治武功说明什么？恰恰说明自己治国不力，好大喜功。一个好的帝王的标准不在于他一生平息多少变乱，而在于统治期间别发生变乱，那才是丰功至伟的帝王，高明的帝王。

想当年，自己从父亲雍正手里接过江山的那一刻，四夷安定，五岳臣服，国库存银六千万两，而到今日，天下起义不断，国库空虚，民不聊生，

自己早些年自诩的所谓"十全老人",简直是打自己的嘴巴,自己的功业别说圣祖康熙,恐怕连父亲雍正都不如,悲哀啊悲哀。

若是汉民起义,于情于理似乎还说得通,因为满洲人的江山,是从汉人手里抢夺过来的,人家要夺回,也是名正言顺。可是这些年接二连三起义的,并不是汉民,而是汉民以外的其他民族。他们为什么要造反呢?是同当年太祖皇帝一样看上了这万里江山?还是有什么其他原因呢?

看来自己这个皇帝不能再做下去了,不如就此把这个位置传给儿子。是福是祸,由他折腾去,自己隐于后宫,做个太上皇,落得个耳目清静。

乾隆想着想着,觉得禅位于太子的确是个不错的主意。他回头仰望了下"正大光明"匾,那里有他钦定的太子名字,心里不由得一块石头落了地。

乾隆叫来和珅,对和珅说:"朕欲禅位于太子,卿以为如何?"

和珅听后感到自己浑身的血液都在凝固,大脑也是一片空白,等他清醒过后,立即匍匐于地上,声音激烈地说:"皇上,万万不可!"

乾隆从和珅的口气中听出了一份奴才对主人的眷意,颇感欣慰,问道:"有何不可?"

和珅知道乾隆是个权力狂,他虽然老了,但还没老到糊涂的地步,便说:"您老人家还记得唐玄宗之事么?"

听了和珅的话,乾隆沉默了,在历代帝王的印象中,唐玄宗的教训太深刻了。他晚年因安史之乱,不得不禅位于太子,自己退居为太上皇,最后幽居于宫中,孤独而死,不能不令后人嗟叹帝王之家的冷酷与无情。

"朕究竟是禅位还是不禅位呢?如果禅位,自己成为第二个唐玄宗怎么办?可是不禅位,这天朝的走向会是如何?自己会不会成为一个被后人耻笑的皇帝?"乾隆开始犹豫。和珅见乾隆有所松动,便趁热打铁说:"皇上您老人家治国六十余年,天下称颂,如今阅历正深,若让太子继位,无治国经验,恐于国不利。"

和珅这句话恰好启发了乾隆,乾隆欣然道:"如此正好,朕为太上皇,让新皇随身听政,对其日后治国有所帮助。"

和珅听出乾隆并没有让出权力的意思,这才放下心来。但他想知道太子的人选,便悄声地问乾隆:"不知太子是哪位亲王、阿哥?"

第二十一章
乾隆禅位

和珅的这句问话本是犯大忌的，要是换作别人，定会被推出午门斩首。但是乾隆是何等老辣精明，他让呼什图到和珅家卧底几十年，其目的就是为了观察和珅对自己是否忠心，是否存在私心杂念。所以当和珅问他时，他丝毫没有保留，告诉和珅说："是嘉亲王永琰。"

和珅打听到这个堪称绝密的消息，不由心中惊喜，暗道："若我将这个消息告知永琰，永琰定会感激我拥立之功，待其日后称帝，必会如当今圣上一般待我。"

从宫里出来，和珅乐颠颠地回到家，一进家门便对长二姑嚷道："速到房中给我选一柄最好的如意来。"

长二姑问："不知老爷选如意何用？"

和珅神秘地说："送给一位贵人。"

长二姑知晓丈夫一向吝啬，今日他说要送的贵人一定是了不起的人物，便到存放如意的库房，从一千六百多把如意中挑选出一柄材质最好、做工最为精致的拿给和珅。和珅抱着这柄如意，屁颠屁颠地赶往嘉亲王府。

一路上，和珅都在构思着，自己把这个绝密的消息告知嘉亲王，嘉亲王一定会对自己感激涕零。这份功劳不亚于开国功臣，到时候他当上了皇帝，一定会对他心存感激，让我位列朝班，那时候，阿桂的功劳就显得无足轻重，自己才是新朝的第一功臣。

嘉亲王名永琰，是乾隆皇帝的第十五子。乾隆二十五年（1760年）十月初六日生于圆明园天地一家春，母为孝仪纯皇后魏佳氏。永琰时年36岁，生得身材颀长，眉清目秀，性情温和厚重，遇事沉着机警。

和珅来到嘉亲王府，向门人报上自己的名头。门人听说来人是声名贯耳的和珅和大人，不敢怠慢，没有通报，直接把和珅带至府内，至廊下，这才见去报告永琰，说："王爷，和珅和大人来访，现在屋外等候！"

永琰听说和珅来了，心想："我平素与和珅并无私交，他今日过府做甚？难道是皇阿玛那里有什么要事？"便来到门外，与和珅见礼道，"和大人光临，小王有失远迎，多多包涵！"

和珅见到永琰，立即撩开四开褉袍，跪伏于地，高捧如意，媚笑道："奴才和珅给新皇请安，恭祝我皇万岁，万岁，万万岁！"

永琰闻听此言，吓得脸部变了颜色，斥问和珅："你何出此言？欲陷我不仁不义，不忠不孝乎？"

和珅这才说："王爷莫惊，奴才方才从皇上他老人家那里来，皇上他老人家准备于明年禅位，传位太子。"

永琰问："太子是何人？"

和珅笑吟吟地答："太子正是您啊，因此奴才特此前来告之，献上如意一柄，祝您早登大位，事事如意。"

永琰接过如意，用双手搀扶起和珅，说："有劳中堂大人，此恩永琰定当铭记于心，永世不忘！"

和珅忙道："不敢！"

和珅告辞后，永琰立即进宫，面见乾隆，道："皇阿玛，儿臣要参劾一人。"

乾隆问："是和珅么？"

永琰回答："正是，他泄露……"

乾隆摆摆手，说："不要说了，朕什么都知道！他是不是给你送信去了？"

永琰不解，问："皇阿玛，儿臣不明白。既然您知道和珅犯下如此滔天大罪，为何不杀他？任他践踏咱们皇家尊严。"

乾隆平静地说："身为皇帝，要杀一个臣子，本是一件轻而易举的事，但要看这个人犯的是什么罪？该杀不该杀？什么时候杀？怎么杀法？这都是有讲究的，不能一概而论。就拿和珅这件事而言，他是犯下了弥天大罪，泄露皇家机密，罪在当诛。不过你想一想，你把他杀了，他的差由谁来办？你的妹妹、妹夫又由谁来养？这些都要想周全了，你才能统领群臣，治理天下。"

永琰道："儿臣记下了！"

乾隆微微地合上眼睛，又猛地睁开，目射精光，感慨地说："身为一代帝王，父皇不敢与你皇曾祖父并论，但在用人上，父皇自认还是张弛有度，颇准颇精。和珅在军事上不能与阿桂、海兰察相比，然其在协调君臣关系、外藩事务上绝不输给任何人，尤其是在理财方面，更是术有专攻。眼下天下

第二十一章 乾隆禅位

不安,反贼四起,朝廷府库缺少银两,正需此人调剂,若杀了他,岂不自断股肱、自毁长城?"

永琰听了,不禁打了个寒噤,心想:"原来我只以为父皇一味偏袒和珅、纵容和珅,没有想到和珅还有这么大的用处。看来姜还是老的辣,不服不行啊!"他再给坐于御榻之上的父亲拜了一拜,道,"儿臣目光短浅,还请皇阿玛日后多多教诲!"

乾隆目中的精光暗淡下去,用倦怠的口气说:"有爱新觉罗家族在,任何人也翻不了天,你无须忧虑,好好做你的皇太子,有朝一日朕自会教你怎么做的。皇阿玛累了,你跪安吧!"

"嗻!"永琰告退。

永琰走后,乾隆紧紧地闭上了他的双眼,口中呢喃:"和珅啊和珅,纵然你是个孙猴子,会九九八十一变,也逃不出弘历的掌心。"

乾隆父子的对话,和珅永远不会知道,此刻他还为自己取得永琰的信任而沾沾自喜。从永琰那里回来,他绕道去了福长安家,与福长安畅谈了一个下午,晚上在福长安家用过晚饭,这才打着酒嗝回到家中。

次日一早,乾隆临朝向满朝文武大臣宣布,立皇十五子永琰为皇太子,明年元旦,继位为皇帝,改年号嘉庆,轮免各省钱粮。

乾隆此诏令一发,立即在满朝文武中间引起一场轩然大波。一些依恋乾隆的老臣纷纷跪倒,挽留乾隆皇帝,而那些仇恨和珅的正直之士,却盼望着和珅身后的这棵大树轰然倒地,让和珅无所攀附,最后萎靡死去。只有和珅知道,乾隆做的是太上皇,不是太上黄,他是不会把权力让给嘉庆的,自己在朝中的地位仍旧岿然不动。

当年的冬月,乾隆便发出谕令,命和珅与刘墉等人主持禅位大典。为了让老皇帝满意,新皇帝称赞,和珅几个夜晚未眠,把禅位大典筹划得细致而周详。

嘉庆元年(1796年)元旦日,天空乌云密布,一场大雪就要从天而降。这一夜,和珅留宿军机处,夙夜未眠。天刚蒙蒙亮,他就来到禅礼台前,一样一样地察看,以免出现纰漏,扫了太上皇帝和新皇帝的兴,直到他把每一样东西按着禅让程序看了个遍,做到准备无误,这才来到养心殿,侍候乾隆

皇帝起来。

乾隆自25岁登基，几十年如一日，晚睡早起，一天只睡两三个时辰。如今他终于把压在自己身上半个多世纪的担子交了出去。他的身体感觉一下子轻松了下来。昨晚他早早地睡下，直睡到卯时才起来。这时，和珅、刘墉等人已经候在门外，等待禅位大典开始，随乾隆移驾禅礼坛。

和珅和几名太监侍候乾隆梳洗完毕，更换上礼服，乾隆这时突然犹豫了起来，他在屋中逡巡了几步，忽然又坐了下来，似乎不想向外走。和珅站在乾隆身后，怀里捧着玉玺，目睹此情此景，立即看懂了乾隆的心思，乾隆是为禅让的事感到后悔了。

"后悔了吗，不禅让更好，以免新皇登基，自己还得一切从头再来！"和珅想到此处，来到乾隆面前，恭恭敬敬地把玉玺放到乾隆怀里，然后乖巧地站在一边，看着乾隆木然地坐着，心中默念，"取消典礼，取消典礼！"

刘墉等大臣等在门外，看大典的时间已到，乾隆还不出来，便有几分着急，刘墉第一个冲进屋来，面对乾隆跪下，催促道："皇上，禅位时间已到，请您移驾禅让礼坛。"

乾隆怀里抱着玉玺，对刘墉的话充耳不闻，仍旧呆呆地坐着，仿佛泥塑木雕一般。

"皇上，禅位时辰已到，请您移驾禅礼坛，行禅让之礼！"刘墉见皇帝面无表情，便把声音提高了八度。乾隆吓得一哆嗦，手中的玉玺险些掉在地上。和珅斥责刘墉道："你怎么这么大声？别吓着皇上。"

乾隆这时就像个孩子，怀里抱着玉玺，紧紧地，生怕被别人夺走了似的，他用可怜的目光一会儿看着和珅，一会儿看着刘墉，好像在说："别抢我的玉玺，别抢我的玉玺。"

看着皇上那哀怜的眼神，和珅的心像被刀拉开了一道口子，滴滴答答地向外流着鲜血。他的眼睛湿润了，忘记了今天的场合，不合时宜地跪在乾隆脚下，用双手抱着乾隆的大腿，一边轻轻地揉搓，一边温和地说："皇上，您老人家别怕，有奴才在，没有人敢抢您的玉玺。"

和珅的这句话对老皇帝来说，是无比的忠诚，而对于将要即位的新君来说，却是大逆不道。刘墉早有扳倒和珅之心，闻听此言，心中暗喜道："和

第二十一章
乾隆禅位

珅,你小子聪明一世,糊涂一时,竟然敢说出这样的话,岂不是送上门来找死?"

和珅此时也感觉到自己失了口,但话已说出,覆水难收,他只能沉默下去,装作给乾隆捶腿,心中暗自现责备道:"和珅啊和珅,你怎么如此感情用事!说出如此大逆不道之语,看来你送给新帝的那柄如意,是白送了,仅凭这句话,将来新君就足可以将你处死。"

见和珅矮了下去,刘墉更显得有恃无恐,又对乾隆皇帝说:"皇上,禅位时辰已到,请皇上移驾禅礼坛,举行禅位大典。"

乾隆这才如梦初醒,把玉玺递给刘墉,随和珅等人出宫,前往禅礼坛。

禅礼坛上,龙旗飞舞,在阴冷的风中猎猎作响。禅礼坛下,文武百官早已聚齐,新君嘉庆亦已候在那里,等待乾隆驾临。乾隆到后,由和珅搀扶着,一步一步地走上禅礼坛。嘉庆跟在后面,偷偷地问捧玉玺的刘墉:"怎么耽搁许久?"

刘墉不语,用手指指怀中玉玺,再指指乾隆与和珅。嘉庆心里一下子全明白了,暗自发誓道:"和珅,你阳奉阴违,竟敢阻挠我登基为帝,我不杀你,誓不为人!"

乾隆缓缓地登上禅礼坛,面南背北坐定,接受永琰和众臣工的朝拜后,和珅开始宣读乾隆禅位诏书,曰:"朕富绍丕基,抚绥方夏,践阼之初,即焚香默祷上天,若蒙眷佑,得在位六十年,即当传位嗣子,不敢上同皇祖纪元六十一载之数,其实亦未三十年能否历一同甲子。敬念维天维祖宗所以付托在眷者,至重且巨,天继休援受之际,曷敢不倍切兢兢。朕前此不即立储之由。节经颁发谕旨。及覆申明,盖以历史现史册,之代而下,自汉迄明,储贰一建。其弊百端。前鉴俱在。我朝太祖,太宗,世宗俱未预立储位,惟圣祖仁皇帝曾以嫡立理密王为太子,后竟为宵小诱感,兼患痼疾,不克祗承。其时大臣中曾有以国本应行建立陈请者,仰呈祖圣载独断,训谕特颁,不复册立。迨传位皇考。十三年励精图治。内外肃清。雍正元年,皇考即亲书朕名。贮于乾清宫正大光明匾额之上。又另收密缄。常以自随。朕缵诏鸿业。六十年间,景运庞洪、版图式廓。十全纪绩,五代同堂,积庆骈藩实为史册所罕见,此皆赖皇祖、皇考、贻谋燕翼。用能启佑后人,绥兹多福。朕钦承

家法。践阼后亦何尝不欲立嫡。以皇次子为孝贤皇后所生。曾书其名。尊皇考之例，贮于正大光明匾上。不意其蚤年无实禄。不能承受。曾同大臣等缄阅看，赠为端慧皇太子，此中外所共知者。嗣于癸巳巳年冬至。南郊大祀。敬以所嗣位皇太子之名。祷于上帝，并默祷所定嗣位皇子。倘不克负荷，即将之罚，俾臣得另简元良，以为宗佑延远无疆之福。又于盛京恭谒祖陵时、敬念太祖、太宗在天之鉴。是朕曾不明立储嗣。而于宗祜大计。实早不筹定。特不效前代之务虚文及而贻后患耳。朕诞膺大宝。今六十年矣，回念践阼时，默祷上帝之语，并追忆朕年五旬后、曾于圣母皇太后前、奏及归政之事，彼时蒙圣母谆谕。以朕躬膺付托之重天下臣氏所系望。即至六十年亦不当传位自逸。次晨，朕即以圣母所谕，默奏上帝。若能长奉慈宁。寿跻颐庆，朕亦何敢复执前愿。乃至丁酉以来。所愿既虚。于是仍冀得符切至。兹无恩申锡。竟获周甲纪元，寿跻八旬开五。精神康健。不至倦勤。文下臣民、以及蒙古王公、外藩属国。实皆不愿朕即归政。但天听维聪。朕志先定。难以勉顺群情。兹于十月朔日颁朔。用是取吉于几月初二日吉日、衙门理事。召皇子、皇孙、王公大臣等将癸巳年所定密缄嗣位皇子之名，会同阅看。立皇十五子嘉亲王永琰为皇太子。用昭付托。定制陈冬朔颁发时宪书。定于今日禅位，改元嘉庆，朕为太上皇，仍居养心殿。嗣皇移居毓庆宫，改名'颙琰'。至朕仰承昊眷，康疆逢吉。一日至倦勤。即一日不敢懈驰。归政后，凡遇军国大事，及用人行政诸大瑞。岂能置之不问，仍当躬亲指教。嗣皇帝朝夕敬聆训谕。将来知所禀承，不致错失，岂非天下国家大庆。"

乾隆在自己的禅位诏书中，向所有臣工及天下人撒下一个弥天大谎，说他从即位时起，即向上天表明心迹，如果高寿，定不超过其祖康熙在位六十一年的限度，用以掩饰自己好大喜功、贪图虚荣、推卸责任的心理。未已，乾隆又发诏书，以赞自己在位时的丰功伟绩。

书曰："朕瓒绍丕基，抚绥函复。勤求自理，日有孜孜，仰赖上天眷佑，列圣贻谋，寰予安，蒸黎康阜，声教四讫，中外一家。御极以来，平定伊犁、回部、大小金川，护士开疆万里。缅甸、安南、廓尔喀以及外藩属国震慑威棱。恪修职贡。其自作不靖者。悉就殄除。功迈十全。恩覃六合。普免各省漕粮者之。地丁钱粮者四。展义巡方。行庆施惠，蠲逋赈贷。不下数

第二十一章 乾隆禅位

千万亿。振兴士类。整饬官常。嘉舆万帮黎献。海隅苍生。同我太平。跻元仁寿。朕持盈保泰。弗懈益虔。勤念雨旸。周咨稼穑。于庶言、庶狱、庶慎，靡不躬亲，宥密单心。时已交敕。用膺上副祖亲付畀之重。下抚亿兆仰戴之诚。日慎一日，六十年于兹矣。父右文典，学骂表高兼贱四章，以江经、史、子、集之全，建四阁以标津、溯、渊、源之文。文明之远，莫盛于斯。近者举宥宴，建壁雍，御经筵歌，抑戒增历代帝王之祀，每岁无不躬亲，直省银粮王次普行蠲免，六巡六国，指示河海堤防，回幸陪京，笃念祖宗综造，六巡五台，弘扬佛法。今明足接受，为千古第一全人，不持三代以下未有。以示尧舜，不密过之。"

乾隆的这篇上谕发出不到两日，正月初七，白莲教教徒聂人杰等于湖北枝江、宜都扯起造反大旗，给自吹自擂、自我感觉良好的乾隆一记重重的耳光。

白莲教，起源于唐宋时期。乾隆末年，唐乾盛世不复当初，人民生活在水深火热之中，因此白莲教又逐渐兴旺。乾隆三十九年，河南鹿邑县人樊明德开始传经收徒，广设发动群众，秘密策划发动推翻满清王朝的武装起义。他向教徒们提出如今已到末世之年，将要换乾坤，换世界，得到刘松、刘之协、宋之清等人的响应，他们在湖北、四川、安徽等地传教时，又提出"弥勒转世，当辅牛八，（牛八即朱字拆写，暗指明朝后裔。）宣称："黄天将死，苍天将生"，入教可免一切水火刀兵灾厄。入教后，教中所获资产，悉以均分，习教之人，穿衣吃饭，不分尔我，有患相救，有难相死，不持一钱，可行天下。由于人民长期忍受清廷压迫，该教得以在楚、川、陕三省迅速发展。引起清廷恐慌，下令逮捕教中骨干，要求全教拿获，毋使一人漏网。

乾隆五十九年（1794年）十月，楚、川、陕三省在朝廷的统一指挥下，突发奇兵，袭击了各地白莲教会，各地白莲教首领除了刘之协一人逃脱后，其余全部被捕。地方官吏趁机勒索，不遂所欲均以邪教治罪。加之为镇压湘、贵苗民起义，赋税极重，致使大批农民破产，无法生活，社会矛盾极为尖锐，一触即发。刘之协等遂以官逼民反为口号，与各地新教约定嘉庆元年三月十日同时起义。因事泄，宜都、枝江聂人杰、张正漠等提前于正月初七日发动起义。

乾隆闻听白莲教起义的消息，再也没有了以往"给朕拿甲胄来"的雄心壮志，他望着屋顶看了老半天，才对身边的和珅说："叫皇上和所有的军机大臣来此议政。"

和珅立即派人去叫军机大臣，自己亲自到嘉庆那里说："皇上，太上皇有请。"

嘉庆此时最讨厌的人便是和珅，但是他时刻铭记着乾隆叮嘱他的话，此人是个捞钱的奇才，对他们父子还有重要的作用，便拿出一副很谦卑的样子，对和珅说："中堂大人请！"

和珅见嘉庆如此看重自己，以为刘墉没有把乾隆禅位那天所说的话告知给嘉庆，便心存侥幸地想："皇上今天如此敬重于我，将来也不会错！"便跟在嘉庆后面，来到乾隆住的养心殿。

此时，阿桂、王杰、孙士毅已经到了。嘉庆来后，立于乾隆下首，乾隆翻翻他衰老得下垂的眼睑，用沉闷的声音说："白莲教反了！"

听到这个消息最为震惊的莫过于是嘉庆，自己刚刚即位才七天，白莲教就反了，这是个什么预兆呢？况且自己是皇上，怎么这个消息自己不知道，反倒是太上皇先知道的呢？不消说，这肯定又是和珅搞的鬼，他执掌军机处所有的文书案牍，一定是他先把这事呈报给了太上皇，没有给自己。"和珅呀和珅，你如今眼中没有朕这个帝王，将来朕的心中也不会有你，等朕掌握江山的那一天，一定和你秋后算账。"

嘉庆的心里虽恼恨和珅，面上却没有流露出来，他拿出一副乖顺的模样，认真地听乾隆下文。

乾隆说："如今阿桂已老，福康安与和琳又分别在湘、贵，你们议一下，派何人前去剿灭白莲教？"

阿桂、王杰、孙士毅皆不语，和珅说："可派军机章京永保出征，统领川陕军务，一举剿灭白莲妖匪。"

乾隆准奏。

永保率军刚刚出征，长阳、长乐的林之华、覃加耀接踵而起，并占领当阳，攻破竹山、保康二城。二月初二日，襄阳张汉朝起义于兴龙。姚之富、王聪儿起义于夹河州、河南邓州高均德起义于高家湾，此三支起义队伍于三月间汇聚于襄阳以北的占堰、双沟地区，人数迅速发展近万。起义的战火烧遍了大半个中国，朝廷无奈，只好再派出惠龄、宜绵两个统帅前往各地征剿义军。

大规模的用兵，迅速使户部的存银为之一空，这时，所幸有和珅化来的议罪银存于内务府，此时拿出赖以充为军饷。为了保障前线将士有粮吃，有衣穿，和珅又把议罪银的范围扩大，延伸到各州县官吏，一刹时又收到很多银两。至此，嘉庆才深刻地领会到其父乾隆的意图，这个和珅的确是个理财的干将，于是表面上更加器重和珅，每有大事，必找和珅代奏给太上皇，这让和珅愈发觉得自己是新、老两个皇帝的宠儿骄子，他们谁也离不开自己。

第二十二章
国祸家殇

清军在征剿白莲教的战场上连连失利,以徐天德、王聪儿、姚之富为统领的几支义军,活跃于大山之中,神出鬼没,作战勇猛,给永保等人以痛击,致使清军闻风丧胆。

湘、贵战场,却是另一番景象。福康安与和琳采取剿抚并用的措施,使一部分苗民归附。乾隆六十年(1795年)十二月,清军将苗王吴八月俘获,乾隆破格封福康安为贝子。但因长途跋涉和紧张作战,嘉庆元年六月,福康安病逝于军中,消息传至北京,乾隆悲痛万分,宣布罢朝三日,追封福康安为郡王。

福康安死后,乾隆以和琳为将,总领征苗军务。和琳颇有谋略,智勇双全,几次与义军交锋,都取得了重大胜利,并亲手擒获了义军首领石三保。

面对前线频频传来的捷报,和珅又喜又忧。喜的是自己不具备的军事才干,在和琳那里找到了。如今他们兄弟二人在朝中,一文一武,一相一将,把钮祜禄氏家族的荣耀推到了顶峰。忧的是,连福康安那样贪图享受的战将都累死了,可见战争的残酷与艰苦。每日早朝归来,他第一件事便奔向佛堂,燃一炷清香,祈求佛祖、菩萨保佑自己唯一的弟弟健康平安,早日得胜归来。

第二十二章
国祸家殇

这天晚上，和珅做了一个奇怪的梦。他梦见和琳骑着一匹白马扛着一面白旗奔驰在路上。他大声呼喊着和琳的名字，可是和琳什么也没听见一样，从他身边疾驰而过，那雪白的旗子刀一样地扎眼，在凛冽的风中抖个不停。

和珅从梦中醒来，回味起刚才的梦，似乎有所不祥。"难道是和琳在前线打了败仗？"和珅正思忖着，他脸上的肌肉突然莫名地震颤起来，连着他的眼皮都跳个不止。

"不好！和琳出事了！"和珅心里陡然升起这种不祥的预感，他急忙从炕上爬起来，胡乱地穿上衣袍，骑马直奔军机处。

军机处当值的不是别人，正是和珅所厌恶的王杰。王杰看到和珅到来，脸上全没了往日的抵触情绪，他表情凝重地从桌上拿起一封从前线递回的八百里加急文书，递给和珅。和珅从王杰的表情里读出了什么，他双手颤抖着从王杰手中接过文书，一看，顿时有如五雷击顶，呆愣在了那里，手中的文书飘然而落。

文书是贵州巡抚毕沅上奏朝廷的，文书中说大将军和琳在围攻平陇的战役中，身受瘴气而染病身亡。

"和中堂，你要节哀。令弟为国捐躯，太上皇和皇上会褒奖他的。"王杰委婉地劝说和珅，这是他与和珅共事以来第一次这样和和珅说话。他这次是完全发自于内心，因为他有一千个一万个理由瞧不起和珅，却没有一个理由看不起和琳。毕竟，和琳与他哥哥不一样，他善良、勇敢、正直、富有军事指挥才干，这是大家有目共睹的，谁也无法抹杀的。

和珅的大脑中一片空白，他不愿相信这个事实，只是机械地蹲到地上去捡那张刚才掉落的纸，可是捡了几次都没有捡起来。王杰将纸捡起来，放到了和珅的手上。和珅定睛再往纸上一看，两行眼泪登时从他的眼睛里流淌了出来。

"和大人、和大人……"王杰想再安慰几句，和珅却转过身，向外走去。他不愿在政敌面前流露出过多的伤心，但是他脚步踉跄，已经把他的内心一展无余。

"和琳，我的亲弟弟呀！"和珅走出军机处不远，便再也控制不住自己的悲伤，蹲在地上，放声大哭起来。

在这个世界上，除了两个儿子、妻子冯氏，和珅最为亲近的人莫过于和琳。兄弟两人自幼丧母丧父，相互扶挽支撑着一路走来，经历了多少人间艰辛、人情冷暖，现在终于可以扬眉吐气了，可是和琳却过早地离开了人世，这对和珅来说，简直是个致命的打击。

"弟弟，我可怜的弟弟，你只有44岁呀！正是年富力强的时节，怎么就撇下哥哥，一个人走了呢？"和珅在内心中发出悲愤的呼喊。这时，一个太监从军机处跑出来，来到痛哭流涕的和珅面前，气喘吁吁地说："和大人，太上皇和皇上召你到乾清宫见驾。"

听说太上皇与皇上召见自己，和珅这才止住了悲声。为了不让自己的情绪影响到太上皇和皇上，他掏出手帕擦拭掉了脸上的泪珠，强装无事的样子随着太监来到乾清宫，拜见乾隆和嘉庆父子。

"和珅，和琳的事想必你也知道了，和琳在军中夙夜为公，如今为国捐躯，朕父子甚是为之惋惜，然人死不能复生，作为兄长，你也要节哀顺变！"乾隆悲伤地安慰和珅。

和珅的眼泪涌出了眼底，但他强忍着没让它流淌出来，他哽咽着对乾隆父子说："太上皇，皇上，和琳乃是一个武将，自古以来，文死谏，武死战，他死于疆场，乃是他的荣誉，亦是钮祜禄氏的荣光，还请太上皇和皇上节哀。"

乾隆两眼垂泪道："福康安刚死不足百日，如今和琳又遭不幸，接连损失朕两位将才，真乃国之殇也。"

看乾隆落泪，和珅的眼泪这才流了出来，他慷慨地对乾隆说："太上皇，勿悲，正所谓江山代有人才出，福郡王与和琳虽死，但我天朝还有无数将领，定会同仇敌忾，一举剿灭苗乱和白莲教众匪徒。"

乾隆颔首赞许，道："你兄弟二人忠心辅国，其情可嘉，朕赠和琳一等公爵，谥忠壮，赐祭葬，配享太庙，入昭忠、贤良祠。"

和珅顿首："谢太上皇，谢皇上！"

从乾清宫里出来，悲痛再一次地席卷了和珅的内心，他的眼前一次次地浮现出他与和琳在一起时的画面，他的耳畔萦绕着和琳的声音，他的眼泪就像决堤的江河，狂涌不止。

第二十二章
国祸家殇

　　福长安、苏凌阿、吴省兰、吴省钦、李潢这一干和珅的朋友，闻得和琳的死讯，纷纷等在紫禁城门，等和珅一出来，便涌了上来，围住和珅这个说："中堂大人节哀！"那个劝："切勿悲伤过度。"这让和珅冷飕飕的心里，渐渐产生了一点温度，他忍住悲痛说："不哭了，我不哭了，再哭他也活不过来，我这里枉自悲伤。"

　　福长安道："这就对了，我那二哥死时把我哭得也是够呛，但转念一想，哪个人也逃脱不了这个死字，只不过早死晚死罢了，他们能死在战场，也算死得其所。"

　　和珅叹息："我真不晓得怎么把这个噩耗告知我的弟妹和孩儿。"

　　尽管是无法诉说，和珅带着福长安等人还是走进了驴肉胡同。目睹着那灰蒙蒙的墙，童年的往事不禁又浮现在和珅的脑海。就是在这里，他与和琳相依为命，共同玩耍，共同学习，如今一晃过去了四十多年，驴肉胡同还在，家中的老宅还在，但是与自己相濡以沫、同甘共苦的弟弟却先他一步走了。睹物思人，和珅的眼睛再次湿润起来。

　　和琳自出任驻藏大臣以后，整整五年再也没有回来过。他又一向廉洁奉公，家里过得很是清贫，就连房顶的屋瓦也被一层苔藓所覆盖，显得非常的陈旧，很难让人想象这是一位总督大将军的府邸。

　　自五年前与弟弟作别，和珅只是在和琳的女儿出嫁时来到过弟弟家一次，目睹弟弟的清贫，他曾让管家刘全送过来一万两银票，让和琳的家人整修一下房子，改善一下生活，但没想到被他的弟媳拒绝了。弟媳说："这个房子虽老旧，还没有漏雨，用不着修的，何况老爷他不在家，我不能随便收他人的银两，老爷知道，会责骂于我的。"就这样，这座老宅就没有修，一任它如一个老人，变得混沌矮小，有些不起眼了。

　　和珅等人进了和琳家的院子，见院中甚是整洁，各种物品摆放有序，和珅与和琳童年玩捉迷藏的大缸依旧摆放在墙角，和珅的心里又是一阵酸痛。

　　和琳的妻妾们见和珅带这么多人进来，而且个个脸上都挂着悲伤，立即明白发生了什么事，当即哭作一团。

　　不几日，和琳的尸体从前线运回，停放在院外。和琳的爱妾殷云卿悲伤过度，哭得数次昏死，醒来后，她来求见和珅，提出她要为和琳殉情，陪和

琳去死。和珅一听，立时瞪大了双眼，说："阿云不可，和琳他是一个胸襟豁达之人，如果他活着，一定不允许你这么做！"

殷云卿说："奴家去意已决，只求死后与夫君合葬。"

殷云卿说着，回到房中悬梁自尽。和珅如其所愿，将她与和琳葬到一起。想到和琳生为总督大将军，死后配享太庙，入贤良祠，又有爱妾为其殉情，和珅感慨颇多，乃赋诗一首，诗云：

新诗裁就凛冰霜，千古人寰姓字香。
料得九原应寂寞，阿云同穴赴仙乡。
吾弟英灵信有神，好同携手夜台春。
将来图画凌烟上，添个蛾眉节义人。

又作吊亡诗十五首，以祭飨和琳。其一云：

看汝成人瞻汝贫，子婚女嫁任劳频。
如何又为营丧葬，谁是将来送我人。

其二云：

同胞较我三年少，幼共诗书长共居。
宦海分飞五载别，至今音问藉鸿鱼。
……

和琳的死在深深刺伤和珅心灵的同时，更使和珅在人生志向上产生了更大的转变。和琳身为一省总督、大将军，一生奔波劳碌，死后朝廷除了给了些封赏，其余的还有什么？家庭不照旧贫困？那些所谓的青名都是虚的，只有捞到了钱，吃进嘴里，穿在身上这才是真的。留给儿孙什么都没有用，只有留下钱和产业，儿孙才会享受到实实在在的福荫。

由于天下时局动荡，许多拥有田产庄园的地主担心义军杀来，从而失去

第二十二章 国祸家殇

产业,便纷纷把自己的田园典当成真金白银,以便动乱时便于携带。但是在这人人自危的年代里,还有谁敢拿出钱来购买背不走、带不动的死地?只有和珅看出大清国不会倒,这是个绝好的时机。于是他拿出钱来,让家人廉价购买土地,再租给佃户,收取地租。很快他从许五德、王坦等大地主手中购得土地一千二百余顷,向佃户出租,获利颇丰。

和琳死后不出一月,厄运再次向和珅袭来。这年秋天,和珅与儿子丰绅殷德陪太上皇和皇上到木兰秋狝,才刚刚到,就从家里传来消息,说他的小儿子小宝生病了。和珅问家人可曾给孩子服药,家人从怀中掏出药方,呈给和珅看。和珅与丰绅殷德看后大骇,原来大夫把治疗大肠通垢的大黄与人参用在了一处,这样只会加重病症,便焦急万分,想要回家亲自给儿子诊治,可是乾隆这里又脱离不开,只好派家人快马加鞭向家中赶,停止用药,另觅良医。

家人离开还不足两个时辰,又一家人慌忙赶来。和珅望见,痛叫一声:"吾儿休矣!"便一头栽倒在地。

站在一旁的丰绅殷德连掐带喊,方才把和珅弄醒。和珅醒来后,望着家人,家人向他说:"老爷,小公子他去了!"和珅的眼泪禁不住地流淌了出来,他悲怆地向天哭喊:"庸医误我,庸医误我,我可怜的儿子,死得冤枉啊!"

丰绅殷德担心和珅悲伤过度,伤及身体,哭着在旁劝道:"父亲大人节哀,小弟死了不能复生,勿伤了父亲身体。"

和珅哭道:"我能忍受,你的额娘能忍受么?"于是父子二人抱头痛哭。哭了一会儿,和珅担心自己的妻子冯氏经受不住打击,忙写诗一首,叫家人带回以慰冯氏丧子之痛。诗云:

寄语老妻莫过伤,好将遗物细收藏。
归时昏眼如经见,竹马斑衣总断肠。

又作《忆悼亡儿绝句十首》以祭哀思。

其一云:

> 河汉盈盈雨泪倾，都关离别恨难平。
> 双星既有夫妻爱，应识人间父子情。

其二云：

> 老来惜子俗皆然，半百生男溺爱偏。
> 今竟无情抛我去，几回搔首问青天。
> 襁褓即知爱文章，痴心望尔继书香。
> 归家不忍看题壁，短幅长条一律藏。
> 学语先知父母呼，每逢退食足娱吾。
> 秋去归来无聊甚，触处伤情痛切肤。

但是和珅的厄运并没有就此结束，当年冬季，和珅刚刚出生不久的孙子也因患病夭折，在接二连三地打击下，和珅的妻子冯霁雯病倒了。

在冯霁雯患病的日子里，和珅既要照顾病中的妻子，又要兼顾着朝廷的政务。此时，湘、贵一带的苗民叛乱战火已被平息，而楚、川、陕一带的白莲教战火正烧得如火如荼，徐天德、苟文明、姚之富、王聪儿带领义军，数次击败清军，杀死清军提镇以下将官二百余人，永保、惠龄因为征战不利，被乾隆撤回治罪，另派在征苗战争中立下大功的额勒登保为统帅，对白莲教进行大规模地反扑。

乾隆与嘉庆父子居于深宫内苑，每日面对军机处上奏的折子愁眉不展。曾荡平大、小金川叛乱的乾隆因年老体衰，早已失去了昔日的雄心，只能寄希望于神佛，每日诵经打坐，祈祷战火早日平熄。而身为一代帝王的嘉庆，压根就没有披挂上阵的想法，他每日徘徊于乾清宫与养心殿之间，防其父生变，再把皇位传给其他皇子，如同防贼。

嘉庆二年（1797年）十月十日，为大清朝立下赫赫战功的一代名臣阿桂病死。死前阿桂对其子说："我不能代新皇除奸，死不瞑目。"其子虽知其父所说的奸人即是和珅，但阿桂终究没敢说出和珅的名字，可见和珅权

势通天。

阿桂死后，和珅如愿以偿地坐到了阿桂的位置，成为当朝首辅，领班军机大臣。这一年，乾隆因为内忧外患，衰老得十分明显，先是左耳失聪，说话口齿也不清晰，颁发谕令，极为不便。无奈之下，和珅只能舍却病中的妻子，全心全意地照顾太上皇，充当翻译的角色。

一日，嘉庆来见太上皇，见乾隆闭目坐在那里，口中念念有词，便没敢打扰，默默地站立于一侧。乾隆念着念着，忽然睁开双目，大声喝问："那两个人叫什么名字？"

站立在一侧的和珅回答："徐天德，苟文明。"

乾隆听后，又闭上眼睛，继续念诵。嘉庆在旁看了，甚感疑惑。徐天德、苟文明是两个白莲教首的名字，父亲念诵他们是什么意图呢？"

乾隆念诵完毕，睁开双眸，问嘉庆："皇儿有什么事？"

嘉庆回答："浙江巡抚额勒图病殁于任上，其职位空缺，请太上皇定夺。"

乾隆向和珅伸一伸手，和珅立即从旁边拿过纸笔，放到乾隆面前。乾隆拿起笔，哆哆嗦嗦地在纸上写，结果字没写好，反倒把整张纸画乱了。和珅随手扯起这张纸，揉了揉，扔到废纸篓中，又在乾隆面前铺上一张新纸。

这本是极为寻常的动作，但在嘉庆眼中，这是和珅对他们父子的蔑视，是相权对皇权的挑战，他用冷冷的目光望着和珅，心道："和珅，你也太张狂了，连太上皇手迹你都敢如此亵渎，不是欺侮我们父子软弱么？"等乾隆写好圣旨，盖上玺印，嘉庆拿起圣旨向外走，和珅出来送时，嘉庆忍不住地问和珅："刚才父皇念的什么？"

和珅不无得意地说："刚才太上皇念的是西藏喇嘛教的一种咒语。"

嘉庆不解地问："那中堂何以说出两个白莲教匪首的名字？"

和珅说："皇上有所不知，这个咒语是专门应对仇家的，念到谁的名字谁就会立即死去，所以微臣以两个白莲教匪首的名字对答，是叫他们快快死去。"

嘉庆闻之心中一惊，暗自道："想不到父皇与和珅竟默契到这种程度？此人绝不可留，留之，他必以太上皇的名义处处挟制我，让我处于尴

尬之境。"

冯霁雯的病越来越严重了，和珅不惜重金，让家人遍访天下名医，还是不见好转。略通岐黄之术的和珅知道妻子得的是心病，是想儿子想的，要想治好这病，除非是他死去的儿子重生，否则纵有华佗、扁鹊在世，亦是无力回天。因此他尽量挤出时间，回家来陪陪妻子，和她说说心里话，让她忧郁的心情得到释放。

嘉庆三年（1798年），乾隆已年八十有七，他感觉自己身体甚是健朗，活到百岁应该没有问题，就派大学士王杰、苏凌阿、刘墉与尚书福长安、彭元端总办庚申年自己九旬万万寿巨典。

要办寿典首先需要的就是银子，可是这时清廷因为连年战乱，户部及内务府的存银已经消耗殆尽，到哪里再去筹措银两呢？关键时刻乾隆又想到了和珅。和珅知道天下大乱，此时向各省筹银，无异是逼他们去吸老百姓的血，便哄骗乾隆皇帝说："太上皇勿须担忧，奴才有办法为您筹措到银两，等您九旬寿时，一定比以往的哪个寿典都要隆重风光。"

乾隆这才放下心来。这年的阴历七月十五，冯霁雯的病愈发严重，几乎卧床不起，为妻子遍寻天下良医而毫无奏效的和珅无计可施，只能寄希望于鬼神，以期妻子脱离此厄，与其白头偕老。

和珅不惜斥巨资，请来五台山的和尚和武当山的道士，到家中驱魔祈福。是日，和珅家上上下下，均斋戒七日，身穿素衣，跪于庭院之内。和尚鸣钟击磬，道士舞剑焚符，和珅府内犹如登台唱戏一般，喧哗无比。

夜里，道士们指挥和珅家人，焚纸人、烧纸马、放河灯，如火如炬。经过这一番折腾，冯霁雯的病的确是见好了，和珅大喜，定于八月十五这天在家中举行中秋盛会，以驱赶这两年笼罩在家中的阴霾。

八月十五一大早，和珅就起床了，见妻子冯霁雯神清气爽，精神百倍，分外高兴，赏了家中下人每人一吊钱、二斤月饼，然后叫厨房备餐，准备晚宴。

刚过晌午，福长安、苏凌阿、吴省兰、吴省钦等和珅这一班在京的弟兄携带着妻孥及礼物全来了。和珅担心冯霁雯病体初愈，怕她吃不消，只带她出来与众朋友妻孥见了礼，便让她回房歇息，等宴会时再出来，吩咐长二姑、卿怜、豆蔻、玛丽出来招呼客人。

和珅与福长安这一干兄弟坐在嘉乐堂中,谈论着天下大事。女人们则散落到各个女主人房中打牌。玩到将要日落时分,刘全进来向和珅禀报:"老爷,酒宴已经备好,是否开席?"

和珅吩咐:"开!"

酒席被安排在和珅家的花园里,亭台、楼阁、明镜小湖,相映成趣。众人落座后,和珅亲自来到淑春楼,请出冯氏。当和珅拉着冯氏的手,出现在众人面前时,人们发现冯霁雯除了有些消瘦,气色却是极好,与健康的人无异,便一齐鼓掌来叫好。

冯氏轻轻地向众人道了个万福,入座。和珅举起酒杯说:"今日中秋佳节,稍有闲暇,特在家中备下薄酒,邀诸兄与家眷们共饮,共同赏月,以祈我华夏永享太平,人寿年丰!"

众人道了一声:"好!"然后将杯中酒一饮而尽。

男主人喝罢酒,冯氏又从席间站起,举杯道:"诸位大人,各位嫂嫂,妾身是女流之辈,不问朝纲,今日中秋佳节,霁雯只祝各位大人身体康健,前程似锦,祝嫂子们万福金安,家道兴旺。"

众人又道了一声"好",又喝下一杯,冯霁雯也喝了,瞬间脸上红晕泛起,和珅忙说:"夫人病体初愈,不胜酒力,还是不要勉强自己了。"

众人也劝冯氏不要再饮,冯氏笑道:"我不喝,看大家喝如何?"

众人说:"好!"

福长安第一个举杯说:"嫂子欲看我等饮酒,敢不尽兴?今天我给嫂子表演一个炮三响,让嫂子开开眼界!"然后张开大嘴,把酒杯连同酒往嘴里一丢,只听"咕噜"一声,酒已落到腹内。众人以为福长安连酒杯一并吞了,正惊讶得瞠目结舌,福长安又连续往嘴里扔了两杯,人们惊讶得眼珠子差点没从眼眶里迸出来。这时福长安张开大嘴,"啵、啵、啵"地从嘴里吐出三只酒杯来,众人抚掌大笑。

福长安指着胸口自我解嘲地说:"普天之下,能口吞三杯者,唯我福长安一人,若能找出第二人,我便把这尚书的位置让给他坐。"

苏凌阿拿过酒杯,往自己的嘴里试试,说:"莫道三个,便是一个我老

苏也吞不下，福大人的嘴堪称天下第一。"

众人又乐过一回，和珅说："咱们男人表演过了，各位嫂子们也应该拿出点拿手的来给大家伙助助酒兴。"

女人们一听，叽叽喳喳地说："我们平日就跟针啊线啊的打交道，又没有福长安大人那样的嘴巴，让我们表演什么呀？"

这时卿怜从座上站起，说："这样，诸位兄嫂光临我家，大姐身体不适，就由我代大姐唱首歌吧！以助酒兴。"

众人抚掌，卿怜清清嗓子，唱道："青天上月儿恰似将奴笑。高不高，低不低，下挂在柳枝梢。明不明，暗不暗，故把奴来照。清光你休复我，且把自己瞧。缺的日子多来也，圆的日子少。"

卿怜的这首歌大约引发了冯氏的心事，她起身对众人说："我有些不舒服，先回房去了，一会儿再来与大家共同赏月。"

和珅忙问："是哪里不舒服？可有大碍？"

冯氏笑道："老爷勿忧，我只是感觉胸口有些闷，回去歇息片刻即好，老爷还是安心陪诸位大人饮酒，我去去便来。"

在两个丫鬟的服侍下，冯氏回房休息，和珅继续和众人饮酒。等月光刚刚从东方升起，一个女子的惊叫声从淑春楼的方向传来："不好，夫人殡天啦！"和珅手中的酒杯"叭"地掉在地上，跌了个粉碎。

第二十三章
终为刀俎

前线的战事越来越吃紧了,各地的战报雪片一样向朝廷飞来。作为首席军机大臣的和珅,把战报分成两种,胜利的报给乾隆,战败的则报给嘉庆。因此在这一对父子之中,竟对当前的战事产生两种截然不同的判断,一种是盲目的乐观,一种则是忧心忡忡。

当然,最令嘉庆担忧的还是银子的问题。三年战事,已令朝廷花掉白银近亿两。如今各省州、县府库为之一空,就连户部及内务府也无多少银两支配,如果这战乱再不平息下来,清政府即使不被白莲教打垮,也会被庞大的军费开支拖垮。

但是就在这种情况下,乾隆皇帝还念念不忘他的九十寿辰,天天向嘉庆皇帝念叨:"朕是历代帝王中最长寿者,朕的九十寿诞一定要办得隆重。"嘉庆皇帝在心中想:"朕的江山都要坐不稳了,你还想着你的寿辰?"便把这一切的罪责全部推到和珅身上,认为这都是和珅当面一套背后一套所致。

这一日,和珅因腿疾发作,没有上朝。散朝后,嘉庆把乾隆请到户部库房,当管库大臣打开库门的那一刻,乾隆的眼睛顿时瞪大了。

"银子呢?朕的几千万两库银呢?"乾隆急切地问。

"皇阿玛!"嘉庆"扑通"一声跪在乾隆面前,说,"朝廷连年平乱,

已花去库银上亿两，现在我们再也拿不出银子了。"

"可是，可是和珅说，库银充足来着！"乾隆还是不愿相信眼前的事实，念叨着。

"皇阿玛，和珅那是骗你，现在义军已经逼近襄阳，如果我们再拿不出银子，则天下危矣！"嘉庆心急如焚地叫道。

乾隆听后，一个趔趄，险些摔倒在地。嘉庆连忙把他扶住："皇阿玛，你没事吧？皇阿玛！"

乾隆抚着自己的脑袋，沉吟良久，缓缓地说："阿玛没事，宣呼什图。"

嘉庆在大脑中搜索了一下，也没想起呼什图是谁，便纳闷地和乾隆回到了养心殿，很快，呼什图来了。

"奴才呼什图参见太上皇，参见皇上！"呼什图跪在地上，头也不敢抬。

"呼什图，朕问你，和珅家到底能有多少银子？"乾隆问。

呼什图回答说："有好几窖，奴才估摸，总有几千万两吧？"

乾隆问："就这些？"

呼什图说："当然不止这些，还有金子和珠宝、古玩、字画。"

乾隆一扬下巴，一个侍卫端过一杯鸩酒，乾隆说："呼什图，你的任务完成了，现在你知道你该去哪里了。"

呼什图知道不好，连呼："太上皇饶命！"

两个太监过来，捏开呼什图的嘴巴，把鸩酒灌了下去，呼什图蹬蹬腿死了。嘉庆大喜，对乾隆说："皇阿玛，儿臣就去查抄和珅，以做军饷。"

乾隆摆摆手说："和珅跟朕多年，虽没建过什么奇功，可也算是能臣干臣，眼下年关将近，让他消停地在家过个年，等年后再说吧！"

当天晚上，人们不见了呼什图，就有人向和珅报告，说："老爷，二管家什图不见了！"和珅闻之一愣，忙叫人出去找他，找了一夜也没有找到呼什图的踪影，和珅敏锐地感觉到，乾隆要对自己下手了。

早在二十多年前，和珅刚做镶蓝旗副都统的时候，乾隆把呼什图赏赐给自己，和珅就知道，呼什图是乾隆安插在自己身边的一个眼线。因此他处处高看呼什图一眼，把呼什图安排在副管家的位置上让他享受着荣华富贵。呼什图也知恩图报，把自己的真实身份告诉过和珅，他们之间互惠互利，瞒的人只有一个,那就是乾隆。现在呼什图突然莫名其妙地失踪了,他能去哪?不是天堂,便是地狱。乾隆既然对呼什图下了毒手,下一个那就一定是自己。

"枉我和珅入朝这么多年,始终拿皇上当成自己的父亲一样侍奉,结果还要落得个这样的下场!"

和珅面对着窗外满天的星斗,在内心中发出这样的悲呼。此刻他的内心想起了文种,想起了韩信,更想起了同朝的讷亲。

"既然太上皇要杀我,那就杀吧!自古以来,君要臣死,臣不得不死。我和珅又岂能例外呢?何况我攒了这么大的家业,恐怕早已被太上皇盯上了,那日在山东济南,他不就问过我,如果黄河决堤我该怎么做么?看来真应了古人的一句话,伴君如伴虎,天威难测呀!"和珅想到此处,内心凄凉到了极点。

第二日早朝,和珅穿戴得整整齐齐,在妻子冯霁雯的灵位前烧了一炷香之后,才来到朝堂,他以为乾隆父子会一声令下将他剥去朝服,打入狱中受审。但是乾隆父子没有这样做,还是像以往那样对他,这才让他一颗忐忑的心得到片刻的宁静。

一转眼到了新年,紫禁城的烟火依然像往年那样放得喧嚣而又热烈,王公贵族和巨商富贾们谁也不会意识到平民百姓的疾苦,用大把的金钱燃烧起节日的欢欣与快乐。

就在这一天夜里,乾隆却突如其来地病倒了,前线的压力、国库的空虚以及九十大寿的失望让他衰老的身躯再也无法承受。他躺在病榻之上,叮嘱嘉庆说:"父皇不行了,大清的江山就交给你了,你要励精图治,消灭白莲教匪,守住我爱新觉罗家族创造的基业,这样父皇才能瞑目去见列祖列宗。"

嘉庆泣道:"儿臣不忘皇阿玛的教诲,一定肃清白莲教,守牢我大清国万里河山。"

乾隆叹口气说:"你皇曾祖晏驾时,留给你皇爷爷库银两千万两,你皇爷爷晏驾时,留给父皇库银六千万两,今天父皇也要走了,父皇一两银子也没给你留下,只留下一个和珅,父皇相信,决不会比你皇爷爷的少。"

嘉庆说:"谢谢父皇!"

乾隆又说:"身为一代帝王,一要会用人,二要心狠手辣,不能心存妇

人之仁，不过固伦和孝是你的亲妹妹，万万不可伤及于她。"

嘉庆："儿臣记下。"

嘉庆四年（1799年）正月初三下午，乾隆病情急剧恶化，病逝于养心殿。嘉庆急诏和珅、福长安等大臣入宫，料理乾隆后事，并指令和珅与福长安二人为首席治丧大臣，为乾隆皇帝守灵。

得到嘉庆皇帝口谕，和珅心头一惊，立即意识到自己的末日已经来临，不过他没有惊惧，也没有哀伤，把自己装扮成没事人一样，静静地守着乾隆皇帝的灵寝，焚香化纸。

果然，第二日嘉庆皇帝就迫不及待地发出谕旨，云：

"我皇考临御六十年，天威远震，武功十全，凡出师征讨，即荒徼部落无不立奏荡平。若内地民乱，如王伦、田五等，偶作不清，不过数月之间，即就殄灭。

"太上皇之在位，英明仁慈，对于群臣，恩德并施。非仅本朝感戴，即远居外域荒芜蛮邦，亦莫不恩沐雨露，而欢欣称颂也。但太上皇遐龄即高，仁慈益甚，如文臣将士，稍著绩，立与封赏。即偶成虽败失机，亦不重惩。唯去职留任而已。没能戴罪立功，则前咎且不问，仍与复职，并加优奖，足施太上皇仁慈，待遇臣僚之恩洪愚深，可谓至极。

"讵内外文武，不能体上皇之怀柔，反通同为弊，出征二师以负言胜，略一挫敌，则而陈功绩。冀膺上赏，其心已不可问，而况丧师辱国，罪岂尚可逭乎！久之内外蒙蔽，上下欺隐，匪乱屡作，殃及良民。武政之废，将士骄情，有太上皇之近臣，为之缓颊，日复一日，几目朝廷法律犹同儿戏，长此以往，国体何在！威信何在！

"且查历年兵部军糈一项，动辄巨万，究之事实，遇执权者从而吞没，辗转盘剥，迨及士卒。只十分之一二，则国家坐耗巨饷非养兵也，及为权臣谋耳。试问兵受能强？战焉可光？盖国之强弱，与武政相关，甚为重要，今疏忽如此，后将何堪！是以特看各部院大臣着买查办，以修武政，而安天下。"

嘉庆的这道谕旨十分明显，就是暗示手下群臣，揭发弹劾和珅。科道官员王念孙、广兴等大臣闻风而动，当即上书嘉庆，指出和珅的罪行。嘉庆下

第二十三章 终为刀俎

令解除和珅九门提督的职务,专心为乾隆守灵,不得与外界人来往。

正月初八,乾隆驾崩第五天,嘉庆下诏,解除和珅、福长安一切职务,下狱问罪。当御前侍卫来到和珅面前时,和珅没有流露出半点的惊讶与不安,他惨笑着对福长安说:"福长安老弟,这恐怕是咱哥俩最后一面了,再相见时不是刑场便是来生。"

福长安慷慨地说:"不就是死么?我不怕,若有来生,我们还做兄弟。"

和珅与福长安被带往狱中,嘉庆诏令刘墉、王杰、董浩等一干大臣立即审讯和珅、福长安,以期迅速给和珅定罪,藉没家产,以解前线所需军资。

和珅站在昔日的对手前面,心灵沉静到了极点,对于今天这样的场景,他不是没有预料过,这座上的刘墉、王杰、董浩,每一个人都是堂堂正正的正人君子,他们的品德足可光耀后世。不过自己不愿做他们那样的人罢了。

"和珅,你可知罪?"刘墉一拍惊堂木,质问和珅。

和珅笑了笑说:"刘墉,你我同朝为官十几年,我有没有罪,身犯何罪,你焉能不知?何苦再费口舌,要杀要剐,只管定刑便是。"

和珅这句话绵里藏针,意思是既然你等知晓我有罪,为何不弹劾于我?还要等到今日?刘墉听了面皮一红,说:"好,痛快,今有朝中大臣,各省官员弹劾你二十条大罪,待我念来你听!"

和珅笑道:"无须念了,我和珅自娘胎落草,为生为计,所犯罪错岂止区区二十条?便有三十条五十条也是不多,你只须投下供状,我画押便是。"

嘉庆这边派人审问和珅,那边便派出成亲王永瑆等人前往和珅、福长安两家抄家。士兵到时,和珅府上的人正吃早餐,燕窝、鱼翅应有尽有,许多士兵不识得鱼翅为何物,误以为那是西洋米粉,纷纷用手捞着来吃。

和珅入狱第七天,正值农历元宵佳节,听着外面此起彼伏的爆竹声,和珅这才感觉到这个世间的美好和对尘世的眷恋。想想自己这么多年处心积虑地琢磨如何捞钱,到头来不还是一场空么?他拿起纸笔,在微弱的烛光下写下两首诗。

其一云:

夜色月如水，嗟而困不伸。
百年原是梦，卅载枉费神。
暗室难挨算，墙高不见春。
星辰环冷月，缧绁泣孤臣。
对景伤前事，怀才误此身。
余生料无几，空负九重仁。

其二云：

今夕是何夕，元宵又一春。
可怜此夜月，分外照愁人。
思与更俱永，恩随节共新。
圣明幽隐烛，缧绁有孤臣。

嘉庆四年正月十六，嘉庆颁发谕旨，公布和珅二十大罪状：

乾隆六十年九月初三日，蒙皇考册封皇太子，尚未宣布谕旨，而和珅于初二日即在朕前先呈如意，漏泄机密，居然以拥戴为功，其大罪一。

上年正月，皇考在圆明园召见和珅，伊竟骑马直进左门，过正大光明殿，至寿山口，无父无君，莫此为甚，其大罪二。

又因腿疾，乘坐椅轿抬入大内，肩舆出入神武门，众目共睹，毫无忌惮，其在罪三。

并将出宫女子娶为次妻，罔顾廉耻，其大罪四。

自办川楚教匪以来，皇考盼望军书，刻萦宵旰，乃和珅于各路军营得到奏报，任意延搁，有心欺蔽，以致军务日久未竣，其大罪五。

皇考圣躬不豫时，和珅毫无忧戚，每次见后，向外廷人叙说，谈笑如常，丧心病狂，其大罪六。

第二十三章
终为刀俎

昨冬皇考力疾披章,批谕字画享有未真之处,和珅胆敢口称"不如撕去"竟另行拟旨,其大罪七。

前奉皇考谕旨,令伊管理吏部、刑部事务,嗣因军需销算,伊系熟手,是以又谕令兼理户部题奏报销事件,伊竟将户部事务一人把持,变更成例,不许部臣参议一字,其大罪八。

上年十二月内,奎舒奏报循化、贵德二厅,贼番聚众千余,强夺达赖喇嘛,商人牛隻,杀伤二命,在青海肆劫一案,和珅竟将原奏驳回,隐匿不办,全不以边务办事,其大罪九。

皇考升遐后,朕谕令蒙古王公未出痘者,不必来京,和珅不遵谕旨,令已未出痘者俱不必来,全不顾国家抚绥外藩之意,其居心实不可问,其大罪十。

大学士苏凌阿,两耳重听,衰惫难堪,因系伊弟和琳姻亲,竟隐匿不奏,侍郎吴省兰、李潢,太仆寺卿李兴云,皆曾在伊家教读,并保列卿阶,兼任学政,其大罪十一。

军机处记名人员,和珅任意撤去,种种专擅,不可枚举,其大罪十二。

昨将和珅家产查抄,所查楠木房屋,僭侈逾制,其多宝阁及隔段式样皆仿照宁寿宫制度,其园寓点缀与圆明园、蓬岛、瑶台无异,不知是何肺肠,其大罪十三。

蓟州坟茔,居然设立享殿,开置隧道,致附近居民有和陵之称,其大罪十四。

伊家内所藏珠宝内,珍珠手串竟有二百余串,较之大内多至数倍,并有大珠,较御用冠顶尤大,其大罪十五。

又宝石顶,并非伊应戴之物,所藏真宝石顶有数十余,而大块真宝石不计其数,且有内务府所无者,其大罪十六。

家内银两及衣服等件逾千万,其大罪十七。

且夹壁藏金二万六千余两,私库藏金六千余两,地窖内并有埋藏银两百余万,其大罪十八。

附京通州,蓟州地方均有当铺,钱店,查计资本又有十余万,

253

以首辅大臣与小民争利，其罪十九。

伊家人刘全，不过下贱家奴，而查抄资产竟至二十余万，并有大珠，珍珠手串，若非纵令需索，何得如此丰饶？其大罪二十。

嘉庆颁布和珅二十大罪状后，交大臣为和珅议刑，众多大臣建议将和珅凌迟处死，独有刘墉建议嘉庆皇帝，和珅身为首辅大臣，判斩刑有辱朝廷体面，何况又有固伦和孝公主求情，嘉庆决定，赐和珅自尽，福长安跪视。

嘉庆四年正月十八，和珅迎来了他的人生末日，当几名御前侍卫手捧白绫出现在狱中时，和珅向狱卒要来一桶水，净脸洗手，梳理了脑后的发辫，掸掸身上的灰尘，从侍卫手中接过白绫，向梁上抛去，跪在他脚下的福长安泣不成声。

在白绫飞舞起来的一瞬间，和珅的眼前闪过一张张亲人的脸，他的额娘、阿玛、弟弟、夫人、儿子还有半塔寺老和尚那段偈语，最后定格在乾隆身上。他的耳边又响起了乾隆的声音："如果黄河真的从睢口决堤，国库又拿不出银子又怎么办？"

"皇上，如果真有那一天，我和珅倾家荡产，也要为皇上您解忧！"那是自己的声音。

"如果自己终生所积累起来的家业，能够用于赈灾，那也算是我和珅的造化了！"想到此，和珅赋诗一首，诗云：

五十年来梦幻真，今朝撒手谢红尘。
他时睢口安澜日，记取香烟是后身。

吟罢，和珅把头伸进结好的绳套之内。一代贪官就这样结束了他富有争议的一生，留下的是足以令后人警醒的教训。